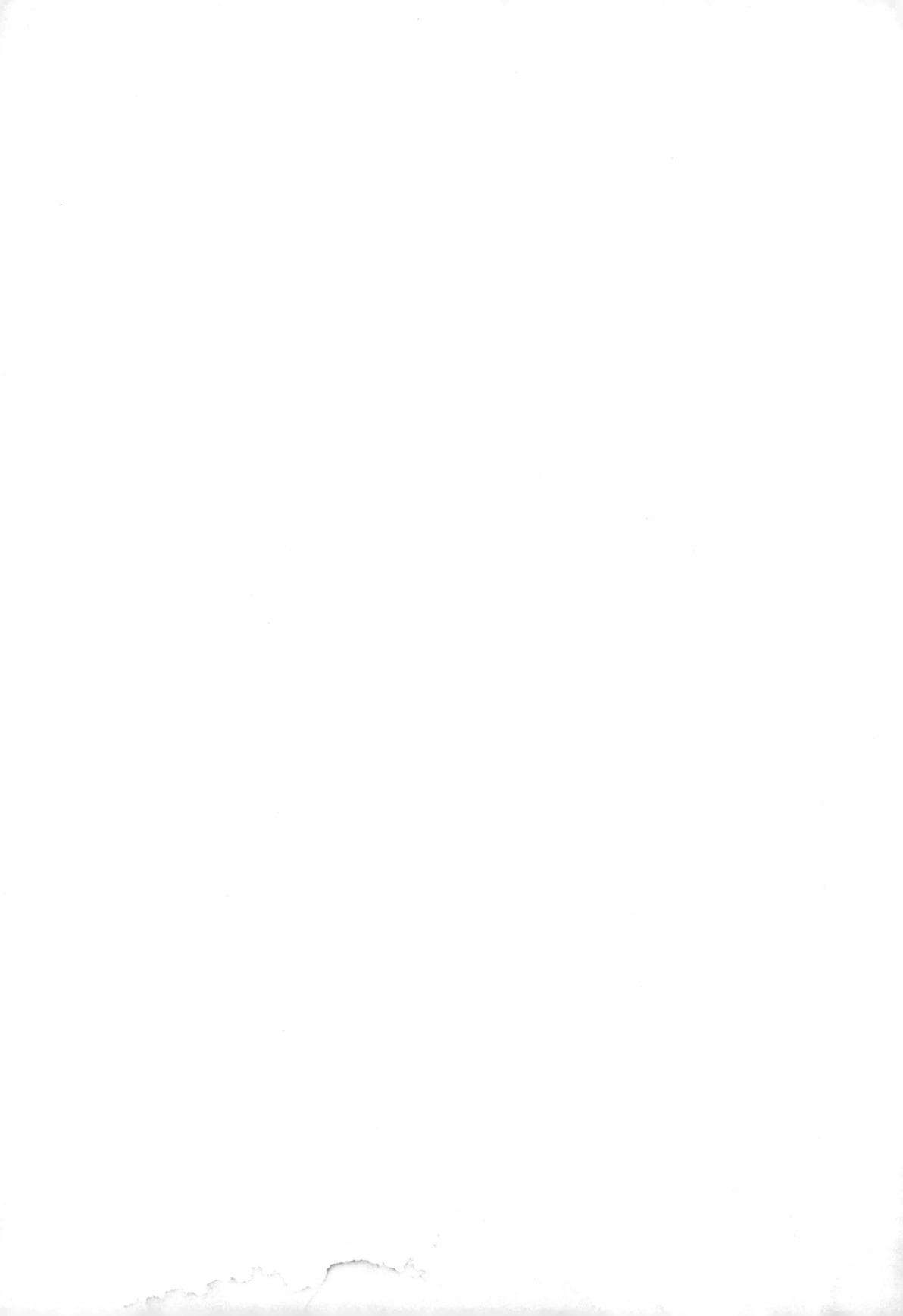

军事经济学院国防经济国家重点学科学术文库

国防研发投资研究

马惠军 著

中国财政经济出版社

图书在版编目（CIP）数据

国防研发投资研究/马惠军著．—北京：中国财政经济出版社，2009.5
（军事经济学院国防经济国家重点学科学术文库）
ISBN 978－7－5095－1328－6

Ⅰ．国…　Ⅱ．马…　Ⅲ．国防科学技术－投资－研究－中国
Ⅳ．E0－054

中国版本图书馆 CIP 数据核字（2009）第 045385 号

责任编辑：卢关平　　　　责任校对：李　丽
封面设计：邹海东　　　　版式设计：汤广才

中国财政经济出版社出版
URL：http：//www.cfeph.cn
E－mail：cfeph @ cfeph.cn

社址：北京市海淀区阜成路甲 28 号　邮政编码：100142
发行处电话：88190406　财经书店电话：64033436
北京富生印刷厂印刷　各地新华书店经销
787×960 毫米　16 开　15.5 印张　264 000 字
2009 年 5 月第 1 版　2009 年 5 月北京第 1 次印刷
印数：1—2000　　定价：31.00 元
ISBN 978－7－5095－1328－6/F·1126
（图书出现印装问题，本社负责调换）
本社质量投诉电话：010－88190744

摘　　要

国防研发投资研究

当今世界，科学技术特别是信息技术的迅猛发展及其在军事领域的广泛应用，深刻改变着战斗力要素的内涵，从而深刻地改变着战斗力生成模式。依靠科技进步和创新加快战斗力生成模式转变，是新时期军队建设和发展的重大现实命题。党的十七大提出：“调整改革国防科技工业体制和武器装备采购体制，提高武器装备研制的自主创新能力和质量效益。”这是从国家战略高度提出的关于国防科技自主创新的要求。

国防研发是国防科技创新的源泉和动力。长期以来，世界国防研发支出高度集中在少数军事大国，我国国防科技水平同世界先进水平相比有较大差距。我们要在未来的战争中立于不败之地，在军事对抗中不受制于人，就必须提高国防研发能力。国防研发投资对国民经济建设具有挤出效应，我国是发展中国家，经济水平限制着国防研发投入的总量，国防研发投资效益是关系到统筹经济建设与国防建设，实现富国与强军统一的战略性问题。研究国防研发投资问题，是提高国防科技自主创新能力的必然要求。

本书以马克思主义的国防经济理论和中央军委新时期军队建设方针为指导，以现代经济学、现代国防经济学、信息经济学、投资经济学为依托，以中国国防研发投资为研究对象，对国防研发投资理论、投资主体、投资现状、投资效益及投资战略等问题进行了深入的分析。以此为基础，探讨了我国国防研发投资的目标模式和路径，力求在实践上为我国国防研发投资提出切实可行的政策、策略和创新战略，为国防科技发展提供具有重要参考价值的论证。

本书按照投资理论框架进行研究，包括导论部分及五章内容：

导论部分，介绍选题的意义、国内外的研究现状、研究的基本范畴与主要假设、研究思路与创新之处。

第一章，研究国防研发投资基本问题。首先介绍国防研发投资决定的基本理论，其次分析国防研发投资主体动机、行为与特点，最后分析投资风险的形成及类别，并介绍国防科技研发活动的组织结构与流程。

第二章，国防研发投资的非均衡分析。分析投资供给与需求的均衡与非均衡，通过实证分析揭示我国国防研发投资中非均衡态制度性成因，提出由非均衡态向均衡态转化的总体设想和主要对策选择。

第三章，国防研发投资的产出效应分析。从社会生产力、军队战斗力和军品贸易等方面分析国防研发投资的产出，在此基础上分析国防研发投资的重要性。

第四章，国防研发投资激励机制设计。首先分析研发活动中的委托代理关系，通过委托代理理论构建投资主体之间的博弈模型，在此基础上分析投资风险管理，提出建立我国国防研发投资激励机制的对策。

第五章，国防研发投资战略与国防科技创新。首先对国防研发投资战略与国防科技创新的概念进行描述，然后分析国防研发投资战略对国防科技创新模式演化的作用，在此基础上提出我国国防研发投资的战略选择。

本书的创新之处在于：一是对中央军委主席胡锦涛同志提出的军队战斗力生成模式转变与国防科技创新之间的关系进行了数理分析，说明国防研发投入与知识存量的增加是实现战斗力模式转换的主要因素。二是从制度结构的角度分析了我国国防研发投资的非均衡成因。三是对国防研发投资战略与国防科技创新战略之间的关系进行了分析，在此基础上提出了我国国防研发投资的战略选择。

ABSTRACT

A Survey of National Defence R&D Investment

The rapid development of sicence and technology, especially information technology and its application in the millitary domain profoundly influence the connotation of combat power factors and therefore deeply remodle the creation pattern of combat power. In the new century, it is an important realistic propostition concerning the army's construction and development to expedite the change of combat power creating pattern. 17th CPC National Congress points out, "Adjust and reform national defence science and technology industry system and weapons & equipment procurement system, meanwhile improve the capacity of independent innovation, quality and benefit of weapons & equipment's development and manufacture." which is the requirement about national defence science and technology independent innovation put forward from the altitude of the national strategy.

National defence R&D constitutes the source and momentum of national defence science and technology innovation. The world expenditure of national defence R&D centralizes in several few large military countries at all times, while the capacity of national defence science and technology in China exists comparatively large distance competing with world advanced level. China should definitely improve the ability of national defence R&D in order to win in the future war and military rivalry. The investment put into national defence R&D may crowd out the share used to develop national economy. As a developing country, the expenditure of national defence R&D is subject to the level of national economy, therefore, the investing benefit of national defence R&D matters especially when dealing with the strategic problems such as the relationship between economic development and national construction, and the dilemma of rich country and strong army. It can be concluded that deep inquiry into these problems is necessary to improve the independent innovation capacity of national defence science and technology.

This book is guided by Marxism national defence economic theory and military construction guidline in the new period issued by Central Military Commission, and based on modern economics, modern national defence economics, information economics, investment economics. Focusing on Chinese national defence R&D investment, this book deeply probes into the theory of national defence R&D investment theory, the princal part of investment, the status of investment, benefit of investment and investing strategy etc. and discusses the target pattern and path of national defence R&D investment, striving to propose feasible policy, startegy, and innovation statagem practically, also provide important referenced argumentation for national defence R&D investment in China.

The book deploys within the framework of investment theory and has the following six parts.

The Introduction briefly discusses the significance, scope, principal hypotheses, methods and originality of the research. Achievements at home and abroad in this field are mentioned.

Chapter one deals with the basic issues concerning national scientific and technological R&D investment. Fundamental theories of R&D investment in defense science and technology are discussed and the motivation and act of the investment subjects are analyzed. Concerning the risks, special attention is given to how the risks are caused and measured. The organization structure and process of R&D activities in defense science and technology are introduced.

Chapter Two offers non – equilibrium analysis in our defense scientific and technological R&D investment, discloses institutional causes of imbalance in this field by positive analysis and assumes the measures which transfer the imbalance condition into balance condition.

Chapter Three analyzes the output effect of national defense scientific and technological R&D investment within the context of social productivity, military readiness and arms trade and further points out the significance of defense R&D

investment based on the analysis above mentioned.

Chapter Four mainly deals with the design of motivation mechanism in defense scientific and technological R&D investment. The chapter discusses the trust and agent relationship in R&D activities, through which, gambling models among investing subjects are conceived. Moreover, how to manage the risk and how to establish motivation mechanism in defense scientific and technological R&D investment are offered.

Chapter Five defines what are R&D investment strategies and scientific innovation of national defense science and technology, analyzes defense R&D investment's evolutionary function on defense scientific and technological innovation, and offers strategic choices of defense R&D investment in China based on the above analysis.

The innovation of this book is as follows: First, it provides a mathematical analysis of CPC Military Commission Chairman Hu Jintao's call on transforming the relationship between the creating mode of military combat power and national defense scientific and technological innovation and proves that increase of input of national defense R&D and stock of knowledge is the key factor to facilitate the transformation of the mode. Second, The formation of imbalance of the national defense R&D investment has its roots in the flaws of institution. Third, it analyzes the relationship between national defence R&D investment strategem and national defence science and technology innovation stategem, based on which puts forward R&D investment strategic choice.

目　录

导　论

一、问题的提出

当今世界，科学技术特别是信息技术的迅猛发展及其在军事领域的广泛应用，深刻改变着战斗力要素的内涵，从而深刻地改变着战斗力生成模式。中共中央军事委员会主席胡锦涛指出："要围绕建设信息化军队、打赢信息化战争的目标，进一步实施科技强军战略，依靠科技进步和创新，加快战斗力生成模式转变。"① 这是胡锦涛主席站在时代的高度以深邃的历史目光和敏锐的时代精神，高瞻远瞩，向全军发出要依靠科技进步和创新加快转变战斗力生成模式的号召，为新时期军队建设和发展指明了道路。

人类社会正在经历新的科学技术革命，马克思主义认为科学技术进步必然导致军事领域的变革。恩格斯指出："一旦技术上的进步可以用于军事目的，并且已用于军事目的，它们便立刻几乎强制地，而且往往是违反指挥官的意志而引起作战方法上的改变甚至变革。"② 当今时代，科学技术已成为经济社会发展的决定性力量，综合国力竞争的核心就是自主创新能力的竞争。实践证明，在一定条件下科学技术可以引进，但自主创新能力永远不可能通过引进获得。在涉及国防安全和经济安全的关键领域，真正的核心技术更是买不到的。当前，我国已经成为经济大国和贸易大国③，但一些产业的核心技术，特别是用于国防建设的核心技术仍然受制于人，国防研发水平与军事发达国家相比还有很大差距，这是制约我国国防建设进一步发展的瓶

① 《中共中央军事委员会主席胡锦涛在十届全国人大四次会议解放军代表团全体会议上的讲话》，《解放军报》2006年3月12日。

② 《马克思恩格斯列宁斯大林军事文选》，军事科学出版社1977年版，第215页。

③ 陈佳贵、黄群慧：《工业发展、国情变化与经济现代化战略》，《中国社会科学》2005年第4期。

颈。长期以来，世界国防研发支出高度集中在少数军事大国[①]。我国国防研发投入总体水平，同世界先进水平相比有较大差距，国防研发（R&D）投入占世界国防研发（R&D）投入比例很低。我们要在未来的战争中立于不败之地，在军事对抗中不受制于人，就必须提高国防研发能力。党的十七大提出："调整改革国防科技工业体制和武器装备采购体制，提高武器装备研制的自主创新能力和质量效益。"[②] 这是从国家战略高度提出的关于国防科技自主创新的要求。

中国的国防是自主国防，全部的发展主要是建立在"独立自主，自力更生"的基础之上的，中国的发展特别是在事关国家生存的发展问题上，从来都是依靠自己的力量去建设。坚定地走这条已被历史证明是非常正确的国防发展道路，有其历史必然性。首先，国防现代化是买不来的。由于现代武器装备研制和生产不断采用新技术、新材料和新工艺，使得先进武器装备的研制费用和生产费用越来越高，必然会导致昂贵的价格。对于我们这样一个并不富裕的发展中国家来说，拿出巨额的资金购买大量的现代化武器装备部队是不可能的。其次，购买来的武器装备是不可靠的。因为高技术作战平台是高新技术的综合集成，如果不掌握这些高新技术就会受制于人。再次，坚持学习借鉴与自主创新相结合是我军发展武器装备的基本原则。多年来，我军在武器装备的发展上，从来就不寄希望于任何国家，也没有依赖任何国家，但我们并不是闭门造车，而是坚持学习借鉴与自主创新相结合，走跨越式发展之路。由于现代装备大都采用了当今世界最先进的科学技术，结构日益复杂，加之武器装备的更新换代不断加快，风险加大，导致其价格持续上升，未来高新技术开发和武器装备研制所产生的投资需求与供给矛盾会更加突出。

---

① 据斯德哥尔摩国防和平研究所估计，20世纪70年代，单是美国和前苏联的国防R&D支出就占世界国防R&D支出的近80%。90年代初期，随着前苏联的解体，俄罗斯国防R&D支出虽有大幅度的下降，但世界国防R&D支出集中在少数发达国家的格局并未得到改变。1997年数据统计，世界国防R&D支出约计600亿美元，北约组织国家合计490亿美元，占世界国防R&D支出的81.67%，而世界其他国家仅为110亿美元，占18.33%。事实上，世界国防R&D支出主要集中于美国、法国、英国、德国、日本等5国，而仅美国一国的国防R&D支出（380亿美元）就占世界国防R&D总支出的63.33%。见陈炳福、赵黎明：《世界国防R&D：发展特点与运行机制研究》，国防经济研究2005年年会论文。

② 胡锦涛：《高举中国特色社会主义伟大旗帜，为夺取全面建设小康社会新胜利而奋斗》，见《中国共产党第十七次全国代表大会文件汇编》，人民出版社2007年版，第41页。

走国防科技自主创新之路，实现武器装备跨越式发展，必然要加大国防研发投资，加速提升国防科技自主创新能力。我国是发展中国家，经济水平限制着国防研发投入的总量。在当前条件下，由谁来投资？如何优化投资？如何评价投资？等等，这些问题实际上是关系到统筹经济建设与国防建设，实现富国与强军统一的战略性问题。研究国防研发投资问题，是提高国防科技自主创新能力的必然要求。

二、研究现状与简要评述

投资是国民经济中的重要经济活动之一。从微观角度看，企业的投资规模、方向及分布决定影响企业生产什么、生产多少及在何处生产。从宏观角度看，投资规模、结构、效益直接决定影响整个国民经济的发展动态。随着经济的发展，投资在社会再生产中的作用日益重要。

西方古典经济学最早把投资作为经济学研究的重要内容，主要在以下几个方面对投资理论的发展作出了贡献：第一，明确区分了固定资本和流动资本两个范畴。第二，明确提出了增加资本积累对经济发展的作用，认为社会财富的增加与投资数量的大小及资金用法的好坏成比例[①]。第三，研究了增加资本的途径，认为积累资本有两条道路，或是增加收入，或者减少消费[②]。第四，研究了资本使用方向对经济的影响，认为按照事物的自然趋势，资本首先应大部分投在农业上，其次投在工业上，最后投在国外贸易上，各种用途的投资相互依存，缺一不可[③]。第五，提出了以绝对成本学说和相对成本学说为基础的投资地域和国际分工理论。第六，研究了资本积累的动力以及国民收入分配对投资的影响[④]。第七，研究了市场机制对投资的调节作用[⑤]。第八，提出了适合市场经济发展初期需要的投资改革主张。

在古典经济学派之后，以马歇尔为代表的新古典学派将边际分析方法引入经济学中，为投资效益的评估分析和说明投资动机及投资的决定提供了一套可以借用的工具，在分析大规模投资和生产带来规模效益的同时，指出大

---

① 亚当·斯密：《国民财富的性质和原因的研究》上卷，商务印书馆 1972 年版，第 260 页。

② 李嘉图：《政治经济学及赋税原理》，商务印书馆 1962 年版，第 27 页。

③ 亚当·斯密：《国民财富的性质和原因的研究》上卷，商务印书馆 1972 年版，第 27 页。

④ 如李嘉图认为：利润是资本积累的动机也是资本积累的来源。

⑤ 亚当·斯密认为：作为经济活动主体的是利己主义的个人，即“经济人”，每个人通常既不打算促进公共利益，也不知道他自己是在什么程度上促进哪种利益，但他受着一只看不见的手的指导，去尽力达到一个并非他本意想要达到的目的。

规模投资和生产导致垄断的必然性。凯恩斯开宏观经济学的先河，其理论的重要组成部分是投资理论，并用“投资乘数”原理阐述了资源闲置条件下投资对收入增加的倍数次作用，并提出了由社会综揽投资的政策主张①。现代西方经济学学派的经济学家们提出了各种各样的经济增长模式，都包含对投资问题的分析，如哈罗德－多马模型的基本前提是投资过程具有二重性：投资既创造对产品的需求，同时又创造生产产品的能力。

从以上分析可以看出，自古典经济学派到现代经济学的各流派，都十分重视对投资问题的分析，并且各派都是从宏观经济和微观经济总体上来研究投资的。

在我国经济理论研究中，对投资问题认识也是有一个发展过程的。在1981年以前，我国的官方文件中只有基本建设之称，而没有投资范畴。因为传统的社会主义经济理论否认在社会主义制度下存在“资本”这一范畴，理论界就用基本建设替代了投资，并把基本建设解释为固定资产的建设。随着改革开放的进程，理论界对投资的认识不断加深，在国家计划和统计部门将基本建设和更新改造并称固定资产投资后，为了适应这一变化，国内相继出版了一些《投资经济学》、《投资学》和《投资管理学》等。但是，这些出版物大多仍保留了《基本建设经济学》基本框架，其研究对象还是固定资产的宏观计划管理。随着社会主义市场经济的逐步建立，资本这一范畴在理论和实际中才取得了认同或使用，包括产业投资和证券投资在内的投资理论才得到快速的发展。

促进国防工业有效发展，需要制定相应的国防工业政策。在这方面，西方国防经济学进行了大量研究，其中一个重要的方面就是以国防研究与发展为中心的一系列政策问题的研究。推动研究与发展投资，以促进公共产品生产的创新，是政府的重要职责。研究与发展投资（以下简称“研发投资”或“R&D 投资”）的产出并应用于实际就是技术创新，而技术创新是经过长时期的技术进步，通过科学研究与发展成果的积累，到一定的条件才能发生的。正如萨缪尔森指出：“技术创新是由一系列或小或大的技术进步组成。”② 武器采购过程的显著特点之一是通过技术进步不断改进工作绩效和提高能力，创新在本质上是难以采购的产品，因此，为创新提供动力是十分

① 凯恩斯：《就业、利息和货币通论》，商务印书馆1963年版，第326页。

② 萨缪尔森：《宏观经济学》，华夏出版社1999年版，第170页。

必要的。

关于国防研发投资的相关理论，最早出现在亚当·斯密的《国富论》中。他指出："在更为进步的社会里，上战场作战的人，以自己的费用维持自己就全不可能了。这其中有两种原因：一是制造业的进步，一是战争技术的改良。""战争的技术已渐渐发达成为一种错综复杂的科学。战争的行为，已不是初期社会那种简单随便的小格斗小争夺；而战争的时间更没有一定，往往连续争战几次，每次说不定要继续大半年。这时，从事征役的人民，至少在战斗继续期间，是有仰赖国家维持的必要的。""然而在一切技术中，战争的技术确是最高尚的；所以改良进步的结果，这种技术也就必然成为一切技术中最复杂的了。"① 这些论述说明了战争中技术的重要性和提高技术的投资来源。

马克思是在批判和继承古典经济学和世界主义思潮的基础上创立自己的唯物史观的。重视科技对世界历史形成和发展的作用，是马克思一贯的重要思想。可以说，离开科技，我们就无法理解马克思对世界历史转变的动力的分析。首先，马克思认为，科技应用于生产领域，能直接造成生产力的发展，从而对历史进程起巨大的推动作用。他曾这样描绘机器在生产力发展中的巨大作用："自然界没有制造出任何机器，没有制造出机车、铁路、电报、走锭精纺机等等。它们是人类劳动的产物，是变成了人类意志驾驭自然的器官或人类在自然界活动的器官的自然物质。它们是人类的手创造出来的人类头脑的器官；是物化的知识力量。固定资本的发展表明，一般社会知识，已经在多么大的程度上变成了直接的生产力，从而社会生活过程的条件本身在多么大的程度上受到一般智力的控制并按照这种智力得到改造。"② 可见，历史进步的根本动力之一是科技的发展。其次，马克思认为，科技应用于交往领域，造成了交往力的发展，从而对历史进程起到巨大的推动作用。如关于电报发明的作用，马克思指出："除了原有的世界市场以外，又增加了像河流一样地倾泻出来黄金的加利福尼亚和澳大利亚；电报已经把整个欧洲变成了一个证券交易所。"③ 由此说明通信技术在人类历史发展中的作用。第三，马克思认为，科技对历史发展的推动作用虽然巨大，但科技的进步也依

---

① 亚当·斯密：《国民财富的性质和原因的研究》下卷，商务印书馆 1974 年版，第 257 ~ 260 页。

② 《马克思恩格斯全集》第 46 卷（下），人民出版社 1980 年版，第 219 页。

③ 《马克思恩格斯全集》第 10 卷，人民出版社 1962 年版，第 653 页。

赖于资本投入。他指出："一方面，资本是以生产力的一定的现有的历史发展为前提，——在这些生产力中也包括科学，——另一方面，资本又推动和促进生产力向前发展。"[①] 由此说明科技本身被当成资本的内在力量，因而越来越依赖于资本的发展，需要加大投入。这些观点说明，在历史发展的过程中，最根本的动力来自于大工业的社会性和资本的扩张性，它们共同构成现代生产对世界历史的根本作用，科技作为生产力发展的源泉，渗透于现代生产和现代交往对世界历史的促进作用中。

现代科技研发投资理论研究可以追溯到哈罗德的研究报告以及此后不久多马与此类似的贡献，后来的经济学家总结为哈罗德 - 多马经济增长理论，其理论都是从凯恩斯理论框架开始的，但避免了凯恩斯投资率不会增加资本存量规模的假定，适合进行长期的经济增长理论分析。新古典增长模型是从两篇论文开始的，其代表人物是索洛，他在技术中性的假设下推导出增长速度方程，分离出技术进步对经济增长的贡献，把柯布 - 道格拉斯生产函数的研究大大推进了一步，将它应用于一系列涉及增长核算框架的研究，并获诺贝尔奖。他认为："从长远的角度来看，不是资本投入（积累）和劳动力的增加，而是技术进步才是经济增长的最根本的原因。"[②] 他把经济增长中劳动与资本数量增加同技术变化区别开来，创立一种能确定不同因素对经济增长作用的理论模型，并确定出技术进步对经济增长的巨大作用。从而形成投资—生产力—产业—国民经济结构的理论研究框架，突破了凯恩斯主义关于单纯刺激劳动供给与促进一般性资本形成的缺陷。他认为在物质资本积累过程中包含着因研究与开发、发明创造、创新等活动而形成的技术进步，这些可以使要素收益率递增、长期经济增长率大于零。根据诺贝尔评奖委员会的评价，"这些研究激起了政府发展教育、研究与开发的更大兴趣"，形成了在经济增长的投资决策中赞成采用鼓励研究与开发和技术进步的措施。舒尔茨等人提出了人力资本理论，发展了索洛的技术进步论。他认为通过对卫生、教育等方面的投资可以增强人的体力、智力和技能，提高人口质量，使一般的人力资源转变为人力资本。这种人力资本可以产生"知识效应"和"非知识效应"，直接或间接促进经济增长；同时，人力资本可以产生递增效应，消除常规资本与劳动的边际递减收益，保证经济增长。

① 《马克思恩格斯全集》第46卷（下），人民出版社1980年版，第211页。

② Solow R.M . A Contribution to the Theory of Economic Growth [M] . Q.J.E, p.65.

以美国经济学家兹维·格里里奇为代表的研究者，认为研发与创新投资是一种流量，是每年用于研究开发的费用支出。支出主体用来进行研发活动，以产生新的技术知识。企业所拥有的技术知识的大部分，都是以往研发所生产的知识和经验的积累，即技术知识存量。技术知识存量是影响技术进步的一个重要因素，是表明企业、产业或国家的技术进步能力。对于企业的生产活动来讲，有重要作用的是累积起来的知识和经验的存量；能够表明企业、产业或国家技术开发能力和潜力的，不是各年的流量，而是企业、产业或国家所拥有的知识和经验的存量，这种存量构成了其后技术开发的基础①。

关于研发与创新的私人激励问题，罗默 1986 年发表的《递增报酬与长期增长》的论文，提出了完全内生化技术进步的增长模型。把知识作为一个独立的生产要素，并强调知识作为生产要素具有很强的非竞争性，但排他性是不同的。排他性的程度很可能对知识的发展和分配如何脱离完全竞争具有强烈的影响。若一种知识是完全非排他的，则该知识的发展无私人利益，因而这些领域的研究与开发必须来自别处，但是，若知识是排他的，则新知识的生产者可以按正的价格出售这种知识的许可使用权，从而有望从他们的研究与开发努力中获得正的报酬。要使研究与开发来源于经济激励，这种研发所创造的知识必须至少具有某种程度的排他性，从而使新思想的开发者拥有一定程度的市场控制力。罗默认为，科技研发会产生三种外部性：消费者剩余效应、抢生意效应和研发效应，并在不完全竞争框架下将 R&D 作为一个新的部门引入经济增长模型。有些知识积累不是源于刻意的努力，而是传统经济活动的副产品，这种类型的知识积累被称为“干中学”。20 世纪 90 年代起，作为技术创新源泉的 R&D 活动对经济发展的推动作用逐渐受到学者们的关注②。

关于现代西方国防研发投资理论研究，主要见诸于哈特利与桑德勒主编、姜鲁鸣等译《国防经济学手册》第 1 卷中利希腾贝格所著《国防研究与发展的经济学》、罗杰森所著《国防采购过程的激励模型》和杜恩所著《国防工业基础》等。利希腾贝格提出了鼓励私人部门对国防研究与发展进行投

① Zvi Griliches . R&D, Patents, and Productivity［M］. University of Chicago Press, 1984: 125.

② 戴维·罗默：《高级宏观经济学》，王根蓓译，上海财经大学出版社 2003 年版，第 102 ~ 105 页。

入的策略，并研究了国防研究与发展的合同的盈利性和国防研发对提高生产力的作用等问题；罗杰森通过研究国防采购的特点，提出了国防采购委托代理的多种关系，并提出了相关的激励理论和模型；杜恩在研究国防工业基础的结构和演变过程中，对国防研发投资主体结构进行了分析，并对北约多国的国防研发投资情况进行了综合实证分析①。另外，在 Edwin R.A.Seligman 著《战费论》、大卫·德农著《战略的约束》、埃斯顿·T. 怀特著《国防需求与资源分配》以及雅克·甘斯勒著《美国国防工业转轨》等著作中对国防研究与发展的投入及其重要性都有一些阐述。

由于国防研发投资主要作用于科学技术特别是国防科技领域，因此，我国关于国防研发投资理论研究并不是孤立的，而是融入整个国防科技工业体系的。国防科技工业作为国防经济体系中的供给部门，承担着军品的研发、制造、维修等任务，构成了国防建设的物质基础。国防科技工业的技术水平、生产效率、管理体制、运营机制等因素，直接决定着国防研发投资的效果。关于国防研发投资理论研究，主要集中在以下几个方面。

1. 关于国防研发投资的认识问题。对国防研发的认识是进行国防研发投资研究的基础性问题。刘化绵教授认为，国防科技是科学技术的一部分，是为国防服务的自然科学及各种工艺与技术的总称，是军队战斗力的关键因素和国家科学技术的重要组成部分。国防研发应注意几个问题：一是要不断强化军事科技意识，积极发展军事高科技。二是制定正确的武器发展战略，有计划、有步骤地开发技术比较先进，与我国国情、军情及我军军事战略思想相适应的武器装备。三是缩短战线突出重点集中力量办大事。四是调整结构，加强管理，提高整体质量和效益②。果增明教授认为：关于国防科技创新来源，一方面是通过技术研究与发展来产生，另一方面是通过技术转让的方式，充分利用世界上已有的科技成果，引进国外的先进技术，可以促进国民经济和国防建设的高速发展③。关于国防科技与国防工业的关系问题，匡兴华教授认为，国防工业是国防科技进步的基础，反过来国防科技进步是国防工业不断现代化的关键。它为国防工业的发展研究出新的技术手段，开发出换代产品，促使国防工业门类结构的扩展。现代化国防科技愈来愈超前于

① 哈特利等：《国防经济学手册》，第 1 卷，姜鲁鸣等译，经济科学出版社 2001 年版，第 305 ~ 430 页。

② 刘化绵：《中国军事经济学教程》，军事科学出版社 1998 年版，第 186 ~ 200 页。

③ 果增明：《装备采办》，海潮出版社 2003 年版，第 277 页。

工业的发展，为国防工业的发展提供指导，使国防工业具有强大的科学技术潜力。陈炳福教授分析了世界国防 R&D 活动的发展特点和运行机制，提出了我国国防 R&D 活动的相应对策：一是政府应从大国战略出发，加大国防 R&D 投资，增强国家综合竞争力；二是打破军民壁垒，采用商业化规范和标准；三是推行市场化的国防 R&D 运行机制，使国防科技体系真正融入国家科技创新体系。这些理论观点为国防研发投资的研究提供了坚实的理论基础。

2. 国防科技工业管理体制和运行机制的改革。改革和完善国防科技工业管理体制和运行机制，是社会主义市场经济体制改革的重要内容，是提高国防科技工业运行效率的必然要求。学者们对此进行了积极的探索，并提出了一些富有启发性的观点。(1) 改革和完善国防科技工业的管理体制。如杨价佩认为，目前管理国防科技的行政职能，应做出三方面的调整：第一，主要由面向军工企业集团的管理转到面向全社会国防科研生产公共事务管理上来；第二，主要抓具体项目管理转到重点抓战略规划和宏观调控上来；第三，由以审批为主管理转到审批和监管并重上来①。杜人淮认为，由于国防工业不能完全市场化，因而市场机制很难充分发挥作用，它会受军工企业的市场定位、政府角色和政府能力、科技进步及运用状况、市场经济完善程度等因素的制约②。(2) 政府管理职能的转变有助于实现军工产业的政企分开，保证多种经济成分公平竞争。刘建秋认为，我国企业特别是高科技企业近年来加大了 R&D 的力度，但与 R&D 高投入形成对比的是，R&D 投资成功率比较低，其中一个重要的原因是，相对滞后的 R&D 投资管理方法已经不适应具有高技术特征的 R&D 投资快速发展的需要，提出了建立 R&D 投资的系统思想和管理体系。(3) 建立健全国防科技工业的“四个机制”。如曹驭日分析了在国防研发经费的获取渠道、国防研发投资主体、国防研发经费管理及项目评估机制等方面存在的一些缺陷，并提出相应改进对策③。孙岚提出：“四个机制”建设工作的本质是要在武器装备科研生产中引入和培育市场机制，或是通过经济、法律、行政等多种手段起到补充市场甚至模拟市场

---

① 杨价佩：《关于国防科技工业若干问题的思考》，《国防科技工业》2004 年第 1 期。

② 杜人淮：《国防工业运行中的市场机制功能及其影响因素》，《军事经济学院学报》2006 年第 1 期。

③ 曹驭日：《国防科研投资体制的弊端及对策》，《装备指挥技术学院学报》2004 年第 12 期。

的作用，以转变军工生产长期以来缺乏竞争、效率低下的局面[①]。

3. 关于建立军民融合发展的体制问题。党的十七大提出“建立和完善军民结合、寓军于民的武器装备科研生产体系”，“走出一条中国特色军民融合式发展路子”[②]，为国防科技工业确立了战略方针。为了适应国防工业“军民融合”发展方针，我国国防科技工业运行体制必须打破军民分割局面，实现资源在国防经济部门与民用经济部门间的流动，优化配置效率。如叶卫平教授提出，要逐步开放军用技术市场，吸引民用企业参与非核心军用技术的开发，实现行业内开发与国内市场采购相结合，提出“大国防科技工业”的概念，在科研上要实行“小核心、大协作”的科研攻关体制[③]。叶涛提出，要把建立“军民结合、寓军于民”新体制的改革措施与实现国防科技工业现代化跨越结合起来，研究制定发挥民营经济作用的战略规划，探索民用经济参与军品科研生产的实现形式、新的管理机制和措施[④]。张伟超、李春指出，民营企业准入国防工业，能为国防工业的发展和壮大提供更加广泛的空间，在这个过程中，应注意化解三个矛盾，一是民营企业自身的开放性与国家安全有界性之间的矛盾，二是民营企业以成本为核心与国防工业以质量为核心之间的矛盾，三是军用标准和民用标准不相容的矛盾[⑤]。古先光、谷奇平、陈浩光运用信息经济学中委托代理模型，结合我国实际，提出了我国武器装备建设投资运行机制由传统的政府主导协调机制转变为军方主导的协调机制[⑥]。

4. 关于国防科技投资的风险与管理问题研究。武器装备研制投资是一项风险性投资。从项目的立项到研制，直到科研成果的转化，国防科研的每一个阶段都面临技术、需求等不确定性因素的影响。国防科研项目具有投资周期长、投资金额大、投资收益难以量化的特点，使得国防科研投资较之其

---

① 孙岚：《对建立和完善国防科技工业四个机制的几点认识》，《国防科技工业》2003年第3期。

② 胡锦涛：《高举中国特色社会主义伟大旗帜，为夺取全面建设小康社会新胜利而奋斗》，见《中国共产党第十七次全国代表大会文件汇编》，人民出版社2007年版，第41页。

③ 叶卫平：《树立大国防新科技工业的观念》，《国防科技工业》2004年第4期。

④ 叶涛：《国防科技工业改革和发展与民营经济》，研讨会论文集2004年。

⑤ 张伟超、李春：《民营企业准入国防工业与国家安全》，《军事经济学院学报》2006年第1期。

⑥ 古先光、谷奇平、陈浩光：《装备投资军方主导机制模型分析》，《中国国防经济》2003年第2期。

他科研具有更多的不确定性，投资活动贯穿于国防研发活动的始终，投资风险也就是项目风险的最重要组成部分。吕建伟、陈霖等结合所收集的资料和科研实践介绍了项目研制中的决策判断和典型风险源，较为全面地给出了以风险分析为基础的风险处理的思路，探讨了风险规避、风险控制、风险承担及风险转移的具体方法①。全林远从风险投资作用的角度对国防研发投资进行了分析，认为风险投资不仅有力地推动了高技术领域科学研究以及研究成果的商品化、产业化，推动了高科技产业的创建与发展，而且其产生的总体社会效益远大于其直接的经济效益，从而带来很高的“溢出效益”，特别是“国防溢出效益”十分明显。由此提出国防风险投资及其国防溢出效益是形成军民双向扩散、交流效应机制的基础②。

5. 关于落实科学发展观，建立可持续的国防科技发展问题。用科学发展观指导国防科技工业建设，前提是用全面、协调和可持续的理念，建立人才培养、引进和激励机制，确保国防科技工业的长期发展。蒋应时指出，必须从国家安全战略的高度深化对国防建设与经济建设协调发展方针的认识，从充分发挥资源的综合效益着眼，确保国防资源配置的合理性和科学性，以探索国防建设与经济建设全方位融合的运行机制入手，使国防建设真正根植于国防经济的母体之中。对我国国防科技工业进行了科学的判断和定位。段进东、程强然探讨了西部大开发对于当地国防科技工业企业发展的机遇和挑战，认为国防科技工业只有转换机制，促进竞争，提高效率，提升结构和技术水平，才能彻底解困，并为本地经济发展贡献力量③。

6. 关于国防科技工业的国防知识产权问题。科技创新成果具有一定的非排他性，在国防科技工业领域，由人们创新性的劳动所生产出的专利、发明等无形技术资源的所有权、支配权、收益权、使用权的归属构成了国防科技工业的知识产权。国防知识产权具有军民兼容性，其不仅具有国防安全效用，亦具有经济效用，因此，其外部性极大。由于国防科技工业知识产权往往产生于国家投资的研究项目中，又往往涉及安全保密问题，使得知识产权私有的可能性很小，由此降低了科研人员的积极性。王东月、陈昌柏介绍了

---

① 吕建伟、陈霖等：《武器装备研制的风险分析与风险管理》，国防工业出版社2005年版，第35页。

② 全林远：《试析风险投资及其国防溢出效应》，《中国国防经济》2003年第1期。

③ 段进东、程强然：《加入WTO后我国国防科技工业的发展对策》，《南京政治学院学报》2003年第6期。

测度国防科技经济效用的数学模型——索洛增长速度方程，并强调了实施军工产业知识产权保护的重大意义[①]。古先光、王雁分析了武器装备知识产权的构成要素及其相互关系，论述了武器装备知识产权作为一个系统产生的客观原因，指出我国武器装备知识产权在武器装备市场中的约束和激励作用[②]。陈海秋、陈昌柏从明晰知识产权对创新性劳动的激励和保护作用入手，分析了正确界定知识产权对于国防科技工业发展的重大意义[③]。

7. 关于国防研发中的委托代理问题。军队与国防企业有其私人信息，因而并非它们的所有行为都是可以监督的，或者可以使用合同条款进行约束。国防采购过程充满了不确定性，完整的长期合同一般是难以签订和执行的。许多国防采购过程是在双边垄断的情况下发生的，“研究与发展”的投入产出衡量困难也给激励问题增加了难以想象的难度，因此，需要对装备研制的委托代理问题进行研究。宁伟、古先光认为，在装备研制中，国家与总装备部、总装备部与总部有关装备部门和军兵种装备部门、总部有关装备部门和军兵种装备部门与军代表局或军代表室之间存在着委托代理关系[④]。

从以上概述可以看出，目前国内关于国防研发投资的理论研究具有以下特点：

1. 基础理论层次的研究取得进展。学者们从不同的角度对国防研发投资及其相关理论进行了研究，对所考察客观对象的本质及其发展变化规律进行了一些主观归纳和总结。但在总体上还没有形成系统、明确的结构框架，特别是对国防科技投资一些重大问题缺乏科学分析。关于以提升国防科技自主创新能力为目标的国防研发投资研究成果也很少见到。

2. 应用层次的研究不断深入。伴随着我国制度环境的转轨、现代战争形态的演变，学者们对社会主义市场经济与国防经济、高技术局部战争情况下的国防科技资源配置等问题进行了研究探讨。但从成效上讲还不甚明显，主要表现为研究的问题过于集中，对一些研究有困难的而又有实际需要的问题却没有涉及。

---

① 王东月、陈昌柏：《国防科技工业知识产权的经济效用分析》，《电子知识产权》2004年第6期。

② 古先光、王雁：《武器装备知识产权系统管理研究》，《军事经济研究》2004年第3期。

③ 陈海秋、陈昌柏：《国防科技工业中长期科技发展中知识产权问题研究》，《科技与法律》2004年第2期。

④ 宁伟、古先光：《装备研制委托代理问题分析》，《中国国防经济》2005年第4期。

3. 研究方法和手段还比较落后。现有的研究论文越来越多，但这之中有一大部分属描述性成果，缺乏必要的实证研究和数理分析，而这必将影响对国防研发活动内在机理的深层次分析。

三、基本范畴

国防研发投资研究涉及的概念较多，为了使研究具有统一性，有些概念需要明确界定。本书导论部分界定几个概念：国防科技、国防研发、国防研发投资。其他有关概念将在相应研究部分进行阐释。

（一）国防科技

国防科技是在国家产生以后，为了国防和战争的需要而产生和发展起来的。国防科技尽管是一公认的概念，但却是一个难以严格定义的概念。因为它是一个历史范畴，在人类社会的不同发展阶段有不同的含义，可以预见的是，随着科技历史的发展，还会有新的界定。

《中国人民解放军军语》对这一概念的定义是："直接为国防服务的科学技术。它的发展状况，直接关系到国防建设的现代化程度。"这一定义指出了国防科技的边界范围和作用。刘化绵教授认为，军事科技是科学技术的一部分，它是相对民用科学技术而言的，又称为国防科技，是为国防服务的自然科学及各种工艺与技术的总称，是军队战斗力的关键因素和国家科学技术的重要组成部分，主要包括国防科学技术基础理论，武器装备的研制、生产使用、维修技术，国防工程技术，军事系统工程等内容。它的发展水平、发展状况直接关系到武器装备的现代化、关系到国防建设的现代化[①]。从以上定义出发，可以进一步作出具体明确的解释：国防科技是指在国防领域中研究、发展和应用的科学技术，其范围主要包括武器装备的研究、设计、制造、试验（包括模拟训练和使用在内）和国防设施或军事设施（如国防仓库、基地、机场、港口、防御工程等）的设计建设等方面的科学技术。

（二）国防研发

国防科技是一个大的概念。作为一种创造性的社会活动，国防科技具体表现为国防科研，有些地方也有国防研发的概念（或简称"国防研发"或

---

① 刘化绵：《中国军事经济学教程》，军事科学出版社 1998 年版，第 186～187 页。

“国防 R&D”[①])。应该说这两个概念是有所区别的，国防科研主要强调当前项目的研制，而国防研发既包括项目的前期研究，也包括当前的研制和后期的成果转化，即指国防科技活动整个过程。因此，后者的表达更全面，所以本书使用国防研发这一概念。根据国际通用的科研结构分类，按照研究项目或课题的类型，国防研发包括基础研究、应用研究和发展研究。在美国则更具体地称为研究、发展、试验与鉴定（RDT&E），并按照研究活动的类型或发展阶段的不同，进一步将国防科研划分为理论研究、探索性发展、先期发展（分为先期技术发展和先期系统发展两部分）、工程发展和作战系统发展等五个方面。我国则常分为预先研究、型号研制两个大的阶段，每个阶段又有进一步的划分[②]。不管是五个方面还是两个方面，都可归入为基础研究、应用研究和发展研究这一结构中。

国防科技在学科专业门类上主要包括自然科学、技术科学和工程技术，也包括社会科学。国防科技在科研结构上全面包括三种类型的研究，但大量和主要的是应用研究和发展研究，重点是发展研究。以美国为例，几乎在整个 20 世纪 70 年代和 80 年代，国防科研总经费中，应用研究和发展研究占 96%左右，而发展研究约占 70%。另外，国防科研也包括对已有武器装备的技术改造，同时还包括新研制的武器装备投入批量生产后技术问题的解决。显然，国防科技包括国防工业发展中有关武器装备制造方面的技术。因此，在某种程度上可以认为，国防科技是在科学指导下的技术，其最后归属是技术。从这种意义上看，本书对国防研发定义如下：国防研发就是为寻求国防建设所需要的国防科学技术而进行的科学研究与发展活动。

（三）国防研发投资

为准确把握国防研发投资的概念，首先需要从投资概念入手。投资是人们日常生活中经常碰到和用到的概念，但要给投资下一个准确定义并不简

---

① R&D 是英文单词 Research 和 Department 的首字母，意为研究与发展。对国防 R&D 作出权威性定义的主要有斯德哥尔摩国防和平研究所（SIPRI）及经济合作与发展组织（OECD）。根据 SIPRI 的定义，国防 R&D 支出包括两个方面：一是从一国“国防部”预算中拨款资助的所有研究和开发工作；二是由国家政府部门效用并经官方判明是承担军事、国防或民防任务，或者主要与武器有关的所有其他研究与开发工作。根据 OECD 的定义：国防 R&D 支出包括了国防类中所有发端于国防目的的研究与开发项目，这种 R&D 不论其内容如何，也不问其是否有次要的民间用途。因此，对社会经济活动中 R&D 的国防属性进行判断，并不以该研究项目的产品特性或项目主体为差别标准，而是以项目的 R&D 目的为标准。我们国防 R&D 支出状况与 SIPRI 定义的相似。

② 钱海浩：《武器装备学教程》，军事科学出版社 2000 年版，第 155 ~ 156 页。

单，因为投资定义要揭示投资的本质特征，这种本质特征是各类投资共同的东西，蕴藏在各类投资的内部，不同的人站在不同的角度，其表述自然会有所不同[①]。为此，采用张中华归纳的投资概念，即：投资是一定经济主体为了获取预期不确定的效益而将现期的一定收入转化为资本的过程。

在宏观经济学中，投资起两个作用。第一，它是支出的一个很大且很易变动的部分，投资的大幅度变动会对总需求产生重大影响，这又会进一步在短期内影响产出和就业水平。第二，投资导致资本积累，如建筑物和设备存量的增加，能提高一国的潜在生产能力，从而促进长期的经济增长。因此，投资起着双重作用，既通过对总需求的作用而影响短期产出水平，又通过对资本形成的作用而影响潜在生产能力和总供给，从而左右长期产出水平的增长趋势。

关于决定投资的主要因素（假定投资主体是企业），一般认为，企业只有在预计到购买资本品会给它带来利润，也即会带来大于投资成本的收益的时候，才会进行投资。因此，投资一般要考虑三个基本要素：一是收益，决定投资的一个十分重要的因素是整体产出水平，即投资取决于整体经济活动将会产生的收益。一个重要的投资行为理论是加速原理，该理论认为投资率根本上是由产出变化率决定的，也就是说，产出增加时投资率高，产出下降时投资率低。二是成本，由于投资品会持续使用多年，因此，对投资成本的计算，比对别的商品的成本计算要更为复杂一些。三是预期，投资首先是对未来的一种预测，是对投资所能获得的收益将会超过投资成本的一种偏好。

迄今为止，关于国防投资的概念见到不少。比如国防投资是指一定经济主体（法人或自然人）为形成国防资产而投入资金（资本）或经济要素以满足国家安全利益需要的经济活动[②]。国防投资是国家或其他市场主体，为实现保障国家安全或获取利润的目的，投入一定量货币，进行国防建设活动的

① 张中华列举了五种具有代表性的投资概念表述方式，如威廉·夏普表述为："为了（可能不确定的）将来的消费而牺牲现在一定的消费。"《简明不列颠百科全书》定义为："投资指在一定时期内期望在未来能产生收益而将收入变换为资产的过程"；萨缪尔森表述为："对于经济学者而言，投资的意义总是实际的资本形成"；G.M.Dowrie 定义为："广义的投资是指以获得为目的的资本使用，狭义的投资指投资人购买各种证券，包括政府公债、公司股票、公司债券等"；《经济大辞典》定义为："投资在资本主义社会指货币转化为资本的过程，在社会主义社会指货币转化为生产经营资金的过程"。作者在此进行了归纳，见张中华著：《投资学》，中国统计出版社 2001 年版，第 4 页。

② 朱庆林：《国防需求论》，军事科学出版社 1999 年版，第 85 页。

行为[①]，等等。

本书将国防研发投资定义为：国家或其他经济主体，为形成国防科技资本，投入一定量的资金（资本）或经济要素以满足国防科技创新需要的活动。

这个定义包含以下几个要点：一是国防研发投资总是一定主体的经济行为，国防研发投资的主体应该是多元的。二是国防研发投资的目的是为了获取一定效益，并且其效益应该也是多方面的，包括军事效益、社会效益和经济效益等。三是国防研发投资所可能获取的效益是未来时期的预期效益，而且具有不确定性，这是由国防研发活动的风险性特点决定的。四是国防研发投资必须花费现期的国防费用，即在投资以前必须有一定经费预算。五是投资所形成的资本有多种形态，国防研发投资的资本包含实物资本和人力资本投资形态[②]，随着国防科技工业股份制改造进程的加快，还包含金融资本。

四、基本假设

(一) 经济主体决策的“有限理性”

人的行为方式假设，是经济理论问题研究的根基。为了研究人们是如何作出激励反应和决策权衡，研究经济变量间的相互作用和它们的变化规律，必须对所涉及人的行为作出正确判断和界定。亚当·斯密提出了著名的“经济人”假设和“看不见的手”的原理，其有两层基本含义，一是自利性，二是贡献性[③]。他认为，人们在追求自身利益最大化时，“往往使他能比在真正出于本意的情况下更有效地促进社会的利益”[④]。由此形成了古典决策理论假设。在此基础上，很多学者对“经济人”假设作了进一步分析，如梅奥等人创立的“社会人”假说，认为人不是孤立存在的，而是属于某一工作集体并受这一集体影响的。他们不是单纯地追求金钱收入，还要追求人与人之

① 于连坤：《中国国防经济运行与管理》，国防大学出版社 2002 年版，第 81 页。

② 考虑无形资本主要是依附于实物资本和人力资本而存在，故此处不另提及。

③ 亚当·斯密提出“经济人”假设时说过这样一段话：如果“我们每天所需的食料和饮料，不是出自屠户、酿酒家或烙面师的恩惠，而是出于他们自利的打算。我们不说唤起他们利他心的话，而说唤起他们利己心的话。我们不说自己有需要，而说对他们有利。”由此提出了“看不见的手”的原理。该原理表明：当个体自私地追求个人利益时，他好像为一只看不见的手所引导而去实现公众的最佳福利。并且认为在所有可能出现的结果中，这是最好的。见亚当·斯密：《国富论》上卷，商务印书馆 1974 年版，第 14 页。

④ 亚当·斯密：《国富论》上卷，商务印书馆 1974 年版，第 27 页。

间的社会和心理欲望的满足[①]。西蒙开创了行为决策理论，所提出的有限理性假设也是自利行为假设的一种，是对“经济人”假设作了进一步修正，是对自利行为假设的一种推广和延拓，他指出：所谓有限理性，“是考虑限制决策者信息处理能力的约束的理论”，有限理性假设更具有一般性，因此，已被经济学界广泛认可。

以上分析的有限理性“经济人”假设，是考察资本主义社会得出的结论。在我们社会主义市场经济条件下是否适用？从某种意义上说，如果人不是“自利”的，也许不会存在研究经济理论的意义。因为经济学主要是研究如何用有限的资源来最有效地满足人们无限欲望的学问，稀缺与效率是经济学的双重主题。由于国防建设的资源存在有限性，而国防需求是无限的，就不可能实现国防建设的按需分配，就需要解决如何用有限的资源满足需要的问题。自利性假设我们可能理解为国家有国家的利益，民族有民族的利益，集体有集体的利益，个人有个人的利益。否认这一点，如果采用利他性假设，可能会造成严重的后果，如“文化大革命”前所采用的一些政策和制度安排，强调“一大二公”，否认个人利益，导致中国经济几乎处在崩溃的边缘。处于社会主义初级阶段的中国，我们并不排除利他性假设的存在，而利己性的假设更现实。当国防建设的经济主体有意识地收集一切与自己经济活动有关的经济信息，并对此作出最合理的反应时，意味着他们有意识地了解经济环境的变化，并根据这种变化随时调整自己的经济行为，争取在给定的约束条件下取得自身的最大利益时，就是一种有限理性的“经济人”。因此，本书在分析中，采用经济主体决策的“有限理性”假设。

（二）国防研发产品市场的非效率性

亚当·斯密提出的“看不见的手”原理适用于所有市场都是完全竞争的经济。在这种环境下，市场能够有效配置资源，因此，经济恰好位于其生产可能性边界上，是有效率的。然而很多情况下市场的竞争并不完全，其中最重要的三种状况是：不完全竞争、外部性和公共品。在每一种状况下，市场失灵都会导致生产或消费的非效率，而政府的宏观调控是解决这一问题的重要手段。

1. 不完全竞争。当买者或卖者能够左右一种商品的价格时，就出现了不完全竞争。当出现不完全竞争时，社会的产出将会从生产可能性边界上移

---

① 周三多：《管理学》第4版，复旦大学出版社2003年版，第69页。

至边界之内，会导致价格高于成本，消费者购买量低于效率水平，经济的有效性就会受到损害。不完全竞争的极端情况便是垄断，即唯一的卖者独自决定某种物品或劳务的价格水平。

2. 外部性（或溢出效应）。指企业或个人向市场之外的其他人所强加的成本或利益。市场交易一般是指人们自愿地以货币来交换物品或劳务的活动。而实际上许多相互作用发生在市场交易之外，这种作用可能有损于其他人的利益（负的外部性），也可能有利于其他人的利益（正的外部性）。

3. 公共品。公共品是正外部性的极端情况，是指这样一类商品：将该商品的效用扩展于他人的成本为零，因而也无法排除他人共享。由于私人提供公共品普遍不足，政府必须介入以鼓励公共品生产。政府通过向某些领域投入足够的货币选票，使资源向那里流动。一旦投入货币选票之后，市场机制就接手过来，引导资源注入企业。亚当·斯密是反对政府干预市场的，但也指出国家的义务之一是“建设并维持某些公共事业及某些公共设施”。

国防研发活动也具有上述三种表现。一是国防研发产品具有供需双边垄断特点。厂商作为供给方处于垄断或寡头竞争的地位，这是由国家对安全性的要求与装备技术性特征共同作用的结果。军队作为产品的需求方，主体也是单一的。因此国防研发产品市场是不完全竞争市场。二是国防研发产品具有三种外部性，一般认为，研发活动总的外部性为正①。三是国防研发产品是公共品。因为它具有非竞争性和非排他性特征②。由以上分析可以看出，国防研发产品市场的非效率性也是本书的一个基本假设。

---

① 罗默认为，已经确定了来自于研发的三种外部性。消费者剩余效应是指创新者得到使用思想许可的厂商或个人获得了一些剩余，原因是创新者不能采用完全的价格歧视，这来源于研发正外部性；抢生意效应是指优良技术的使用一般降低了现有技术的吸引力，从而对现有技术的拥有者造成了损害，这来源于研发负外部性；研发效应是指一般假定创新者对其知识在新知识生产中的运用不予控制，新知识被授予专利权后公之于众，从而能够为其他发明者所用，对其他研发人员有正的外部性。见戴维·罗默著：《高级宏观经济学》，王根蓓译，上海财经大学出版社 2003 年版，第 102 ~ 105 页。

② 罗默指出，任何知识都具有非竞争性，人们在使用知识时不会使其他人对该知识的应用变得更为困难。而知识的排他性分为两种情况，知识的性质本身和决定产权的经济制度。见戴维·罗默著：《高级宏观经济学》，王根蓓译，上海财经大学出版社 2003 年版，第 102 ~ 105 页。

第一章 国防研发投资概述

当今时代，人类社会步入了一个新科技不断涌现的重要时期，世界科技革命发展的势头更加迅猛，谁在科技创新方面占据优势，谁就能够在发展上掌握主动。世界各国尤其是发达国家纷纷把推动科学进步和创新作为国家战略，大幅度提高科技投入，加快科技事业发展[①]，并由此导致新军事革命的兴起[②]。尽管和平与稳定是当今时代的主题，但人类社会战争的根源并没有消除，当前局部战争仍然不断，将来局部战争仍会发生。国防科技是国家科技的重要组成部分，发展国防科学技术，建立强大的国防，以应付可能的战争需要，是我国制定的一项重要战略任务。“国防科技和武器装备发展是衡量国防实力的重要标志”，“必须把国防科技发展放在突出地位。”[③]《中华人民共和国国防法》明确规定：“国家促进国防科学技术进步，加强高新技术研究，发挥高新技术在武器装备发展中的先导作用，增加技术储备，研制新型武器装备。”[④] 而国防研发投资是发展国防科技的源泉[⑤]，投资规模与投资效率直接影响到国防科技的发展水平。

本章是全书研究的基础理论部分，主要从以下几个方面入手：一是我国国防研发投资的决定模式；二是国防研发投资的主体动机与行为特点；三是国防研发投资的风险与测量；四是国防研发活动的基本内容。

---

① 胡锦涛：《坚持走中国特色自主创新道路，为建设创新型国家而努力奋斗》，在全国科学技术大会上的讲话，2006 年 1 月 9 日，《解放军报》2006 年 1 月 10 日。

② 高新技术的发展是新军事革命发生的基本前提，因为任何社会变革尤其是军事领域里的变革无一不是科学技术发展的结果。见李保存著：《世界新军事革命》，解放军出版社 1999 年版，第 20 ~21 页。

③ 江泽民：《论国防和军队建设》，解放军出版社 2003 年版，第 361 页。

④ 《中华人民共和国国防法》第五章，31 条。

⑤ 马克思在分析经济增长时指出，资本是“发动整个过程的第一推动力”。见马克思：《资本论》第 2 卷，人民出版社 2004 年版，第 393 页。

第一节　国防研发投资决定

投资总是在一定的经济体制下进行的，不同经济体制下的投资决定是不同的。当前我国国防科研实行的是国家指令性计划下的军事订货制度[①]，这种制度决定了我国的国防研发投资决定既要有计划地对国防研发要素投入进行集中决策和计划调节，又要按市场经济的要求运作，高效率地分配国防科研资源，这就需要确定我国国防研发投资决定的最优模式。为此，本节首先分析我国国防研发投资的特性与经济效应，然后分析我国国防研发投资决定模式。

一、国防研发投资特性

投资是国民经济发展的动力，投资增长对经济发展起着发动机的作用。“投资的意义总是实际的资本形成，只有当物质资本形成生产时，才有投资。”[②] 由此可见，投资是经济增长的必要条件。

科技发展是国家核心竞争力的源泉与持续发展的动力，“没有科学技术的高速度发展，也就不可能有国民经济的高速度发展。”[③] 近年来，世界各国加大了对 R&D 的投入，美国高技术产业中，科技研发的费用占到了销售总额的 5%以上，处在发展前沿的信息技术企业研究开发投资占销售额甚至高达 15%～20%[④]。西方发达国家先进的技术水平与强大的经济实力，与其强劲的 R&D 投入是密不可分的。国防科研是国家科技发展的重要来源，也是国防力量建设的重要组织部分。国防研发投资是整个国民经济投资的组成部分，具有一般经济投资的共性特点，但又具有不同于一般国民经济投资的特性。其特性主要表现在以下几个方面：

（一）投资的国防目的性

投资主体总是始于一定的目的才进行投资的。经济效益是一切经济活动的目的与归宿，国防研发投资也不例外，也要注重投资经济效益。但国防研

---

① 《中华人民共和国国防法》第五章，32～34 条。

② 保罗·萨缪尔森：《经济学》上册，商务印书馆 1981 年版，第 263 页。

③ 《邓小平文选》第 2 卷，人民出版社 1994 年版，第 86 页。

④ 厉无畏：《科学发展观与新一轮经济增长》，学林出版社 2005 年版，第 178 页。

发投资不是一项单纯的经济活动，国防效益是其首要目标，其效益直接地表现为国防效用上的满足。国防研发投资以提高国防科技自主创新能力为战略目标，贯穿于整个国防建设之中，服务于军事战略和国家安全利益。国防研发投资决策体现出国家新时期的军事战略方针，同时，国防科研的能力与水平也是实施国家安全战略的重要物质基础。因此，国防研发投资的收益以和平时期的威慑力和战时的战斗力来表现，毫无疑问，这种效益是不能用货币价值尺度来衡量的。

（二）投资的战略性

国防科技创新能力是整个国家创新能力的重要组成，是建设创新型国家不可忽视的重要力量。党的十五大报告中，把国防科技工业确定为国家的战略性产业，这是对国防科技发展在国家发展中地位和作用的高度概括。胡锦涛在全国科学技术大会上指出："建设创新型国家，核心就是把增强自主创新能力作为发展科学技术的战略基点，走出中国特色自主创新道路，推动科学技术的跨越式发展；""要把对科技事业发展特别是提高自主创新能力的投入作为战略性投资，加大财政科技投入的力度，调整和优化投入结构，增强政府投入调动全社会科技资源配置的能力"①。由此可见，国防研发投资是一项战略性投资，是国家需要从战略角度支持和发展的重要领域。

（三）投资的高风险性

国防研发投资可能获取的收益是未来时期的预期收益，充满着不确定性。其不确定性主要体现在两个方面，即内部不确定性和外部不确定性。内部不确定性是由技术上的未知数所引发的，关于成本和设计的大量不确定性决定着武器装备的生产和整个使用寿命周期；外部不确定性是关于武器装备需求的不确定性，这种不确定性是外部威胁的变化、获取替代性武器的可能性变化，甚至是由国际国内政治经济形势变化所引起的。两个方面的不确定性形成了国防研发投资的高风险性。

（四）投资的准公共性

早在16世纪20年代，威廉·配第在《赋税论》一书中就提出，政府公共投资支出的范围主要包括六项"公共经费"，其中第一项就是军事费用②。

① 胡锦涛：《坚持走中国特色自主创新道路，为建设创新型国家而努力奋斗》，在全国科学技术大会上的讲话，2006年1月9日。

② 威廉·配第：《赋税论》，商务印书馆1981年版，第17页。

美国经济学家汉森也认为，公共投资领域必须服从于三种计划，“有些计划由于规模或风险的巨大，即使在最后能达到自给程度甚至有大利可图，但决不能由私人企业来承担；有些计划按其性质不能指望有收益来补偿其直接成本，但其真正利益是在扩大国民收入，扩大的数量至少等于它们的成本；有些计划对于国民总产值贡献极少，但就文化和社会价值而论，其对于福利的贡献已经值得把生产资源投之于这项活动作为成本。”[①] 从这些思想中可以得出的结论是，凡是企业愿意并有能力进入、市场机制可以发挥作用的领域应放开让企业自主投资，而将企业不愿或无力进入或发生市场失灵的领域确定为公共投资领域。国防研发投资具有投入量大、周期长、投资利润率低和具有非竞争性和非排斥性、外部效应强等特点，因而具有明显的公共投资特性。但是，就国防研发活动而言，在市场经济体制下，其经济属性也是很突出的。比如现行的武器装备的科研实行指令性计划下的合同制，一方面体现了军品作为关系国家安全的重要产品这一特殊性质的要求，另一方面也体现了武器装备作为商品这一性质的要求。合同制的管理运行也要服从市场规律，正如梁清文所说：“国防科技工业在整体上具有公益性，但又必须按市场规律去运行，是一种准公共产业。”[②]

二、国防研发投资的经济效应

国防研发投资的经济效应是指国防科技投资对国民经济的影响和作用。由于国防研发投资具有公共投资的特性，也能和政府的公共投资一样，通过“投资乘数”和“投资引诱”扩大社会有效需求以及引致私人投资需求，其最基本的经济效应是需求效应和供给效应。

（一）国防研发投资的需求效应

需求效应是指政府通过国防研发投资直接带动对国防科技投资品的需求，最终导致国民经济中需求总量增加的效应。国防研发投资通过提高社会总需求后能增加国民收入或产出水平，这种效应既有直接的，又有间接的。

1. 直接的需求效应。在宏观国民经济变量中，国防研发投资作为公共投资，是政府投资需求组成内容之一，即在总需求模型里，有下列关系存

① 汉森：《经济政策和充分就业》，上海人民出版社1959年版，第199页。

② 梁清文：《关于新时期国防科技工业性质、地位及其有关问题的认识》，《发展规划动态》2004年第27期。

在：

总需求 = 社会消费需求 + 社会投资需求 + 政府消费支出 + 政府投资支出

在这个关系式中，国防研发投资是政府投资支出的一部分，能直接拉动产出增长。

2. 间接的需求效应。在一定条件下，国防研发投资还可以造成有利条件而对私人投资产生引致效应，通过消费—投资—收入的运动流程间接提高社会总需求，从而带动产出增长。在社会总需求不足时，政府增加国防研发投资，可以通过乘数作用带动社会投资需求，弥补社会总需求的不足，进而通过总需求效应提高均衡国民产出。而增加的国民收入又可引致投资增加，成倍扩张总需求。这种需求效应中也包括对民间投资的引致效应与挤出效应。从现实看，由于国防研发投资占政府总支出较少，为提高社会总需求，这种引致效应的分析具有更重要的政策意义。

（二）国防研发投资的供给效应

在技术进步与有效使用资源的条件下，国防研发的产出会因其投资能力的提高而提高，这表明国防研发投资存在着需求效应的同时又存在着供给效应。供给效应是指国防研发投资实现为固定资产后，其中的非生产性固定资产直接供给军事消费和社会消费，生产性固定资产投入研发运行，再生产出国防科技创新能力，导致武器装备及其上游产品的供给，从而引起国民经济中技术与产品供给总量增加，这种效应将对长期经济供给能力形成影响。国防研发投资的供给效应主要表现在以下几个方面：

1. 提高国防科技创新能力。在一般的经济增长模型中，资本同劳动、技术等生产要素一样，为生产函数中的重要变量，而资本是由投资形成的。国防研发投资既形成有形的资本供给品，也形成研发能力等无形资本供给品，这些都为未来潜在的研发能力的持续增长打下了基础。只要政府支出的财政资本形成了正的净投资，国防研发投资形成的资本存量就必然对国防科技创新能力产生影响。

2. 通过增加资本存量调整国防科技产业结构。投资于国防研发能促进技术进步，而技术进步是投资结构变化的动因，投资结构变动可以带动产业结构的调整。投资一旦形成资本存量，便对未来的产业结构形成影响。由于国防研发投资直接参与了资源配置，具有高风险性和高技术性特征，因而除具有一般性投资本身具有的形成未来的产业结构特征外，还具有按照国家产业政策引导社会资金流向、改变与优化现有投资供给结构的功能。

3. 提高人力资本的收益率。卢卡斯建立的以人力资本积累为基础的内生增长模型指出，技术进步的源泉是人力资本，并将人力资本和技术进步作为内生变量来解释经济增长。人力资本是经济增长的推动力，一国的平均人力资本水平影响着每一企业的单个生产率。国防研发投资不仅通过人力资本的积累提高国防科技工业自身的技术力量并获得收益，而且具有完全的外溢效应，使公共知识存量增加。这种外溢效应决定了政府在国防科技领域投资的必要性，政府对人力资本的投资能产生边际效益递增，从而使经济总投资达到最优状态①。国防研发投资通过人力资本流量与存量的增加，形成的是世代人力资本，是影响经济长期增长的重要因素之一。

三、国防研发投资决定模式

根据经济体制的不同，国防研发投资的决定模式可以分为两种基本类型：计划经济条件下的投资决定和市场经济条件下的投资决定。不同的模式类型会影响到国防科技投资的主体、规模、结构以及整个国防经济的宏观调控体系。

（一）国防研发投资决定模式分析

当前，我国国防科研实行的是国家指令性计划下的军事订货制度，这种制度要求其投资决定模式既具有计划经济特点，又具备市场经济的特征。

在计划经济条件下，国防研发投资决定模式具有以下三个基本特征：一是投资的目的是为了实现国防科技发展目标，体现的是公众利益，而不以生产者个人的盈利需要为转移；二是投资决策由政府在综合平衡的基础上统一作出，而不是分别由不同的国防科研单位自行决定；三是政府经济控制中心运用计划手段，严格地按预定目标调节国防科技的经济运行过程，从而使经济活动的结果达到预期目标，即“一切生产部门将由整个社会来管理，也就是说，为了公共的利益按照总的计划和在社会全体成员的参加下来经营”②。在计划经济条件下，国防科研单位不是独立的利益主体，不能从自身利益出发来关心投资。

市场经济是一种由市场发挥基础性调节作用的资源配置方式。在市场经济条件下，国防研发投资决定模式具有以下三个方面的基本特征：一是自利

① 谢进城：《投资学导论》，中国财政经济出版社 2002 年版，第 114 页。

② 《马克思恩格斯选集》第 1 卷，人民出版社 1972 年版，第 217 页。

性。即国防研发活动主体都具有独立或相对独立的物质利益，其从事的经济活动包括投资的目标是为了实现自身利益的最大化。自利性是国防研发活动主体从事经济活动的内在动力。二是自主选择性。即每个国防研发活动经济主体都能按照自己的利益，自主选择其资源的使用方式。只有在拥有充分自主选择权的条件下，每个经济活动主体才能趋利避害，不断努力为自己所支配的资源寻找最有利的用途。三是激励互容性。即国防研发活动主体在追求自身有利目标的同时，"受着一只看不见的手的指导，去尽力达到一个并非他本意想要达到的目的"①。从而有效率地实现国防科技发展目标，促进社会的利益实现，市场机制就是这只"看不见的手"。

（二）我国国防研发投资决定模式

在绝大多数纯粹的商品市场，消费者不需要投资于产品的研发活动，如果他们认可存在于最终产品之中的研发价值，他们将会购买最终产品。而国防研发是为武器装备生产服务的，政府既是国防科技工业研制生产计划的制定者，又是国防研发产品的消费者。从需求方分析，军队作为主体是单一的。军方既购买国防研发这一中间产品，也购买作为最终产品的"可用武器系统"，这种需求方的唯一性决定了国防研发产品几乎不受价格机制影响，基本上是无价格弹性的特殊商品。价格基本均按所需军事性能确定，以成本为基础，需求减少价格反而上升，出现事实上的垄断定价；而国防科研单位作为供给方也处于垄断或寡头竞争的地位，这是由国家对安全性的要求与装备技术性特征共同作用的结果。在这个供需博弈的过程中，政府直接投入了大部分与国防科技相关的研发经费，这意味着政府计划与控制在国防研发活动中占有相当重要的地位，政府是决定市场需求量和供给量的主要力量，这种制度下的产权结构决定了国防研发投资主要是计划经济条件下的投资决定模式②。

我国改革开放以后，国民经济管理由计划经济体制逐步向市场经济体制

---

① 亚当·斯密：《国民财富的性质和原因的研究》下卷，商务印书馆 1972 年版，第 27～28 页。

② 投资模式可分为集权型投资模式和市场化投资模式。集权型投资模式是以计划经济制度为基础的，其运行方式是由计划经济制度的一般属性决定；市场化投资模式是以市场经济制度为基础的，其运行模式是由市场经济制度的一般属性决定的。在集权型投资模式下，政府是一切经济资源的所有者，相应的产出也主要由政府占有和支配，进行投资所需的资本同样也是属于政府所有；由于所有的经济资源都掌握在政府手中，因此不存在各种金融投资，这使得政府主导型投资制度的投资的载体也是单一的、直接的实物投资。见谢进城主编：《投资学导论》，中国财政经济出版社 2002 年版，第 38 页。

过渡，国防科技工业战线也实行战略转移，由单一军品体制逐渐转向军民结合的新体制。为适应经济体制改革不断深化的客观要求，按照中央确定的国防科技工业治理整顿深化改革的方向，国防研发管理和运行机制进行了相应改革，其中经费投入管理办法的改革是科研管理改革的核心。1987 年 1 月，国务院、中央军委颁布了《国防科研试制费拨款管理暂行办法》和《武器装备研制合同暂行办法》。为了加强国防科研试制费的宏观管理，《国防科研试制费拨款管理暂行办法》规定，将国家财政拨给国防科工委的国防科研试制费，按照国防科研任务的性质和特点，划分为武器装备研制费（型号费）、应用、基础研究费（预研费）、技术基础费，实行分类管理。按照任务的不同特点，分别拨给主管工业部门和军队使用部门。对型号研制项目和大部分预研项目实行合同制，部分预研项目实行基金制，对技术基础工作也开始按项目管理。《武器装备研制合同暂行办法》明确了军兵种及总部有关业务部门（使用部门）和研制部门的技术经济责任。实践表明，国防科研试制费拨款办法的改革、合同制的实施，对国防科技工业管理产生了深刻的影响。此后，国防科工委会同有关部门又先后颁发了一系列配套的文件，逐步完善指令性计划下的合同制这一重大改革。

为了适应市场经济的发展，我国国防科研体制又经过几次大的调整，特别是 1998 年总装备部成立以后，原国防科学技术工业委员会管理的国防科研试制费移交总装备部管理，使装备研发的投资模式进一步完善，军方和企业作为国防科研的需求与供给双方分列，国防科研的体制开始按照市场机制运作。总装备部和军兵种是需求方，主要任务是根据中央军委的指示和国防建设的需要，掌握武器需求，提出武器性能指标、数量、质量要求，研发进度和审议报价，了解合同执行过程中的经费管理情况，协同工业部门加强对合同经费的使用管理，参与处理合同经费使用中的严重违纪问题。工业主管部门参加签订合同的协商工作，了解合同签订的情况，宏观调控国防研发任务的合理布局定点，根据国家有关政策法规和国防研发的有关规定，以计划和法规手段参与国防科研投资的管理，健全成本核算制。用行政杠杆的职能协调和处理各类国防科研经费使用管理中出现的问题，负责监督和财务审计检查。

实行指令性计划下的合同制后，充分调动了使用部门的积极性，军兵种作为使用方参与了武器装备的研制过程，建立了监督机制，保证了重点项目，既改变了工业部门吃大锅饭的状态，也改变了过去管事不管钱，科研项目增多，战线拉得过长的弊端，增加了经济管理意识，提高了军代表的作用。经过多年实践，我国国防科技投资领域出现了投资主体多元化、投资来源多渠道、投资决策多层次、投资方式多样化的新格局。投资模式由单一的计划经济条件下的投资决定转化为现有的计划经济条件下投资决定与市场经济条件下投资决定并存的状况，改变了我国传统的以政府投资为主，以投资的无偿使用为基本特征，以高度统一计划管理为主要内容的基本框架。从投资的决策上看，国防科研单位自行决策的因素增加，解决了原有计划体制下集中过多、统得过死的缺陷，国防研发投资效率有了很大提高。

但是，我国国防科技体制的改革还在进行之中，许多问题还有待解决。主要表现在以下几个方面：一是形式上多元投资主体已经形成，但国防科研单位并没有完全脱离政府部门的附属地位，投资激励与风险约束机制没有真正建立起来。二是投资环境建设还不能满足国防科技发展的需要。主要表现为市场经济条件极不完善，国防科技竞争环境还没有真正形成，供需双方高度垄断的格局还没有打破，准入壁垒导致民营企业难以真正成为国防研发的投资主体。三是还没有建立起与市场经济要求相适应的国防科技投资宏观调控体系。在计划经济向市场经济转轨的过程中，两种投资决定模式之间不可避免地产生摩擦和冲突，各种矛盾不断产生，暴露出国防科技运行体制机制还存在不少弊端，缺乏有效的调节机制与调节手段，投资规模与投资结构不尽合理，在总体上表现为国防科技投入不足，还不能满足国防科技发展的需要。

（三）我国国防研发投资决定模式的优化

投资决定模式优化的根本目的是提高生产力。国防研发投资决定模式优化的基本条件是：微观上保证国防科研单位充满旺盛的活力，宏观上保持稳定协调发展。国防研发的整体效率不仅取决于各个微观单位是否有活力，还取决于国防科研系统的运行是否稳定与协调，稳定与协调是科学发展观的具体体现，是宏观调控的目标。

1. 实现多元化投资的最佳组合。按照有利于保持宏观稳定和微观搞活的原则，政府的投资起着主导作用，保持投资总量合理和投资结构适当是实现国防科技稳定发展的关键。投资作为对科研要素的分配，对国防科技的发展速度、技术水平、产业结构和布局起着决定性的影响，是涉及国防科技全局和长远发展的战略问题，无论是投资总量不合理，还是投资结构失衡，都必然破坏宏观的稳定，阻碍国防科技的发展。微观搞活是指经营管理效率的提高，为此国防科研单位必须有相应的投资能力，因为投资是经营活动的前提，决定着科研单位未来的经营方向。当前，国防科研微观单位已日趋复杂，既有国有企业，也有民营企业参与投资，甚至在一些外围项目上还有外资投入。在这种多元化投资主体、多种所有制投资成分并存的情况下，实现最佳组合，是实现国防科技投资决定模式优化的根本。

2. 建立真正的国防科研单位企业法人制度，完善企业投资经营机制。企业法人制度是一种现代企业制度。就投资而言，国防科研单位企业法人制度的主要特征在于：一是企业作为人格化的经济组织，是独立的产品开发者和经营者，并能独立地承担民事责任。二是企业实行真正的自负盈亏，投资风险由投资者承担。三是投资的所有权和经营权相对分离。

3. 转换政府职能，发挥政府的积极作用。我国是一个发展中的大国，比之发达国家，应更重视发挥政府的积极作用。作为后起国家，市场仍处在发育过程中，国防科技市场机制的作用受到限制，有待完善。因此，政府的主要作用在于弥补市场缺陷，其基本任务包括以下几个方面：一是借助于国家法制的力量，通过制定、颁布有关法律规则，保护投资者的产权，维护国防科研正常的投资活动秩序。二是制定国防科技产业政策和中长期发展规划，引导企业投资。三是组织国防科研项目的社会公共项目投资，加强成果转化和技术外溢。

4. 建立与市场经济要求相适应的国防研发投资宏观调控体系。市场经济是一种货币经济，投资宏观调控的首要任务是寻求投资货币供求的总量及结构均衡。由于独立的微观科研单位跳跃性增长，政府投入比重下降，经济决策日趋分散，政府对国防研发的经济运行难以实行实质性调控，其不可避免的趋势是逐渐转向勾画远景和提供政策指导。国防研发投资宏观调控体系通过财政支出的总量和结构直接影响整个国防科技投资的总规模及其结构，对国防科研运行系统进行调节和控制，增强投资主体行为的自觉性和投资效率，确保国防科技投资计划和投资目标的顺利实现，满足不断增长的国防科技发展的需求。

第二节 国防研发投资的主体

在计划经济体制下，投资主体是单一的，即由政府代表国家行使投资权，具有高度集权和垄断性。随着市场经济的不断发展，强调投资主体的多元化，现在国防投资主体已成为一个组成要素复杂的系统。为了更好地分析投资主体行为，首先需要确定投资主体。

一、国防研发投资主体的构成

（一）政府是重要的投资主体

国防研发投资的特征决定了国家是国防研发投资的主体，由政府代表国家行使投资权益。在工业化发达国家，政府是国家 R&D 投资的主体之一，其投资比例约为 25%～50%[①]。而国防研发是政府研发活动最主要内容之一，政府的 R&D 投资，有相当一部分流向国防 R&D 活动。如欧盟国家 20 世纪 90 年代的国防 R&D 支出占政府 R&D 支出的比重一般维持在 15%～30%之间，2001 年为 15.1%[②]。国防 R&D 支出总额较多的国家，其国防 R&D 支出占政府 R&D 支出的比例也相当高，如美国、英国、法国等。

我国国防研发实行计划体制下的合同制，在市场机制不完善、国防研发风险大、市场非效率性前提下，政府的引导作用与调控作用尤为重要，政府在国防研发投资主体中扮演着重要的角色。政府投资的影响主要表现在以下几个方面：一是弥补市场失灵造成的缺陷。由于存在着信息不完全、市场不完善、不完全竞争等原因，国防研发无法由市场机制来实现经济资源优化配置。而国防研发产品在消费和使用上不具有竞争性和排斥性，外部效应强，私人进行生产时无法确定产品价格，生产成本也无法回收，于是存在着市场失灵。政府投资可以从宏观上加强协调控制，满足国防需求。二是促进国民经济可持续、稳定与协调发展。国防研发投资是政府行为，其目的并非追求利润或产值最大化，而是军事效益与社会效益最大化。它一方面能够将资源在军用和民用的公共部门间、产业间进行合理配置，形成公共资本与私人资本协同效应功能；另一方面从其作用性质与特点看，在促进国家经济结构的合理化方面具有较大效力，以促进各产业的协调发展和产业结构的合理化、高级化，有利于社会福利的改进。三是扶持国防科技工业的发展。国防科技工业是国家的技术产业，在供给方面具有规模的产出，科技进步率和产品附

---

① 从《中国科技统计年鉴 2003》选取。

② OECD, 2001, OECD Science, Technology and Industry Scoreboard : Towards Knowledge - based Economic [M], 2001 Edition.

加值较高；在需求方面收入需求弹性高，市场扩张力强，因而对整个国民经济的发展具有重要意义。但由于投入规模大，回收周期较长，风险较高，需要政府给予一定的扶持。四是形成人力资本投资。投资结构与产业结构变化的动因是技术进步，而技术进步的源泉又是人力资本。国防科技的发展包含着因正规教育、培训、在职学习等而形成的人力资本，政府投资在一定程度上能加快国防科技人力资本的形成。

（二）军队是特殊的投资主体

军队是一种特殊的投资主体。因为作为投资主体，基本条件是必须负责提供投资资源，而军队是国家的国防武装力量，“任何国家的武装力量都不是一个可以完全自给自足的经济组织。它在生产国防的过程中所需要的各种经济资源必须由政府及全体民众来供给”，“军队是由政府利用民众所赋予的权力组建的一个特殊的经济主体”[①]。军队无论对于自己的规模与结构，还是整体素质的提高，都不可能完全自己做主，必须受到政府的制约，那么，其投入国防研发的资源也是受政府制约的。但我们也应当看到，军队在各种国防经济资源配置问题上也具有相对独立的军事人力资源管理和各种军用物资的对外采购等权利。因此，可以把军队看作是一个非常特殊的投资主体。在武器装备采办市场上，政府与军队之间是最高层的委托与代理关系。军队既是武器装备研发产品的需求方，也是国防研发投资的代理方，在一定范围内也具备一定的投资权限，并参与武器装备的研发生产的管理。

（三）企业是补充力量，并发挥着越来越重要的作用

在世界军事科技发展日新月异，国防研发经费数额庞大，支出高度集中化及趋于国际化和军民一体化的国际大背景下，国际主要军事大国的国防R&D运行与管理更注重于市场化的运行机制，鼓励民间资金和机构参与国防 R&D 活动，政府在国防科技经费中的份额不断缩小。比如，美国在第二次世界大战期间，政府投入大量的财力用于国防科学研究和发展，聘用了大量来自大学的科学家，创立了许多实验室，大规模地从事国防科研。但到了战争末期，科学研究发展办公室负责人凡内法尔·布什对原有的模式提出了反对意见，他提出实行用国家基金资助私人企业和大学的科研政策，并于1950年通过了国家科学基金会（NSF）法案[②]。这种政策为美国建立了一种

---

① 陈代兴：《现代国防经济学教程》试用本，第9页。

② 于岩岩：《美国国防科研经费投入的结构性分析》，《商业研究》2005年第4期。

全新的科学技术关系，为军民一体化的国防研发模式打下了基础。到了冷战结束后，西方主要军事大国的国防 R&D 活动呈现出一种趋势，即在军事技术大量民用化的同时，民用技术作为国家的重要技术基础，也大量地用于国防系统的武器开发和生产。国防部门的武器系统大量地融入了应用军民两用技术生产和开发的部件和辅助系统，大量的民用产品替代了军事部门依据军事规范和标准而开发和使用的非常昂贵的专用部件。军民两用技术不仅为国防部门节约了大量资金，而且已成为国防 R&D 的重要组成部分。为了鼓励私人企业或机构投资国防 R&D，以弥补国家投资的不足，这些国家不仅采用国防 R&D 项目“设计竞争”的激励机制，对合同商实施各种合同奖励，而且还采用补贴的方式对私营国防合同商开展的各种国防 R&D 活动进行补贴[①]。这样，既可强化国防技术基础，又可以推动私营企业的技术创新，并促使私营企业将开发出的技术和知识向政府转化。因此，西方国家企业私人投入也成为国防研发的重要主体之一。

近年来，随着竞争压力的增加和生存环境风险不断增大，垄断企业的创新密度加大，创新投入不断增加，因而在资本和技术密集的国防科技领域形成了垄断竞争和寡头垄断的市场结构。据统计，发达国家的跨国公司掌握了世界有效专利的 80%和绝大部分驰名商标，并掌握了 70%的国防技术转让。在技术和产品市场垄断主导下，垄断厂商在国防研发中的主要作用表现在：一是垄断企业在那些投资大，且需要较高专业知识的国防科研开发项目中发挥主体作用。随着高技术产业的发展，技术创新越来越多地表现为高投入、高风险，只有大的垄断企业才有能力承担技术创新的高投入和高风险。二是垄断企业在持久性技术的开发上拥有独特优势，并掌握绝大部分持久性核心技术，为国防科技创新提供了较大的可能性。技术创新是企业竞争的一个要素，大的垄断企业的发展不会消除竞争，反而因为厂商追求利润的创新而增进竞争。三是垄断企业在加速新产品的市场开发上发挥了主体作用，高科技领域的垄断企业可以带来产品的低价格，增加消费者剩余。四是垄断企业在科学技术的基础研究中发挥重要作用，基础研究是着眼于未来创新的投入，其价值极难判断，因此只有大公司才有实力从战略考虑投巨资于基础研究，

---

① 这种对私人投资国防 R&D 实施的补贴政策也称为独立的 R&D 补贴政策。独立的 R&D 是指国防合同商在没有得到国防部门资助、获得合同或拨款的情况下，利用自有资金，自主地开发国防技术的一种活动。

这也为国防科技创新提供了理论基础。五是垄断企业在全球科技创新的合作中发挥主体作用，为国防科研的优势互补和降低投资风险创造了条件。由此可以看出，国际上大型垄断企业已经成为国防 R&D 的重要投资主体。

在我国，企业成为国防研发投资主体是有一个过程的。从新中国成立后到 20 世纪 70 年代中后期，国防经济和民用经济长期处于军民分离的状态之下，国家是单一的投资主体。这种军民分割体制的形成，对于加快国防工业建设，在一定时期集中有限的资源办成一些大事，提高国防威慑力，具有一定作用。但在和平时期总体来说还是利少弊多。其弊端主要表现在以下方面：第一，军民分割体制不利于发挥企业的生产能力。军工企业平时军品任务少，生产能力大量闲置，而有些民用产品由于民用企业生产能力不足，还是投资进行新建或扩建，导致重复建设，给国家造成重大浪费。第二，军民分割体制不利于发展专业化协作。国防企业自成体系，自我封闭，纷纷建立“大而全”、“小而全”的全能厂。很明显，这种结构不符合现代化大生产要求，不利于发展专业化协作①。第三，军民分割体制不利于技术进步。国防科技和民用科技本来是相通的，但在军民分割的状态下，先进的国防科技却很难用来发展民用工业，军用技术和民用技术脱节，不利于国家整体技术水平的提高，影响国家自主创新能力的发展。实践证明，军民分割的这种体制不利于国家资源的综合利用，军用科技的溢出和军转民需要投入大量资金并承担转换风险，而民用科技因进入壁垒和非经济性，难以涉足国防科研领域，造成国家科技资源的大量浪费。由于这种军民分割的体制缺乏经济效益，到了 20 世纪 70 年代末，国民经济已无力支持庞大的国防工业。

事实上，早在 20 世纪 50 年代，第一代中国领导人就已认识到军民分割体制的弊端。1956 年 2 月，毛泽东就指出：“学习两套本事，在军事工业中练习民用产品的本事，在民有工业中练习军事产品的本事的办法是好的，必须如此做。”同年 4 月，他又明确指出：“国防工业在生产上也要注意军民两用，注意学会军用和民用的两套生产技术，要有两套设备，平时为民用生产，一旦有事，就可以把民用生产转化为军用生产。”② 70 年代中期，邓小平同志主持军委工作以后，就陆续考察了我国国防科技工业的生产、管理等各方面的情况，针对军民分割体制的弊端，他指出：“要走这个道路，在国

① 据统计，在西方工业发达国家的企业，具有竞争力的产品有 80% 以上是专业化生产的。

② 见李怀信主编：《毛泽东军事经济思想研究》，黄河出版社 1993 年版，第 223 ~ 224 页。

家统一计划下，以军为主，搞军民结合。”“总的方针至少拿出一半的人搞民用，将来自动化了，可用三分之二的人搞民用，这个道路是对的。”[①] 此后，按照计划与市场相结合的原则，国防科技工业体制进行了不断改革，特别是国防工业运行机制的改革。1987 年 1 月 22 日，国务院、中央军委颁发了《武器装备研制合同暂行办法》和《国防科研试制费拨款管理暂行办法》，武器装备研制由原来单一指令性计划改为指令性计划下的合同制，并将武器装备研制费分配到使用部门即军兵种及总部有关业务部门。这样，使研制部门和使用部门作为军品的供求主体真正确立，使新的运作机制得以形成，标志着我国国防科技运行机制由单一指令性计划机制转变为计划与市场相结合的机制。国防研发投资具有准公共投资特性，按照经济利益最大化原则，市场机制的作用会导致企业在国防建设主体中的地位不断加强。在现阶段社会主义市场经济体制不断完善的背景下，我国确立了军民统筹的新发展观、军民一体的大经济观、平战结合的大动员观，以政府作为单一主体的时代已经过去了。2005 年 2 月 24 日，国务院《关于鼓励支持和引导个体经营等非公有制经济发展的若干意见》出台，明确民口企业可以参与国防建设，标志着私有经济也参与到国防科研投资主体之中。

由以上分析，本书所研究的投资主体主要是两大块：一是政府，二是企业，企业包括国有企业和民营企业，军队是特殊投资主体，代表政府行使一定的投资权限。政府的国防投资主要是来自于国家财政支出，而财政支出是有限的。随着国家经济的发展，政府与企业的国防研发支出的份额会发生变化。德国财政学家理查·A. 马斯格雷夫就曾提出过“经济发展的公共投资支出增长理论”[②]。他认为，在市场经济条件下，在一国经济增长和发展的初始阶段，公共部门的投资在整个国家经济总投资中占有很高的比重，以便为经济进入“起飞”中级阶段打下基础。到了此阶段之后，政府将继续进行公共部门投资，而此时的公共部门投资将逐步成为日益增长的“私人部门”投资的补充。但在经济发展的所有阶段，政府都必须始终通过增加公共部门投资活动解决市场失灵问题。另一位经济学家罗斯托也指出，在经济发展的初始阶段，政府公共投资的重点是提供必要的社会基础设施，而在经济发展进

---

① 《邓小平关于新时期军队建设论述选编》，八一出版社 1993 年版，第 107 页。

② R.A.Musgrave. Fiscal policy for Industrialization and Development in Latin America［R］.Gainesville: University of Florida press，1969 .

入成熟期后重点应转向提供教育、卫生和福利等方面的服务上来[①]。在我国国防研发投资领域，政府应该有意识地运用公共投资手段去分配社会资源，引导国有企业将自有资金投入，支持私营企业投资。最终要建立以企业为主体、市场为导向、产学研相结合的技术创新体系，使企业真正成为研发投入的主体、技术创新活动的主体和创新成果应用的主体，全面提升企业的自主创新能力。

二、国防研发投资主体的动机

心理学家一般认为，人的一切行动都是由某种动机引起的。动机是人类的一种精神状态，它对人的行为起激发、推动和加强的作用，人类的有目的的行为都是出于对某种需要的追求。库尔特·卢因把人看作是在一个力场上活动的，力场内并存着驱动力和遏制力，人的行为便是场内诸力作用的产物[②]。因此，可以说人们的行为是由内在动机与外在动力形成合力的结果。

（一）投资主体内部动机

任何投资活动都是有目的的，投资目的就是投资的动机。一般来讲，投资的目的是为了获取预期的收益，而收益是收入和效益两者统称。收入一定可直接以货币价值尺度来衡量；效益往往表现为人或社会所得到某种效用的满足，是不一定能直接以货币价值尺度来衡量的。国防研发投资的国防目的性决定了其投资动机不同于一般意义上的各种投资的动机，而是与国家安全、不同时期的军事战略方针密切相关的。

1. 政府投资主体。政府代表国家行使投资职权，控制着投资总量、结构的决策权，毫无疑问，讲求国防效益是首要动机。党的十六大报告强调："贯彻积极防御的军事战略方针，提高高技术条件下的防卫作战能力。适应世界军事变革的趋势，实施科技强军战略，加强质量建设。""努力完成机械化和信息化建设的双重历史任务，实现我军现代化的跨越式发展。"[③] 国防研发投资的直接目的就是为了实现这一目标。但国防研发活动讲不讲经济效益呢？一开始，这个问题并不是所有的人都能认识清楚的。过去在理论上更

---

① W.W.Rostow. Politics and stage of growth [M]. Cambridge University press，1971.

② 周三多：《管理学》第4版，复旦大学出版社1993年版，第513~516页。

③ 江泽民：《全面建设小康社会，开创中国特色社会主义事业新局面——在中国共产党第十六次全国代表大会上的报告》，人民出版社2002年版，第43页。

多强调武器装备生产的特殊性，认为国防科技是关系国家安全民族存亡的头等大事，应当不惜代价，全力保障。因此，只讲研制任务的完成，不太讲经济效益。分头建设、重复建设的现象比较普遍，经济效益低下。这种认识的偏差导致了国防科研和生产不讲成本，浪费严重，出现只追求国防效益，而忽视经济效益的倾向。其实，讲求国防效益与讲求经济效益二者是一致的。经济效益实质是如何以最小的资源消耗，取得最佳的军事效益，它的目的是谋求最充分、最有效地使用国防资源，让有限的人力、物力、财力发挥最大的效用，创造更好的科技成果，讲求经济效益是为了更好地实现国防效益。正是因为如此，我们强调在国防科研中引入市场机制，其实质就是合理而有效地使用各种国防资源，研制更多更好的武器装备，增强国防实力。

2. 军队投资主体。军队作为特殊的投资主体，其投入国防研发的根本动机在于提高军队战斗力，执行维护国家安全利益的任务。在国防费有限的情况下，军队要考虑“经济可承受性”，即如何用有限的装备建设经费高效率地完成装备建设任务，这本身就需要考虑投资效益问题。作为国防研发产品的需求方，军队在国防科技市场中不仅处于买方垄断地位，而且还具有一些特点：第一，军队是代表国家安全利益而进行“投资”的；第二，装备需求的合理性很难衡量，军队对装备的需求往往是通过诸如用历史经验或假想敌的军备水平等间接途径来加以确定和评价，并且随着军事战略格局的变化而变化；第三，军队具有独立的自身利益。军队虽然是代表国家安全利益进行投资的，但它也是一个人格化的主体，其自身利益会对国防研发的需求产生重要影响。

3. 企业投资主体。在一些国家尤其是发展中国家，国防类公共投资有很大一部分是由公共企业去完成的。公共企业与私人企业相比，在经营活动方式上具有共同点，但其倾向于实施资源配置功能，政府具有一定的人事权及监督权，产生的经济外部性可在一定程度上进行自我弥补，而私人企业的生产与消费不能解决经济外部性等问题。在我国，就国家对国防企业的资产联系程度和形式来看，一般有三种形式，即国有国营公司、有限责任公司和股份有限公司。一般来讲，国有军工企业的投资主体单一化，难以建立真正的法人治理结构，政府同国有军工企业间关系模糊，企业投资具有公共性质，甚至类似于政府预算开支部分，但这部分投资不进入正式的财政统计中。这种体制不利于企业内部分权制衡，特别是不利于政企分开，企业难以自主经营。公司制是现代企业制度发展的方向，除了少数情况外，国防企业应当尽可能建立公司制企业。在产权清晰、权责明确、政企分开的前提条件下，企业不再是政府的附属物，而是市场活动的主体，它们的生死存亡完全由市场来决定，为了在竞争中生存、发展、壮大，企业必须注重整体利益，这是企业技术创新最根本最主要的动因。

企业进行国防研发投资的内在动机模型分析。在《内生技术变迁》一文中，罗默有一个重要理论前提，即新技术的产生主要是在市场利益驱动下，追求新技术之最终赢得的结果①。企业进行研发投资内在动机，来源于创新所带来的利益和优势，追求利润最大化，是企业技术创新最主要的动力来源。由于供需双边垄断特点的存在，通过垄断定价这一现象可以看到，技术研发产生创新，可以使企业在一段时间内成为某种国防产品的唯一生产者，即寡头垄断企业，因而可以进行垄断定价，从中获得超额利润②。

假设有一个垄断企业通过国防研发产生了创新产品，在价格 p 上对该创新产品的需求用函数$u=u(p)$表示。假定$u(p)$在所有使$u(p)>0$的 p 上是连续的，且严格递减。假定存在一个价格$\bar{p}<\infty$，使得对于所有的 $p\geqslant\bar{p}$ 有$u(p)=0$。武器装备产品是一种特殊商品，假定该垄断企业始终知道自己产品的需求函数，并以成本$c(q)$生产 q 量的该创新产品，产品售价由反需求函数$p(\cdot)=U^{-1}(\cdot)$决定。该垄断企业的决策问题就是选择一个产量以最大化其利润。因此，垄断企业的问题可以表述为

$$\max_{q>0}[p(q)q-c(q)] \qquad (1-2-1)$$

假设在所有 $q\geqslant0$ 上，$p(\cdot)$和 $c(\cdot)$是连续的，并且二阶可微，而且存在一个唯一的产出水平$q^0\in(0,\infty)$，使得$p(q^0)=c'(q^0)$。因此 q^0 是该国防市场上唯一的一个社会最优（竞争）的产出量。在这些假设条件下，问题(1-2-1)的解可被证明是存在的。垄断企业创新产品的最优产量（q^m）必须满足一阶条件（拉氏方程运算）

$$p'(q^m)q^m+p(q^m)=c'(q^m) \quad q^m>0 \qquad (1-2-2)$$

(1-2-2) 式的左边是 q 在 q^m 上的一个微小增量所带来的边际收益，它等于收益的导数$\frac{d[p(q)q]}{dq}$，而等式的右边是在 q^m 上相应的边际成本。

因此，在上述假设下，当垄断企业的创新产品的产量水平达到最优时必

① Romer Paul M. Endogenous Technological Change [M]. Journal of Political Economy, Vol, 98, no.5, Oct, 1990: 71~102.

② 刘富铀、吴育华：《企业技术创新的动力研究》，《武汉理工大学学报》2002年第12期。

有边际收益等于边际成本（见图 1－1）：

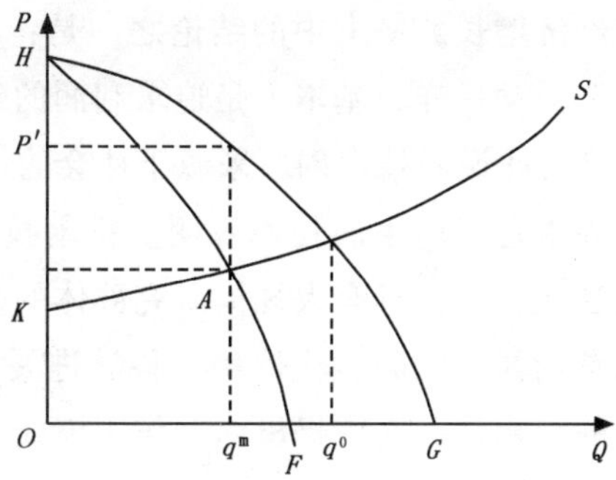

图 1－1　企业研发投资内在动机模型分析

图 1－1 中，曲线 *HG* 表示需要曲线与平均收益曲线重合，曲线 *HF* 表示边际收益，曲线 *KS* 表示边际成本，在 *A* 点有：

$$p'(q^m)q^m + p(q^m) = c'(q^m) \qquad (1-2-3)$$

对于在 $q \geqslant 0$ 上有 $p'(q) < 0$ 的典型情况，条件（1－2－3）意味着必有 $p(q^m) > c'(q^m)$，所以垄断下的创新产品的价格必大于边际成本。相应地，垄断企业的创新产品的最优产量 q^m 必低于社会最优（竞争）的产量 q^0。这一产量扭曲的原因在于垄断者意识到减少创新产品销售量可以使它对余下的销售量加价①，加价所带来的利润用条件（1－2－3）中的 $p'(q^m)q^m$ 表示。

垄断产品扭曲和这样一个事实有根本的联系，即当创新产品的垄断企业想增加它的产品销售量时，它必须压低现在的所有销售产品的价格。在创新产品销售的初期，垄断企业为获取利润最大化，是不会这样做的。但是随着模仿者的进入，竞争越来越强，原有的创新产品的垄断企业不得不压低价格以占领市场或者进行新的技术创新。由于国防科技产品的价格机制作用较小，企业只能不断地创新才能求发展。

（二）国防研发投资主体的外部动力模式

技术创新过程的持续进行，关键取决于投资主体的创新动力。目前，很多学者把来自市场需求的“拉力”和来自科技的“推力”这两种作用力作为双驱动力来研究技术创新的原动力问题。恩格斯曾指出：“社会一旦有技术

① 国防产品一般不会出现这种情况，但科技知识的完全外溢性决定了创新产品还是符合这种需求法则的。

上的需要，则这种需要比十所大学更能把科学推向前进。”[①] 美国经济学家施莫克勒在《发明与经济增长》一书中的结论之一是：“专利活动，也就是发明活动，与其他经济活动一样，基本上是追求利润的经济活动，它受市场需求的引导、制约。”[②] 由此说明技术创新来源于社会的技术需求。而技术推动模式强调科学研究和由它所产生的技术发明是推动技术创新的主要动力。技术推动模式有两层含义：一是具有大规模研究群体的企业在创新上优于科研人员少的企业。二是创新活动的步伐依赖于科学进展[③]。莫里厄和罗森堡在《市场需求对创新的影响》一文中提出综合作用模式，强调在创新上技术和市场需求的共同作用，认为：“科学技术作为根本的、发展着的知识基础，与市场需求的结构，二者在创新中以一种互动的方式起着重要的作用。”[④] 这一模式认为技术创新是在科学技术研究可能得到的成果与市场对其需求相一致的基础上产生的，即技术机会和市场机会交汇的结果。

在国防科技领域，新形势下的军事战略方针要求打赢未来信息化条件下的局部战争，而高技术的战场角逐，是以其国防科技研制领域的较量为基础和先导的。尽管对经济实力和科技条件相对不足的国家来说，不可能完全依靠自己的力量来研制解决本国军队的高技术武器装备问题，但在一些关键性的技术和装备问题上，必将是立足于自己开发和研制，由此形成了对国防科技自主创新的需求。当今时代，社会生产力的飞速发展，科技进步的突飞猛进，迅速应用到国防科技领域，促进国防科技的发展。技术进步成为高科技装备发展的物质基础，并不断扩散到一般技术装备的行列里，由此构成了国防科技进步的拉力。目标需求与技术条件的共同作用构成了国防研发投资的外部动力模型（见图 1－2）。

三、国防研发投资主体行为及其特点

国家安全产出是任何国家增加国防研发支出的主要推动力。作为国防科研投资的主体，必须明确投资的意义，能客观地从各种模式和精密的分析技术中寻求决策依据，并能在动态环境中及时调整，实现国防研发投资效益的

① 《马克思恩格斯选集》第 4 卷，人民出版社 1995 年版，第 732 页。

② J.Schmookler .Invention and Economic growth［M］.Cambridge：Harvard University Press，1966：89～96.

③ 柳卸林：《技术创新经济学》，中国经济出版社 1993 年版，第 73 页。

④ N.Rosenberg. Inside the Black, Box［M］. London：Cambridge University Press，1982：154～157.

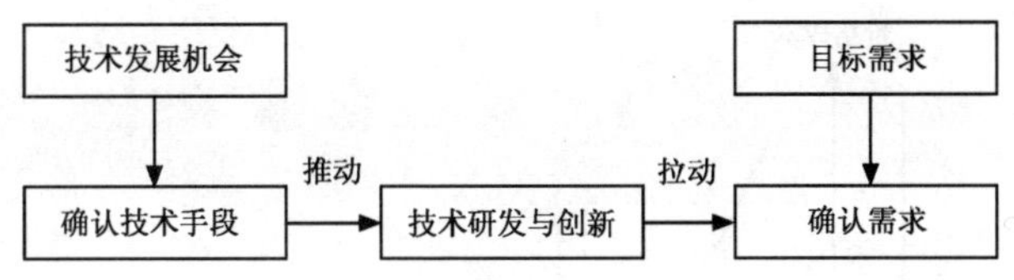

图 1－2　国防研发综合动力模型

最大化。

（一）不同投资主体的主要行为

1. 政府投资行为。政府是国防研发投资的主要力量。由于国防研发投资存在不确定性和高风险性，这就需要政府在实施武器装备研发时根据所获取的新的信息作出调整。只有根据新的信息对行为作出调整，国防研发投资才是有效率的。

(1) 制定促进国防研发投资的政策措施。在研发阶段，许多技术和设备是相对专门地用于武器装备研制的，国防科研单位可能产生以下的疑虑：如果他们将其自有资金用于新武器系统的创新，沉没成本将可能得不到补偿，包括人力资本投资也可能得不能到补偿。因此，政府制定的政策措施对促进国防科研单位加大投资力度，提高科研能力具有至关重要的作用。

(2) 设计竞争与规模经济。在国防科技领域，有许多企业有能力事先来进行某些武器装备的科技研发。因此，在项目周期的预研阶段，由于不确定性的存在，通常采用多方设计战略。而在生产阶段则有所不同了，考虑和平时期许多武器系统的购买量相对较小，一般认为，如果由多个厂商生产同一个武器系统是完全不经济的，当设计和技术竞争结束后，系统一般由一个厂商来生产，合同的获胜者在系统的供给方面享有垄断权，由此形成设计竞争与规模经济的策略，这种策略是有效率的。关于竞争与规模经济的效率问题，可通过图 1－3 进行分析。

图 1－3 描述了一个简单的例子。在单一供给情况下，政府从国内垄断厂商购买数量 Q_1，该点位于长期平均成本曲线 LAC_1 上，价格为 P_2，利润为 Π_2。开放国内市场后，多家厂商为 Q_1 而展开竞争，使得低成本的供给者进入该市场。在这种情况下，竞争带来了较低的价格 P_1，反映在较低的成本(LAC_0)和较低的利润上(Π_1)，这就是竞争的作用，它集中表现为价格由 P_2 降为 P_1。同时竞争成功的厂商将会吸引到额外的订单，从长期看，将带来 Q_2 的更大的产出，并使价格进一步下降到 P_0，这就是规模效应（其利润为 Π_0）。

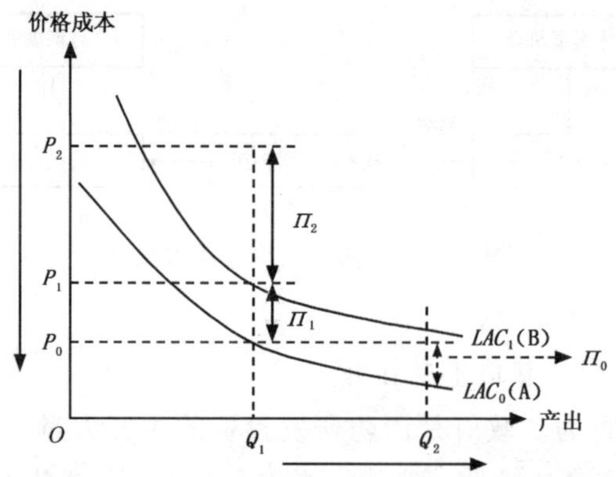

图 1-3 竞争与规模经济

(3) 进行需求与成本分析。政府要实现武器装备采办效益最大化，走"投入少，效益高"的路子，这个问题从某种程度上讲实质上是对武器系统的需求弹性进行分析，即：当政府对获取某一武器装备系统的成本作出评估，而且这种评估能够随着国防研发中获取的数据的变化而变化时，投资策略将发生什么变化呢？对某一特定武器需求弹性的一个重要的决定因素是它与其他现实或潜在的可以获得的武器之间的替代程度。谢勒指出：即使没有明显的技术上或操作上的替代性系统，也受到政府机构为寻求预算支出所展开竞争的制度的"威胁"①。例如，在 20 年代 60 年代初期，美国北极星和奈克Ⅲ型地对空弹道导弹国防计划，实际上被国防部最高官员看作是可以相互替代的。

在一个计划生命周期的初期，通常在开发和生产这种武器的潜在供给者之间存在着激烈的竞争。承包商获取垄断利润的能力，与政府需求弹性之间呈反向关系。需求弹性越高，它试图确定的价格越低，它获取的利润也越少。也可能出现下述情况：需求弹性越高，政府可以利用这种垄断需求特性，在监督和调节国防承包商成本和利润上的理想支出便越低。

决定需求弹性的研究战略：在主要武器系统成员之间，考察成本估算的矫正与数量估算的矫正之间的关系。矫正是从原始或"基线"评估（在全面生产的起始阶段进行）到过程的评估。利希腾贝格构建了一个武器系统的数

① 哈特利等：《国防经济学手册》第 1 卷，姜鲁鸣等译，经济科学出版社 2001 年版，第 454 页。

量和成本评估的矫正模型①，并通过大量的实证分析，得出基本结论：当采用计划的基期年度对资料进行标准化时，实际上是将一个计划与其他进入全面开发的计划大体上在同一年度进行比较，结果反映出在数量与成本变化之间存在着明显的负相关。估算的需求弹性为0.55，与0和1明显不同。这表明，政府对某种特殊武器的需求是缺乏弹性的，但又不是完全缺乏弹性。这个评估同时意味着，武器装备研发投资具有收益不断增加的特征。

2. 军队投资主体。综合国力是武器装备发展的客观条件，政府的国防财政支出决定着武器装备的整体发展水平。而军队作为一种特殊的投资主体，既代表政府行使部分国防研发投资权，又参与到国防研发管理之中，激励科研单位高效地完成科研任务。在进行武器装备技术开发时，军队代表政府会作出以下反应，以鼓励企业加强国防研发：第一，它已经成为“国防研发”这一中间产品的购买者，它同时还是作为最终产品的“武器装备系统”的购买者。第二，国防研发的许多专用有形资产由政府购买。比如使用专项经费购买“专用工具和测试设备”，政府在这方面的投资巨大。第三，通过大量的成套规则和政策，军方与国防科研单位建立额外的合同关系，以确保厂商和科研单位的专用投资得到补偿。

3. 企业投资主体。在规范的市场环境中，企业除了完成政府投资的科技项目外，还通过参与国防研发投资活动，加速竞争机制的形成，促进国防经济的发展。

企业的投资行为主要表现为根据不确定性信息调整投资策略。在国防研发活动中，企业投资行为主要是围绕获取来自政府奖励而展开的。为获得这种奖励，厂商一般要经历独自研究开发的过程。假定某厂商正处在项目研发阶段，其中在每一个时点上厂商所付代价的回报都呈下降趋势，但其投入却始终保持着某一固定的起始成本。由于高风险性的存在，厂商一般的选择是：在直到最后期限前的每一个时点上，选择一个支出水平以使净利润的贴现值最大化，同时它又必须到最后期限完成总的进度。上述分析说明，在一

① 利希腾贝格假定在一个武器系统生命周期的某一个时期，五角大楼要评估这个系统的边际成本（供给曲线）和边际收益（需求曲线）的斜率和截距。通过构建供给与需求模型，计算从时间0到时间 t 之间均衡产量，然后对其进行校正，得出一个回归方程：$\ln\left(\frac{Q_t}{Q_0}\right) = -(\beta^{-1}-\alpha)^{-1}(\delta_t-\delta_0)i+\varepsilon_i$，下标 i 表示武器系统序数，ε 是扰动项（由于不确定性的存在），α 与 β 分别是供给与需求弹性系数，Q_t 与 Q_0 分别是两个时间段的均衡产量。由此通过大量数据对 α 与 β 进行估算。见哈特利等：《国防经济学手册》第1卷，姜鲁鸣等译，经济科学出版社2001年版，第456页。

般情况下，厂商将一个固定水平的资源量用于某研究项目的做法并不是最优的。因为在项目研发时期，往往存在着两种不确定性：付出的努力与取得的进步之间的不确定性，以及项目“难度”上的不确定性。两种不确定性中，只要有一种存在，将投入水平固定化就不会取得最佳经济效果。因此，厂商必然会根据现在预期的项目价值来调整自身的研发支出。在许多情况下，这种预期项目价值将随着厂商不断取得进步而增加。也就是说，在独自研发的初始阶段，厂商在投入时应当格外审慎。随着时间的推移，在研发后期阶段，各种不确定性在日渐消退，而努力成果则日渐明朗，厂商也可将前一阶段的支出转移到下一阶段，研发的贴现成本由此而减少，因此厂商应当增加付出的努力。

以上说明：如果只存在付出的努力与取得的进步之间的不确定性，单调递增的努力是最优的；如果在项目“难度”上存在着不确定性，其理想的投资策略取决于风险率函数。正确的做法应当是：在项目临近突破、成功在望的时候，应不断增加研发费用；而当厂商意识的该项目的难度与最初设想相去甚远时，减少研发投入规模最为理想，或者干脆放弃这种计划。所以，厂商开发计划应当是一个递增的付出代价的曲线，反之，当不确定性严重影响基础研究计划时，开发计划应当是一个较平坦的曲线（见图 1－4）。

图 1－4 中，LA_1 表示只存在付出的努力与取得的进步之间的不确定性的投资策略，LA_2 表示在项目“难度”上存在的不确定性的投资策略。从 t_0 到 t_1 时间段通过采办信息的获取调整投资策略。

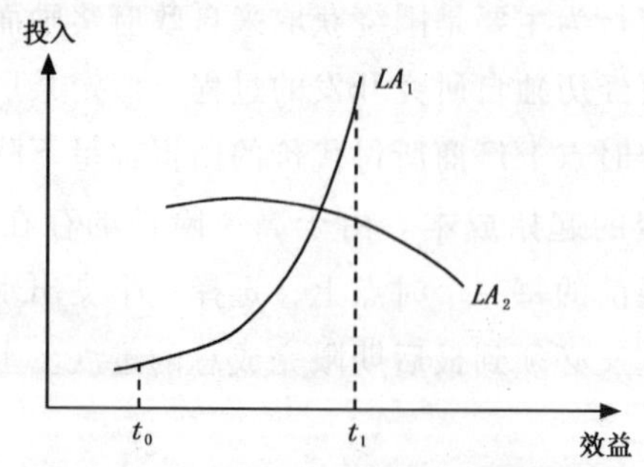

图 1－4　两种不确定性的投资策略

（二）投资主体行为的特点

从以上分析可以看出，国防研发投资主体具有以下行为特点：

1. 政府是国防研发投资的主要力量，国防安全需要是决定政府投资国防研发的主导因素。但由于经济可承受性的限制，国防研发投资也要讲究经济效率。政府在实施武器装备研发时，只有随着新的信息对投资行为作出调整，国防研发投资才是有效率的。政府直接提供研发合同并不是促使企业从事国防研发投资活动的唯一途径，政府还可以通过设计竞争和提供“独立”研发资助来提高国防科研投入，因而政府的投资决策既能从总量和结构上影响国防研发投资，还能引导企业加强研发投资，从而提高整体投资强度。

2. 军队是连接政府与国防科研单位投资与研发活动的桥梁。在保证军事战略需求的前提下，军队代表政府按照财政支出状况作出系统内投资决策，并参与到国防研发管理之中，建立相应的激励与约束机制，努力提高投资效率。

3. 国防科研单位进行国防研发活动，其收益率高于其他企业的收益率，因为作为政府承包商能够将其商业活动成本转嫁给政府。

4. 随着市场经济体制的完善，企业进行国防研发投资大部分是由竞争性的国防采办引致的，因而是有效率的。投资的决策者对研发所产生的武器装备成本的新信息能够作出反应，而且绝大多数独立研发计划也能够动态地自行调整，随着计划接近于完成，确定性增加，投资率呈现出增加的趋势。

第三节 国防研发投资的风险

不确定性的存在决定了国防研发投资的风险是客观存在的。西方防务学者佩克和谢勒（Peck and Scherer）提出武器装备采购过程中存在两种不确定性，即内部不确定和外部不确定性。内部不确定性是由技术问题所引发的。原因主要有两个：一是原来由军方提出的合同所规定的技术指标可能当前不可行；另一个是整体技术的进步要求使原来的技术指标已经过时。这种内部不确定性主要集中于研制阶段。外部不确定性是关于武器装备需求的不确定性。这种不确定性原因主要有：外部威胁发生变化；有可能获取替代性武器；军方对某些武器采办意愿的变化等等。这种不确定性的大量存在，使得长期固定价格的研制与生产合同往往在经历一段时间后变得不可行，而且即使是固定价格的年度合同也难以完全执行。从世界范围来看，各主要军事大国在国防科研领域都尝到过风险的苦果。例如，美军从1981年开始研制隐身舰载攻击机A－12，计划采购620架，总费用约520亿美元，但研制工作到1991年已耗费了51亿美元，到工程研制阶段将耗资86亿美元，超过研制合同经费（43.8亿美元）将近1倍，而且许多技术问题仍然没有过关。在这种情况下，美军被迫于1991年宣布取消该型机发展计划。A－12攻击机计划的夭折，使美国海军攻击机的后继机出现空白，并导致两家主承包商和许多转包商蒙受重大损失，造成了严重后果①。从中可以看出不确定因素带来的投资风险对国防科研活动的危害性，正确对待和分析国防研发投资的风险是进行科学决策的基础。

一、国防研发投资风险的形成

现阶段国防研发投资的风险是由其活动特殊性决定的，其形成原因主要体现在两个方面：

（一）高技术武器装备研制周期越来越长②

武器装备研制周期，是指从提出武器装备需求开始，到完成武器装备设计定型所需要的时间。第二次世界大战以后，随着武器装备复杂程度和技术水平的不断提高，现代武器装备尤其是大型高技术武器装备的研制周期呈现出不断延长的趋势。例如，以军用作战飞机为例：第一代战斗机的研制周期，一般为3～5年；第二代战斗机的研制周期，延长至5～7年；第三代战斗机的研制周期，又延长到7～12年；目前研制的“三代半”和第四代战斗机的研制周期，预计将达到20年左右。高技术武器装备研制周期增加的原因，主要有以下几点：

1.采用的技术越来越复杂，对预研工作的要求越来越高。这不仅增加了预研的时间，也增加了预研成果转化为研制成果的时间。

2.对新型武器装备的作战性能和战术、技术指标要求越来越高，大大增加了研制的难度，延长了研制周期。

3.大型高技术武器装备往往是一个复杂的系统，配套性强，在研制其主系统的同时，不但要研制配套的众多子系统，而且要进行全系统的综合研

---

①　温熙森、匡兴华等：《国防科技技术论》，国防科技大学出版社1995年版。

②　钱海浩：《武器装备学教程》，军事科学出版社2000年版，第163页。

究和平衡协调，这也增加了研制的时间。

4. 大型高技术武器装备的研制，需要大量的经费投入，经费保障难度大，在研制经费不能得到充分的保障时，就势必要延长其研制周期。

（二）研发经费投入越来越高

随着武器装备技术含量的增长，世界上各国投入的研发经费呈增长的趋势。其原因在于科学技术在生产力发展中的作用日益上升，并不断被人们所认识，特别是在现代武器装备的研制中，这一点尤为突出。20 世纪 70 年代以来，武器装备的性能和质量对作战能力的影响越来越大，促使各国在武器装备的研制中竞相开发和采用新技术，进一步增大武器装备研制的投入。据统计，美国 70～80 年代武器装备型号的研发费用，比 50～60 年代武器装备型号的研制费用增长了几倍到十几倍。其中，战略导弹增长了 4～6 倍，地空导弹增长了 8～9 倍，战斗机增长了 5～7 倍，战斗直升机增长了 16～20 倍①。

分析现代武器装备研发经费增长的原因主要有以下两点：

1. 现代国防研发需要使用昂贵的原材料和实验设备。例如，研制原子弹需要建造的反应堆每座就需要数亿至数十亿美元以上；大多项目需要使用精密的光学设备、电子仪器等测试、实验装备和高精度的机床，增加了研发活动成本。

2. 技术的前沿性使现代武器装备研制需要多学科的技术专家进行综合性的协作研究，而且技术难度大、研制周期长、取得成果越来越不容易，这样也增加了国防研发投资金额。

二、国防研发投资风险的类型

国防研发活动周期的延长使不确定因素不断增长，巨大的投资金额使各种不确定因素作用的空间更大，可能性更大。不确定性因素主要表现为内部不确定性和外部不确定性。内部不确定性是由技术上的未知数所引发的，它在设计阶段较强。当今时代，新技术的产生层出不穷，漫长的研发周期使这种技术不确定性有不断增加的趋势。外部不确定性是关于武器需求的不确定性。这种不确定性是由外部威胁的变化、获取替代性武器的可能性的变化而

① Federal R&D Funding by Budget Function. Division of Science Resources Statistics Directorate for Social [M]. Economic Sciences Fiscal Years 2004－06：40.

引起的。风险的类型主要有以下四种：

（一）费用风险

指研发项目费用突破预算的可能性及超支的幅度。在现实条件下，由于竞争的作用，实际经费一般很难再低于估计值，投资周期过长，会增加各种不确定性因素，特别是，不适当地追求高性能指标，往往导致项目的费用大增。

产生费用风险的因素有：不确定性导致的预算不准确、不完整；宏观经济调控的影响；原材料、配套设备价格的调整导致成本升高；技术及计划因素的影响；其他不可预见因素的影响。

许多国防研发项目最终下马的原因，并非是技术上无法实现，而往往是经济上无法承受。例如，美国停止研制“约克中士”高炮项目。美国从20世纪70年代末开始研制“约克中士”师属高炮，所针对的目标之一是前苏联的武装直升机，后者可以从4公里外发射反坦克导弹，但是漫长的投资周期还没结束，前苏联的“米－28”武装直升机就具备了从6公里外发射反坦克导弹的能力，这一能力使得“约克中士”计划需要调整，而经费限制了这项计划的调整，使该项目在历时8年，耗费18亿美元的投资之后，被迫于1985年终止[①]。

（二）进度风险

进度风险是指研发项目不能按期完成的可能性及超期幅度。进度风险是外部不确定性的主要表现。

产生进度风险的主要因素有：进度计划论证不够充分和完整；投资强度的影响；技术及计划因素的影响；其他不可预见因素的影响。

进度失控也是世界各国在国防科研领域面临的普遍问题。英国国家审计局发表的《1998年度国防部主要项目报告》显示，项目延期交付、经费超预算是英国武器装备采办管理中存在的最大问题。截至1998年6月30日，正在进行的25个大型武器装备采办项目中，只有2项符合进度要求，其他23个项目平均延期达43个月。在所有大型武器装备采办项目中，大约有16个经费超预算。经费超预算总额达28亿英镑。报告显示，即使实行英国国防采购部门的所谓精明采办的办法，国防部在设法扭转多年来武器装备交货延迟方面的坏习惯也将面临巨大的挑战。审计人员检查的这25项耗资巨大

① 温熙森、匡兴华等：《国防科技技术论》，国防科技大学出版社1995年版。

的项目包括陆军建议购买的“崔格特”中程反坦克制导武器系统，当该系统在2005年6月投入使用时将比原计划晚了9年多。研制该武器系统的要求是17年前提出的，新一代技术的出现意味着“崔格特”系统投入使用之时，它的有效杀伤力已大为降低。此外，“崔格特”系统本应能穿透坦克的保护钢板，但随着时间推移，坦克的生产材料改进，国防部将不得不购买另一种系统来与“崔格特”配合使用。时间拖得最久的武器是空中发射的反坦克导弹，它本应该在1991年投入使用，取代英国皇家空军的BL755集束炸弹。由此可见，进度风险轻则降低采办效益，重则导致项目中止。

（三）技术风险

指研发项目在预定的资源约束条件下，达不到要求的战术、技术指标的可能性及差额幅度，或者说研发计划的某个部分出现事先意想不到的结果，从而对整个系统效能产生有关影响的概率。对于装备研发而言，如技术水平不高或性能指标不高就不可能立项，因此，没有技术风险的发展项目是不存在的。在武器装备研制过程中，为了达到预期的性能指标，可能需要增加经费和推迟进度。在这种情况下，武器装备研制的技术风险体现为研制的费用风险和进度风险的组合；虽增加了经费和推迟了进度，仍可能在可预期的时限内无法达到预期的性能要求，只能降低性能指标。由此形成了武器装备研发活动费用风险、进度风险和性能风险的组合，产生“拖、涨、降”行为。因此，在武器装备研制的风险分析中，要充分考虑关键技术系统研制的成功概率及其对总体研制的综合影响。

产生技术风险的主要因素有：技术创新能力不足，不具备相应的技术开发能力，无法按要求完成项目；技术储备不足，预研不充分，理论不成熟；技术配套能力不足，技术与生产领域不协调，科技成果难以实现转化。技术风险在各国的武器装备采办活动中也经常见到。比如，美国停止“十字军”火炮项目的采办决定。现服役于美国陆军的“帕拉丁”火炮系统是40年前配置的，无论在速度、攻击力、还是在防御能力上都落后于一些盟国的相同系统。为此，陆军已前期投入20亿美元用于一项名为“十字军战士”的新型火炮。按照计划，将花费90亿美元装备“十字军战士”自行火炮，生产和组装车间设在俄克拉何马州，由美国著名军火商凯雷集团负责。但2002年5月，美国国防部长拉姆斯菲尔德在新闻发布会上突然宣布取消这项计划。从技术上看，这套系统可能存在致命的缺陷。“十字军战士”是155毫米口径的自行火炮，具有24小时全地形、全天候的作战能力，重达40吨，属于重型战车，原计划2008年服役。虽然这种新型战车在多项指标上都达到世界最先进水平，但国会预算局不久前公布的报告显示，在这款战车上运用的多项技术尚未通过实验验证。而且战车上只采用了自动弹药装载系统，一旦系统出故障，火炮将完全无法使用，因为驾驶员根本无法手动装弹。尽管美国技术先进，但也采取了风险规避的策略。

技术风险在我国国防科技行业有些表现。如我国军用航空工业集团建设初期就引进了当时世界上最先进的战斗机生产技术，但时至今日与世界先进水平的差距加大。其中一个重要原因就是我国长期以来缺乏发动机等关键技术的储备①。国防科技的技术复杂程度高，涉及的技术门类多，不可能在每一个技术领域展开全新的研究。一定的技术存量是保证国防研发项目成功的关键。我国最新研制成功的歼-10A战斗机所使用的就是俄罗斯发动机。关键技术受制于人，形成典型的技术风险。

（四）计划风险

计划风险不是正式的学科意义上的风险，但在实践中存在。可以认为是不受项目控制的外部资源和活动对工程项目的不利影响的可能性及其后果。计划风险与管理有关，管理的有效性可以有效防范计划风险。

计划风险的主要因素有：材料供应中断和延误；人员的不可用性；环境影响；条例更改；权力机构的决策变化与失误；资金约束；承研方的稳定性；等等。

三、国防研发投资风险的变化趋势

国防研发一般分为预研和型号研制两个阶段，可进一步细分为综合论证、方案论证、初步设计、技术设计、成果转化等过程。在国防研发过程中，风险度和不确定性随着论证、设计和成果转化的过程而逐渐减小。在最初的几个论证阶段中，所提出的问题定性的较多，有些虽是定量指标，一般来说也是比较粗略的。随着研制工作的进展，经过深入的设计计算和试验验证后，信息不断增加，定量指标越来越多，越来越确定，到试制结束之前，已经获得了最丰富和最准确的数据，风险度和不确定性最小，其变化如图1-5所示。

从图1-5可以看出，方案论证阶段风险度最大。各种型号装备经济性

---

① 刘大响：《对加快发展我国航空动力的思考》，《航空动力学报》2001年第1期。

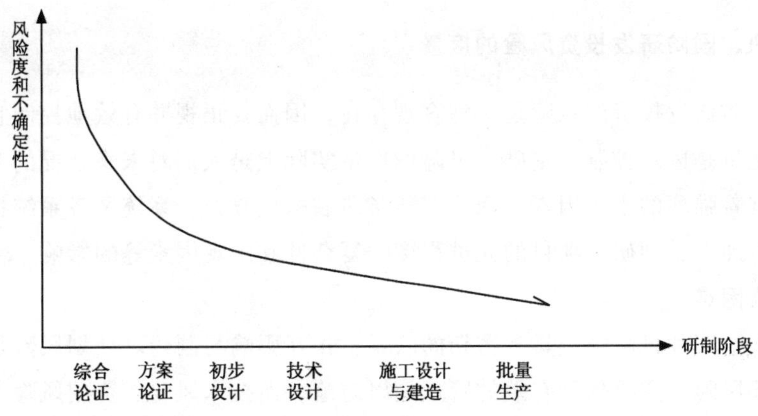

图 1－5 风险度和不确定性随研发阶段变化曲线

分析的实际经验表明，在装备采购过程中，早期的科学决策，决定了装备全寿命费用的主要部分。方案论证阶段的投资额虽然一般不到项目计划费用的5%，而作出的决策对全寿命的影响度达70%；在初步设计阶段结束时，对全寿命费用的影响度达到85%，到全面研发阶段结束时，对全寿命费用的影响度已达到95%，即武器装备的全寿命费用已成定局了。研发阶段特别是方案论证阶段费用较低，但对武器装备的采办起决定性作用，风险最大。

图 1－6 是某西方国家的某典型武器装备的 10 年期全寿命费用分析示意图①。从中可以看出研发阶段进行风险分析的重要性。

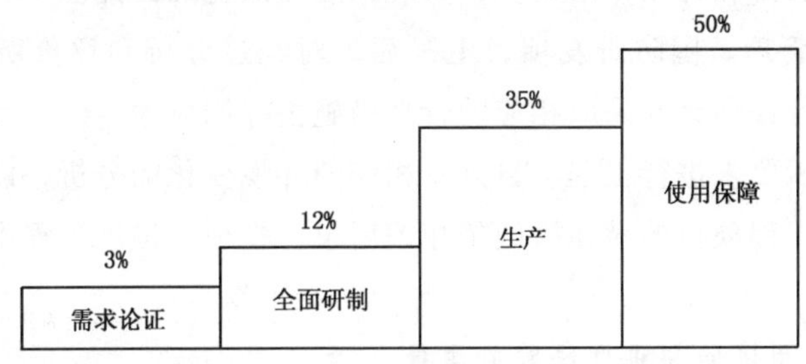

图 1－6 典型武器装备全寿命（10 年）费用分配示意图

① 佘汉评：《武器装备规范化论证——经济性论证》，海潮出版社 2005 年版，第 35 页。

四、国防研发投资风险的度量

国防研发投资的风险是一种客观存在，因而要正视并有效地控制它，风险的度量是风险控制的基础。风险的度量实际上是人们对未来状况的一种估计，有着强烈的主观因素，而武器装备研制构成复杂，系统及各系统指标繁多，再加上受到研制项目的先进程度、复杂性和主观因素等的影响，使之量化较为困难。

上述四种风险类型具有密切的联系，相互影响与制约。计划风险是项目的外部风险，主要依靠有效的管理加以防范。而技术风险、费用风险、进度风险是属于系统内部的，是项目可控的，因而也更具备理性化的风险成分。本书对风险度量方法的分析也主要集中在这三个方面[①]。

（一）风险分析的目的

任何一个投资者，都是利益的偏好者，风险的厌恶者。投资主体一方面获取最大的投资收益，另一方面又希望不承担风险。国防研发投资的风险是客观存在，国防研发投资决策过程，实质是在收益和风险之间权衡和选择。

1. 权衡与决策。在论证新项目时要进行风险分析，目的是对新项目的风险作总体把握。经过分析，明确现有方案的风险程度，风险能够进行有效控制，根据风险与效益的权衡，作出项目是否上马的决定。根据权衡的结果，对项目安排和计划作出调整，实现风险与效益的匹配。

2. 风险管理。国防研发项目上马后，对经过分析和评价所明确的项目风险问题进行评估，并采取相应的管理措施去控制风险。

风险分析要求进行工程项目以及相应的环境变化的分析，以确定事件的概率及影响工程项目的潜在措施的相关后果，在项目进展过程中进行预警与防范。

（二）费用风险和进度风险的测量

有很多现行的理论方法可以用来测量武器装备的技术风险和进度风险，

① 吕建伟、陈霖等：《武器装备研制的风险分析与风险管理》，国防工业出版社 2005 年版，第 33～43页。

如模糊评判法、层次分析法、收益值法等。本节用网络分析技术[①] 对费用风险和进度风险进行度量。

对诸如舰船、飞机等武器系统等研发活动建立 PERT 网络图，首先要对其研制过程进行分析，并找出各项研制工序的先后关系，然后按照网络图的一般要求进行绘制。以舰炮武器系统为例[②]，其一般的研发过程如图 1－7 所示：

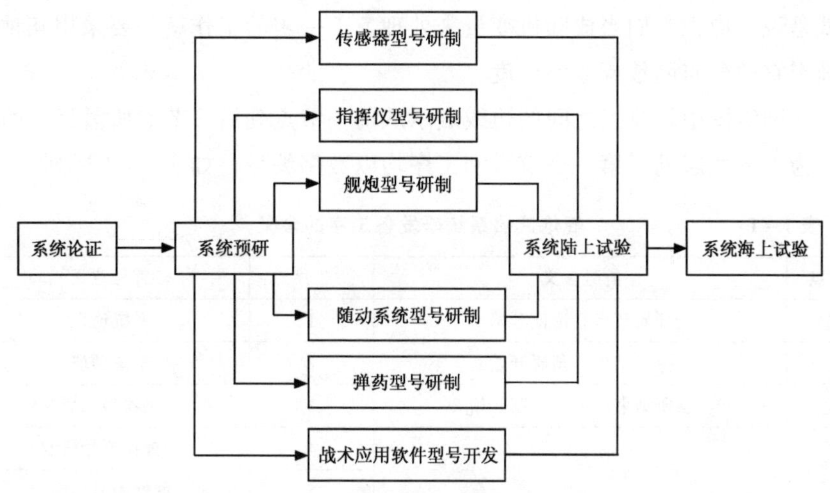

图 1－7 舰炮武器系统一般研发阶段过程

以图 1－7 为基础绘制该系统研发的网络图如图 1－8 所示。

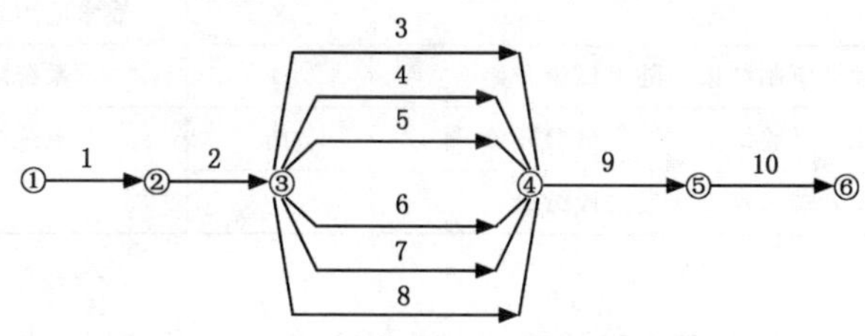

图 1－8 舰炮武器系统研发网络图

① 网络分析技术是通过图形模型与数学模型结合为一体的集成性分析方法，主要由网络图及网络时间参数两个部分组成。1958 年，美国海军武器局在制定研制“北极星”弹道导弹的计划时，应用了网络分析技术，它注重于各项任务实施安排和评价，所以又称计划评审技术（PERT）。见李国纲：《管理系统工程》，中国人民大学出版社 1992 年版，第 193～196 页。

② 吕建伟、陈霖等：《武器装备研制的风险分析与风险管理》，国防工业出版社 2005 年版，第 34 页。

注：在项目研制前所获得的有关费用、进度等数据和资料，有相当一部分是在数理统计的基础上进行预测和估算的，由于在实际研制过程中存在着难以预料和控制的因素，不可避免地带有某种不确定性，正是这种不确定性带来项目的费用和进度风险。因此，在看待项目的费用和进度数据时，应当把它们当作某种事先估计的、最可能出现的数值，或者是一种期望值，而未来真实的费用和进度是在包围这个期望值的某个范围内按某种规律变化的。也就是说，应把它们当成随机变量来处理，下一步的工作就是要采用某种方式确定它的分布函数或概率密度。

在网络图中，节点之间的边线表示从前一节点到后一节点所需经过的工序，为了方便起见，第一个节点和工序均以数字编号，如表 1－1 所列。

表 1－1　　舰炮武器系统研发各工序的含义

节点	符号含义	工序	符号意义
①	开始节点，论证开始	1	系统论证
②	论证结束，预研开始	2	系统预研
③	预研结束，型号研制开始	3	传感器型号研制
		4	指挥仪型号研制
		5	舰炮型号研制
		6	随动系统型号研制
		7	弹药型号研制
		8	战术应用软件型号研制
④	型号研制结束，陆上试验开始	9	系统陆上试验
⑤	陆上试验结束，海上试验开始	10	系统海上试验
⑥	末端节点，研发阶段结束		

在用 PERT 网络计算项目的费用和进度风险时，典型的做法是采用 Beta 分布形式进行处理，即在详细研究各工序的基础上分别估算费用和时间的最低值（乐观估计）a，最可能值 m，以及最高值（悲观估计）b，它们分别对应图 1－9 所示的分布曲线上的 3 个点。

该概率密度函数为：

$$f(x)=k(x-a)^{p}(x-b)^{q} \qquad (a\leqslant x\leqslant b) \tag{1-3-1}$$

其中

$$k=\frac{1}{(b-a)^{p+q-1}\beta(p+1,q+1)} \tag{1-3-2}$$

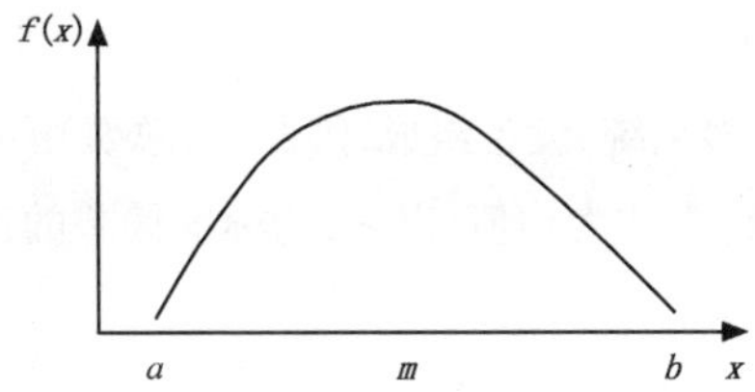

图 1－9　Beta 分布的概率密度函数示

式中$\beta(p+1,q+1)$即为 Beta 函数。

关于最可能值 m 的提出，一般取自经典的费用估算法，主要有：由数理统计方法得出的经验曲线计算得出；由相同或相似的项目进行类推得出；由工程算法累计算得出。关于乐观值 a 和悲观值 b 的提出，没有一个固定的、统一的模式。一般来说，它们可以来自于专家的“合理的主观推断”，也可以来自从最可能值 m 中扣除（或增加）某项费用（或时间）而得出。

在大多数情况下，项目执行的结果，得到最乐观估计值和最悲观估计值的可能性都非常小（见图 1－9）所示。项目的费用和时间更接近于某个中间状态，即最可能值 m。

对于按 Beta 函数分布的曲线，通常的处理方式可以用下式得出项目的费用（或进度）的均值与方差，即：

$$\mu=\frac{a+4m+b}{6},\sigma^2=\frac{(b-a)^2}{36}$$

在此基础上，对费用风险和进度风险进行计算。

1．费用风险的计算。研发项目的总费用均值可以通过对各设备（工序）的费用均值累计来获得，即：

$C_e=\sum C_{ei}$　　式中 C_{ei}表示项目中各设备费用均值。

同样，通过前面介绍的方法可以求出各设备费用的方差。由统计原理可知，当随机变量相互独立时，则总体方差等于变量方差之和。但由于装备尤其是大型装备的复杂性和研制过程的不确定，估计的费用在合理的基础上已尽可能降低，这就是说已经充分考虑了阻碍系统正常完成的薄弱环节，如果费用再低，这引起环节就不能很好解决。因此，实际发生的成本几乎不会低于估计值。因而，随机因素对费用的影响一般导致费用的上升，因此，总系统的标准偏差可确定为各设备正偏差之和，即：

$\sigma_{cp}=\sum\sigma_{ci}$　　式中 σ_{cp}为系统的标准偏差，σ_{ci}为各设备正的标准差。

则该研发项目在费用期望值内完成的系统风险度为：

$P_{rc} = \sigma_{cp} / C_e$

大型装备一般由许多系统、设备组成，因此，其总费用可以近似地认为是以各系统、设备的平均费用 C_e 之和为均值，以 σ_{cp} 为标准偏差的正态分布，即：

$$P(E) = \frac{1}{\sqrt{2\pi\sigma_{cp}}}\int_{-\infty}^{E} e^{-\frac{(C-C_p)^2}{2\sigma_{cp}^2}} dc \qquad (1-3-3)$$

为了使计算简化，将（1－3－3）式转化为标准正态分布：

令 $y = (c - c_e) / \sigma_{cp}$　　（1－3－4）

如果预定的研发费用为 C_0，则可按（1－3－4）式计算求得 y_0，于是得

$$P_{fe} = \frac{1}{\sqrt{2\pi}}\int_{-\infty}^{y_0} e^{-\frac{y^2}{2}} dy \qquad (1-3-5)$$

P_{fe} 的值可通过标准正态分布数值表查出，其结果为按预定费用完成研发任务的概率，则不能按某一规定费用完成概率为：

$$P_{rc} = 1 - \frac{1}{\sqrt{2\pi}}\int_{-\infty}^{y_0} e^{-\frac{y^2}{2}} dy \qquad (1-3-6)$$

（1－3－6）式计算出的 P_{rc} 即为费用风险值。

2. 进度风险的计算。用 PERT 技术计算进度风险，首先要在所建立的 PERT 网络上求其关键线路①。

设整个项目的平均完成时间为 T，则有：

$T_e = \sum T_{ei}$，式中 T_{ei} 为风格中关键线路上各工序平均完成时间。

关键线路上的全部计划完工时间的标准差为：

$\sigma_{tp} = \sqrt{\sum \sigma_{ti}^2}$，$\sigma_{ti}^2$ 为网络中关键线路上各工序完成时间的方差。

至此，由风险度定义即可求出研发项目在期望的研制周期内完成任务的风险度为：

$p_{rt} = \sigma_{tp} / T$

此时，研发项目的完成时间可以近似地认为是一个以关键线路上各工序平均时间的总和 T_e 为均值，以 σ_{tp} 为标准差的正态分布。因此，通过关键线路上关键工序的平均时间 T_e 及标准差 σ_{tp}，可求出研发项目在某一规定时间 T_s 内完成的概率，其概率系数 Z 可由下式得出：

① 一张网络图上通常有许多条路，其中完成各道工序所需时间最长的路，称为关键线路，关键线路由这样一些工程项目活动构成，即必须按期完成这些活动，否则就会推迟整个工程项目的完成日期。

$Z=(T_s-T_e)/\sigma_{tp}$

式中 Z 为概率系数，T_s 为目标完工期，T_e 是按网络图计算出的完工期。

由 Z 值正态分布值表，可得出该研发项目按期完工的概率为：

$P_{ft}=p(Z\leqslant Z_0)$

则研发项目不能按期完成的概率为：

$$p_{rt}=1-p_{ft} \tag{1-3-7}$$

（1－2－7）式计算的 p_{rt} 值为系统进度的风险度。

（三）技术风险的测量

关于国防研发中的技术风险，由于其构成复杂，系统及各系统指标繁多等原因，再加上受到研制项目的先进程度、复杂性和主观因素的影响，量化分析较为困难。本书采用加权和量化方法进行分析。这种方法首先考虑技术风险的各个组成部分对装备的每个待研系统通过专家打分的方式给出其技术风险估计值，然后再考虑各系统（设备）在全系统所占有的不同重要程度进行汇总，从而得到全系统的技术风险量化指标。

1. 各系统（设备）的技术风险量化方法。根据装备研制的特点，可采用分解原则，对各系统设备的技术风险从三个因素即技术的先进性、技术的创新性和技术的复杂性来衡量。通过专家鉴定评分的方法，确定各评价因素的权重系数以及对研制项目各方案中各设备每个因素的风险评分值。

如评价因素的权重系数可取为：

技术先进性：0.40，技术创新性：0.30，技术复杂性：0.30。

则各专家给出的每一研制设备的技术风险值 k_i 为：

$$k_i=\sum_j b_{ij}Z_{ij}\quad i=1,2,\cdots,n$$

式中：k_i 为第 i 项设备的加权综合技术风险评价值；

b_{ij} 为第 i 项设备 j 因素的权重系统（$\sum_j b_{ij}=1$）；

Z_{ij} 为第 i 项设备 j 因素的风险评分值（$0\leqslant Z_{ij}\leqslant 1$）。

根据统计学中的“15%的渐进律”规律，即构成新系统的诸要素中，新旧要素之间的比例以10%～15%为佳，15%～20%则比较困难，20%就是巨变，冒险性极大，多半是失败的。为了保证项目研制的成功，这个比例一般不应超过15%。比如美国“阿里·伯克”级（DDG51）“宙斯盾”导弹驱逐舰的主要武器和电子设备几乎全为已装舰经过验证的，几种新型设备也是在已有的基础上改进的，如AN/SPU－1D雷达、AN/SQS－53C声呐，全舰新研制项目比例仅为16.7%，研制该舰的技术风险以及由此引起的费用风险和进度风险极小。因此，我们在考虑各因素风险度的取值范围时一般应控制在0~0.20，算出各专家给出的 k_i 值之后，就可汇总确定出各研制设备的最终技术风险评分值。

2. 全系统研制技术风险的计算。在前一步的基础上，将系统有序分析，并根据层次分析法原理或专家评估法，分别求出各设备相对于整个研制项目的权重系数 W_i（$i=1, 2, \cdots, n$），然后汇总各设备的技术风险值，即可求得全系统研制的技术风险，如：

$$p_{re}=\sum W_iK_i \tag{1-3-8}$$

式中：p_{re}为全系统研制的技术风险；

W_i为各设备相对于全系统的权重系数；

K_i为各设备的技术风险。

加权和量化方法在实践中是可行的，但也存在一些问题：一是过程本身的可重复性差，不同的专家组在不同的时期内所给出的数值可能会有一些差距；二是数值估计目前还缺乏强有力的依据，如对系统中各设备各因素的风险评分值的给定，如果不给出评分的标准和估计的依据，则专家会觉得难以确定数值，而评分的标准和估计的依据本身就是难以确定的，所以加权和量化方法的结果也具有区间性。

第四节　国防研发活动组织与流程

国防研发投资是为了进行国防研发活动，研究国防研发投资问题首先要对整个国防研发活动予以了解。国防研发活动是以提高国防科技创新能力为直接目的的，而提高国防科技创新能力的最终目的是提高军队战斗力。也就是说，国防研发的产品——国防科技创新是一中间产品，只有运用于武器装备生产才能实现其价值，单独存在是没有意义的。因此，国防研发和武器装备生产是紧密联系、密不可分的。

一、国防研发与国防科技工业

国防研发是发展国防科技的重要手段，国防研发成果要物化为武器装备，以提供给部队形成战斗力，离不开国防科技工业的技术能力与水平，国防研发与国防科技工业是紧密相关、融为一体的。

1. 国防工业是国防研发的基础。国防工业为国防研发提供必不可少的原材料、仪器、设备和各种基本技术，并为国防科研成果物化为武器装备提供技术保证。在总体上，一个国家有什么样的国防工业才会有什么样的国防科技，国防工业是先于国防科研成为社会独立的行业。国防科技不能离开国防工业而单独存在，也不能离开国防工业的发展而单独发展。一个国家只有首先直接或间接拥有某种国防工业基础或已建立了某种国防工业（如兵器工业、航空工业等），才有可能开展某种相应的国防科研活动；而且只有国防工业的技术水平和生产能力较高的国家，才能真正建立起本国的国防科技工业。

2. 国防科技是国防工业发展的关键。国防研发促进国防科技进步，也促进了国防工业不断发展。国防科技为国防工业提供新的技术手段，因为从军事的需要和技术与经济的角度出发，武器装备的制造要求高质量、高产量、高效益，总是力图尽量采用新的高水平的制造技术和工艺，而国防科研人员也总是将此作为自己的研究任务之一。正如马克思所指出的："生产过程成了科学的应用，而科学反过来又成了生产过程的要求，即所谓职能，每一次发现都成了新的发明或生产方式新的改进和基础。"[①] 特别是以计算机的应用为主的信息技术和自动控制技术，现已成为许多国家国防科研计划中重点发展的关键技术，它们和工业机器人的技术等正在给武器装备的制造技术带来一系列崭新的变化，将极大地促进国防工业现代化。

3. 国防科技与国防工业的一体化。现代国防科技与国防工业的一体化，指的是国防科研（主要是武器装备的研制）与生产制造融为一体，彼此不可分离。这主要包括两种情况：组织体制上相互独立的国防科研机构和国防工厂相互协作，共同承担完成武器装备的研制与生产；国防科研机构与国防工厂共同组成科技工业集团公司或综合体，实行组织管理的合二为一，使科研与生产都成为公司本身固有的职能和任务。无论是实行市场经济体制的国家还是实行计划经济体制的国家，以上两种情况同时并存。如美国的国防科研机构也像其民用科研机构一样，可分为政府（军事和工业部门）的科研机构、企业的科研机构、非盈利的科研机构和大学的科研机构。其中企业的科研机构在组织体制上就是国防工业企业的组成部分，其他三种独立于国防工厂的科研机构在进行武器装备的研制时基本上都是通过合同研究的方式与国

① 马克思：《机器、自然力和科学的应用》，人民出版社1972年版，第206页。

防工厂共同承担的。这种一体化是由现代国防科技发展的高度综合化和研究性质（以开发研究为主）以及现代工业技术的高度科学化决定的。

党的十七大报告提出：“调整改革国防科技工业体制和武器装备采购体制，提高武器装备研制的自主创新能力和质量效益。建立和完善军民结合、寓军于民的武器装备科研生产体系、军队人才培养体系和军队保障体系，坚持勤俭建军，走出一条中国特色军民融合式发展路子。”① 这是对我国国防科技与武器装备发展规律的总结。为了适应国防工业“军民融合式”发展，我国国防科技工业运行体制必须打破军民分割，实现资源在国防经济部门与民用经济部门间的流动，优化配置效率。“从产业的集合概念来说，国防科技工业是指研制、生产和经营军事装备及相关军民两用高技术产品的企业的集合。传统意义上的‘国防科技’和‘国防工业’是从科学技术的研究领域和军事装备生产的部门分类而划分的。我国将国防科技和国防工业组合一起称之为‘国防科技工业’，既有按科学技术研究领域和工业产品制造门类的分类因素，又有按国家管理部门职能归并和名称变更的影响成分，形成了有中国特色的‘国防科技工业’之称。”② 但仅以军工企业研制生产武器装备的企业群体界定“国防科技工业”显然还不够，而把军工企业对民用产品和产业开发都涵盖在“国防科技工业”之中显得也不够准确。因此，从建设大国防、发展大产业出发，我们的国防科技工业是指全社会从事国防科学技术研究和武器装备研制生产的设施、技术和人才等各种要素的总称，即涵盖所有的与军品科研生产要素和军工资产基础有关的军民两用高技术产业。

二、国防研发组织体系结构

（一）西方国防研发组织的发展

自19世纪末以来，西方国防工业就开始发展，国防工业基础是资本主义工业兴起的产物。由于实现规模生产和机械化，使武器装备完成了革命性变革。在第一次世界大战前，主要资本主义国家国防工业具有明显的国际化与集中化发展的趋向，军火市场为少数大公司所左右，这些公司在第一次世界大战过程中发挥了重要作用。战争结束后，面对武器装备需求的下降，这

---

① 胡锦涛：《高举中国特色社会主义伟大旗帜，为夺取全面建设小康社会新胜利而奋斗》，见《中国共产党第十七次全国代表大会文件汇编》，人民出版社2007年版，第41页。

② 梁清文：《关于新时期国防科技工业性质、地位及有关问题的认识》，《发展规划动态》2004年第27期。

些大型军工企业组成了国际市场的卡特尔。从20世纪30年代开始，由于国际关系日趋复杂与紧张，英、美等国政府开始更加注重军品供给的本土化，开始有意识地努力建立本国的武器装备研发力量。在英国和美国，其研发组织是以政府直接插手一系列核心产业的形式出现的，国防科技工业基本是以国家形式建立起来的。国防科技在第二次世界大战时期也发挥了重要的作用，并借助战争获得了空前的发展。战后，发展了的国防科技反作用于国家经济建设，推动了国民经济发展。

随着第二次世界大战的结束，国防产品订货量下降，大量的国防厂商都面临军转民问题。一方面，在战争期间发展起来的某些新技术转为民用，可以刺激民用工业的发展，如航空技术等，促进了经济建设繁荣；另一方面，对于某些国防专用技术，国家从维持自身国防工业的发展能力出发，由政府进行资助。因此，一些经济较发达的国家国防研发组织基础基本上保持完整。很快，东西方冷战开始，这些国家武器装备研发需求重新升温，科研组织得到加强。根据斯德哥尔摩国际和平研究所2005年度报告，2003年世界最大的军火研制生产厂商前20名有12家在美国，3家在英国，2家在法国，德国、意大利、日本各1家，充分说明西方发达国家始终保持着较强的国防科研组织基础。

冷战期间，军备竞争使得各国国防开支在GDP中占到很大比重，而国防开支中装备采购费所占比例也很高；为了取得技术上的相对优势，各国都十分注重国防研发投资。正是由于各主要军事国家在军费开支、采购费与国防R&D费用的大量投入，使得冷战期间国防科研组织基础稳定发展。20世纪80年代中后期，随着冷战降温以及后来的结束，国防开支持续下降，采购费用与国防R&D费用也随之下降，使得国防产品订货下降，全球国防科技工业受到影响，加之经济全球化与信息经济加速发展，再度导致了各国国防科技工业基础经历了又一次结构调整与重组。跨国并购的增加以及把生产和研发活动融为一体的军工企业的建立，加之全球化趋势加快，在许可证生产、合资、合作、兼并等方面国际化合作日趋盛行，国防科研正逐渐向国际化方向发展。

（二）西方国家国防研发活动的特点

国防科研作为武器装备的技术源泉和重要基础，世界各国都非常重视。长期以来，美、英、法等世界军事强国一贯非常重视国防科研管理工作，已形成了较为完善的国防研发管理体制和运行机制，促进了国防科技工作的顺利开展，为武器装备的发展提供了雄厚的技术基础。

1. 国防研发投入高度集中在少数发达国家。长期以来，世界国防研发支出高度集中在少数军事大国。据斯德哥尔摩国防和平研究所估计，20 世纪 70 年代，单是美国和苏联的国防 R&D 支出就占世界国防 R&D 支出的近 80%[①]。90 年代初期，随着苏联的解体，俄罗斯国防 R&D 支出虽有大幅度的下降，但世界国防 R&D 支出集中在少数发达国家的格局并未得到改变。1997 年数据统计，世界国防 R&D 支出约计 600 亿美元，北约组织国家合计 490 亿美元，占世界国防 R&D 支出的 81.67%，而世界其他国家仅为 110 亿美元，占 18.33%。事实上，世界国防 R&D 支出主要集中于美国、法国、英国、德国、日本等 5 国，而仅美国一国的国防 R&D 支出（380 亿美元）就占世界国防 R&D 总支出的 63.33%[②]。

2. 发达国家的国防 R&D 支出在政府 R&D 投资中占有重要的地位。在工业发达国家，国防 R&D 是政府 R&D 活动的最主要内容之一。国防 R&D 支出总额最多的国家，其国防 R&D 支出占政府 R&D 支出的比例相当高，如美国、英国、法国等。此外，欧盟一些小国，如西班牙、瑞典等，由于其军火贸易的相对发达，政府对国防活动也相当重视，投入大量的资金进行国防 R&D 活动。国防 R&D 支出占政府 R&D 支出比重最高的几个国家分别是：美国：54.4%（2003 年）、英国：30.3%（2001 年），法国：24.2%（见表 1－2）。

表 1－2　部分国家国防 R&D 支出占政府 R&D 支出的比重　单位：%

国　家	1991 年	1995 年	1999 年	2002 年
美国	59.7	54.1	53.2	54.4（2003）
英国	43.9	36.5	38.0	30.3（2001）
法国	36.1	30.0	22.7	24.2
西班牙	16.8	10.4	26.2	37.3
德国	11.0	9.1	8.4	5.3
瑞典	27.3	20.9		22.2
澳大利亚	10.3	9.0		7.3
加拿大	5.1	4.7		
挪威	6.2	5.7	5.3	4.2

① 王波格：《衡量军事研究和研制工作的若干部门》，《国外社会科学》1983 年第 3 期。

② 参见陈炳福、赵黎明：《世界国防 R&D 活动：发展特点与运行机制研究》，2005 年国防经济研究中心年会论文。

续表

国　　家	1991 年	1995 年	1999 年	2002 年
日本	5.7	6.2	4.6	4.1
意大利	7.9	4.7		4.0
欧盟	20.9	16.1		15.1（2001）
经合组织	37.1	31.3		29.8（2001）

资料来源：1. OECD，2001，OECD Science，Technology and Industry Scoreboard：Towards A Knowledge – Based Economy，2001 Edition.

2. OECD，2003，OECD Science，Technology and Industry Scoreboard：Towards A Knowledge – Based Economy，2003 Edition.

3. 国防 R&D 活动趋向国际化合作。当今世界，随着经济一体化的加深，科技一体化不断深入，主要国家之间国防 R&D 活动的国际合作呈现蓬勃发展之势。自 20 世纪 80 年代以来，尤其是冷战结束后，由于各国的军费支出及国防 R&D 支出的显著下降，为维持大规模的国防 R&D 项目，分担持续增长的国防 R&D 成本，主要武器装备的研制国纷纷寻找合适的国防研发伙伴，即使连美国这样的国防 R&D 支出大国也是如此。对美国来说，国防 R&D 国际化合作还有另一重要原因，由于先进技术的全球化，使得美国不可能在未来所有可用于武器系统中的高技术领域都能引领世界潮流，这也要求美国从国外的合作伙伴手中获得至关重要的军民两用技术。因此 R&D 合作的国际化，已成为冷战结束后美国等大国国防 R&D 活动极为明智选择。截至 1996 年，美国与 18 个国家有近 90 个国防 R&D 合作项目，在 26 个不同的国家有超过 730 项单独的资料交换协议，每年有 90 多名工程师和科学家参与国防工程师和科学家交换计划。

关于国防 R&D 国际化合作的经济性分析，见图 1 – 10 所示。

图 1 – 10 显示了在国防研发活动中国际化合作的简单状况。我们考察两个国家的情形，其中，国家 A 最初沿着长期平均成本曲线 LAC_1 运行，它在单位成本 C_1 水平上完成数量为 Q_2 的研发；而国家 B 沿着较低的长期成本曲线运行，按照单位成本 C_2 完成数量为 Q_1 的研发。在每一个国家，成本的下降表明数量与成本呈反方向变化。然而，如果两个国家把它们的订单加总起来（$Q_1 + Q_2 = Q_3$），最终结果是，两个国家都将获得好处，国家 A 节约了 $C_1 - C_0$，国家 B 节约了 $C_2 - C_0$。除了降低了单位生产成本外，通过减少研发活动上的重复浪费，还会获得进一步的节省（即只需要一个国防研发

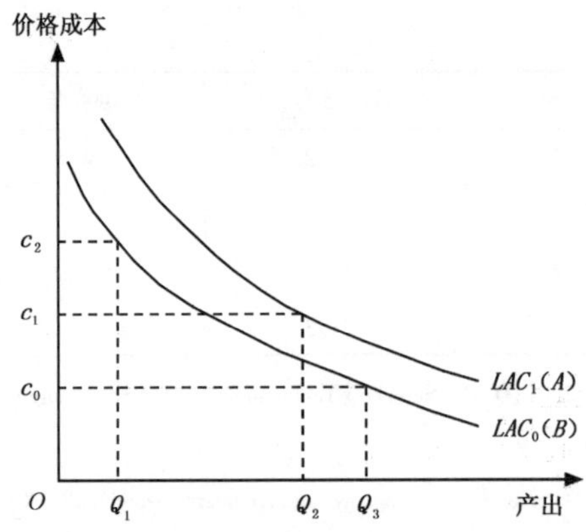

图 1-10 国际合作的经济分析

计划，而不是两个）。

4. 军民两用技术成为国防 R&D 的重要组成部分。冷战结束后，国防 R&D 投资的另一重要发展趋势是，在军事技术大量民用化的同时，民用技术作为国家的重要技术基础，也正大量地用于国防系统的武器开发和生产。国防部门的武器装备系统大量地融入了应用军民两用技术生产和开发的部件和辅助系统，大量的民用技术正替代军事部门依据军事规范和标准而开发和使用的非常昂贵的专用部件。从 1991 财年以后，美国开始调整国防研发投资结构，削减大项目经费、增加关键技术投资，反映了美国科研政策的重大变化，即从保持世界科技头号强国地位转移到提高综合国力的竞争上来（见表 1-3）。在国防部关键技术的 21 个领域中，有 9 个技术领域属于军民通用性强的技术，这 9 个技术领域的总投资，占关键技术计划总经费的 52.3%。同时还实行一项技术再投资计划，其主要目的在于推动政府同工业界的合作，共同投资，研究和开发“两用技术”。在这一趋势下，美国国防部已开始大量减少军事规范和标准的使用，并推动国防装备的商业化采购，甚至在国防部门采用商业化规范和标准。军民两用技术不仅为国防部门节约了大量资金，而且已成为国防 R&D 的重要组成部分。

（三）我国国防研发的组织结构

国防研发活动是国防科技工业的组成部分。国防研发作为一个特殊行业，其管理体制是随着我国经济体制的改革而不断变化的。我国国防研发组织基础的建立实际上是在中华人民共和国成立以后。为了建立新中国的国防科技事业，从 1950 年开始，我国先后成立了中央军委兵工委员会、重工业

表 1－3　美国国防部关键技术计划经费分配

类型	经费分配	1987～1990 年	1991 年	1992 年	1993 年	1994 年	1995 年	1996 年	1997 年	均值
军民通用	投资（百万美元）	5695	1965	1671	1671	1675	1666	1699	1679	1744.8
	占百分比（%）	52.0	55.0	53.2	52.6	52.2	51.9	51.3	50.7	52.3
其他	投资（百万美元）	5249	1385	1473	1508	1528	1545	1609	1603	1692.8
	占百分比（%）	48.01	45.0	46.8	47.4	47.8	48.1	48.7	49.3	47.7
总值	投资（百万美元）	10944	3350	3144	3179	3200	3122	3308	3309	3337.9

资料来源：《国外国防科研投资的宏观分析》，中国国防科技信息中心，1995 年 4 月。

部兵工总局及航空工业局、电信工业局、船舶工业局、第二机械工业部、中央军委国防工业委员会、国防部国防科学技术委员会等机构，以加强对国防工业的领导。经过 10 年创业，到 1959 年底，我国已基本建立起了国家规模的国防科技体系和国防工业体系。这主要表现在：除建立了 100 多个大中型军工企业之外，还首次建立了包括导弹研究院、核心武器研究所等在内的 20 多个独立的国防科研机构；培养和造就了一支拥有 3.3 万人的国防科研和工程技术人员队伍。已能仿制各种制式轻武器、各种口径的火炮、中型坦克、喷气式歼击机、中小型舰艇、雷达、军用通信装置等，已具备了相当的科技能力，使武器装备从仿制开始向自行研制过渡，甚至已决定开始研制原子弹、导弹和核潜艇等技术难度很高的尖端武器装备。

1964 年原子弹爆炸成功和 1966 年氢弹爆炸成功，为我国国防科技发展产生了划时代的意义，成为中国核心武器发展进程中的一个质的飞跃。从 1965～1970 年，我国还实施了人造卫星研制计划。1970 年 4 月，我国成功发射了第一颗人造卫星，这是中国航天技术发展的良好开端。此后，中国又成功地研制了多颗卫星，并掌握了卫星回收技术，昂然进入了航天技术大国行列。几乎与此同时，中国开展了核潜艇的研发工作。1971 年，第一艘鱼雷核潜艇研制成功并于 1974 年完成各项试验并交付部队使用。随后，在 20 世纪 80 年代初，我国为了加速武器装备的现代化，对国防研发系统进行了调整，进行国防尖端技术研制的同时，把重点转到常规武器装备的研发方面。

自行研制出了反坦克导弹、火箭筒、地对空导弹、新型高炮等陆军武器装备。1982年10月，圆满完成潜艇水下发射潜地导弹试验；1984年4月，先后发射了2颗试验通信卫星，研制成功第一艘弹道导弹战略核潜艇，使中国拥有了海上核打击力量。

20世纪80年代末90年代初，海湾战争爆发，表明东欧和前苏联剧变后的国际形势虽然从总体上趋于缓和，但局部冲突，特别是使用高技术武器装备的局部战争，仍然会威胁到一些国家的安全。此时，我国武器装备建设的指导思想又进一步发展为立足于打赢在现代技术条件特别是高技术条件下的局部战争，把质量建军放在首位，因而国防科技的发展在国防建设中被置于突出地位。在这一战略转变时期，国防科技采取了“军民结合、平战结合、军品优先、以民养军”的方针，改单一的军品研发为在优先保证军品任务完成的同时，大力开发民品，加速军工技术向民用转移；将国防科研经费由指令性的计划拨款制改为合同制；适应社会主义市场经济发展需要，发展军品和民品出口贸易及对外技术交流；通过引进部分先进技术，提高国防研发的起点和武器装备的现代化水平；制定“863”国家高技术发展计划（以下简称“‘863’计划”），并将国防研发的有关领域的活动安排在“863”计划之中；国防科研以常规武器为主，适当发展战略核武器和航天技术。这些措施使中国的国防科技事业在新时期又取得了一系列新的进展。

经过几十年的发展，中国已建立了200多个国防科研机构和900多个军工企业，拥有20余万名科研、设计人员和工程技术人员，形成了独立、结构完善、规模宏大的国防科技研发体系。我国不但能研制各类较先进的常规武器装备，而且能研制核武器、洲际弹道导弹、核潜艇等尖端战略武器装备和运载火箭、卫星和载人航天等技术装备，是世界上屈指可数的核大国和空间技术大国，为新时期国防科技发展奠定了坚实的基础。

综上所述，我国国防科技工业管理体制改革大体分为三个阶段：第一个阶段是军队管理阶段（1974年前）。从中央到地方，国家对国防科技工业的管理机构都是军队建制，在军工企事业单位也是实行军事管制。第二阶段是军队为主、政府为辅的管理阶段（1974～1998年）。中央的国防科工委（受军委和国务院双重领导）主管全国国防科技工业，地方成立国防科工办作为补充，同时派驻军代表对军工企事业单位军品科研生产、计划执行等进行监督。第三阶段是政府管理阶段（1998年后）。从中央到地方，成立专门的政府管理国防科技工业管理机构，国防科技工业与军队的关系明确定位在“供需”层面上，军队不再对军工企事业单位行使管理职能。这次机构改革推动国防科技工业管理体制发生了重大变化，主要体现在：一是军政分开，分别组建了总装备部和新的国防科工委；二是政企分开，五大军工总公司改组为十一个军工集团公司；三是军工单位和民口单位及其配套生产由十余个政府部门协调管理逐步集中到国防科工委一个部门管理①。2008 年，根据国务院机构改革方案，国防科工委整体并入工业和信息化部，成立国防科工局。

三、国防研发活动流程

武器装备研发活动的流程，是在武器装备研发实践中逐步摸索出来的依次排定的工作步骤。通常情况下，武器装备研发包括武器装备关键技术的预先研究、武器装备研发项目的方案论证设计、工程研制和定型等阶段。由于各国社会政治、军事、经济、科技、文化等情况不同，因而在武器装备研发流程的某些细节方面也不尽一致（见表 1－4）。根据我军装备全系统全寿命管理的要求，国防研发主要分为预先研究和型号研究两个阶段。

表 1－4　　国外国防科技阶段划分比较

美国	基础研究	应用发展	先期技术发展	先期系统发展	全面研制
	6.1②	6.2	6.3A	6.3B	6.4
英、法	基础研究	应用研究	探索性发展	全面研制	
	研究（R）			发展（D）	

（一）国防预先研究（以下简称“国防预研”）

1. 基本概念。国防预研是指为研制新型装备而先期进行的国防科学研究和技术开发以及相关的管理活动③。装备预研业务流程主要包括预先研究制定流程与预先研究合同管理流程两大类。在美国、英国、法国等世界主要国家，国防预研是指新型武器系统型号研制之前开展的国防科学研究和技术

① 民口单位是指除军工行业（即军口单位）外的所有工业企业、科研院校等单位，是国防科技工业行业的一个专用概念。

② 在美国国防预算分类中，国防科研属于第 6 大类，下面又分 7 个小类：6.1 基础研究；6.2 应用研究；6.3 先期技术发展；6.4 以后为型号研制。

③ 《中国人民解放军装备预先研究条例》，2004 年。

开发活动，是国防科研的前期部分[①]。

对于一个复杂的武器装备系统而言，预先研究又划分为应用基础研究、应用研究和先期技术开发三个环节。

应用基础研究是为新型武器装备研制或改造现役和老旧武器装备而进行的新思想、新概念、新原理的探索研究活动，目的是为武器装备研制提供新的技术理论基础，通常以科学技术研究报告、论文或科技论著的形式提供给决策部门。应用研究是探索应用基础研究成果在军事上应用的可靠性、实用性的科学研究活动，目的是为武器装备研制提供技术基础，通常以可靠性报告、试验报告、试验样品、原理样机等成果形式为决策机构提供技术信息。先期技术开发是在技术可靠性分析的基础上，通过专用元器件或分系统原型研制、测试试验、计算机仿真、先期技术演示等方法，验证武器装备可行性和实用性的研发活动。目的是为武器装备研发提供技术依据，通常以部件、分系统原型、示范性工艺流程、验证或鉴定性试验报告等成果形式为武器装备型号研制提供可靠的实用技术。

2. 主要特点：

一是研究内容广泛。国防预研工作包括基础研究、应用研究和选项技术发展，所涉及的科学与技术领域极其广泛，独立的研究项目成千上万，几乎覆盖所有学科领域。

二是研究周期较长。国防预研工作尤其是基础研究具有探索性质，从开始到取得成果往往要经历漫长的过程。

三是技术风险高，应用潜力大。国防预研课题多为高新科研项目，不确定因素很多，带有较大的技术风险。但国防预研关键技术的突破常常导致尖端武器的问世和作战方式的变革，新技术装备与新的作战概念相结合可能引发新的军事革命。因而，国防预研一旦成功，意义相当重大。

四是项目为数众多，经费相对较少。预研阶段的研究项目为数从多，但其费用同型号研制和生产与部署相比较少，只占装备采办全寿命费用的很小部分。在过去很长一段时间，美军国防预研费同型号费之比约为1:4，约占科研费的20%。

五是成果通用性强。国防预研项目面向广泛的技术基础或一般性技术储

① 中国人民解放军总装备部科技信息研究中心：《国外国防预研管理及启示》，2005年，第1页。

备，不像型号那样带有明显的军种特性。项目成果大多为部件或分系统，或武器系统的结构材料或元件，通用性强。在预研计划中，越是基础的项目通用性越强，如“应用研究”成果比“选项技术发展”成果具有更广泛的应用范围。

3. 主要作用：

一是推动军事能力飞跃发展。国防预研是推动军事能力飞跃发展的技术基础，一旦取得重大突破，将带来武器装备的重大变革，引发军事能力的大幅提升。比如，20世纪60年代，美国海军在原子光谱研究基础上，研制出超高精度的原子钟，然后，与卫星技术、编码传输等技术相结合，研制出今天的全球定位系统，导航定位精度呈数量级增长，使精确打击能力有了飞跃发展。

二是增强装备持续发展后劲。科学技术的不断创新与突破，科技成果的不断积累与集成，是推进武器装备不断发展的先决条件。今天的科学探索与基础研究，有可能为20~30年武器装备的长远发展打牢基础、增强后劲。美军今天之所以拥有绝对的军事优势，主要得益于数十年积累的雄厚技术储备。

三是保障型号研制顺利开发。预研工作的一个重要目的就是为未来武器发展提前做好技术储备，解决关键技术难题，保障未来武器装备研制工作顺利开展。如美国F-15战斗机在型号研制之前，由于军方和麦克唐纳公司对战斗机的结构、材料和部件开展了大量的预研，从而使关键技术较为成熟，型号发展非常顺利，因此项目开始招标到首架原型机成功试飞仅用3年时间。

四是提高装备自主创新能力。通过国防预研，能够掌握大批具有自主知识产权的关键技术，建立完善的创新体系，对于增强国防科技自主创新能力，确保在关键技术领域不受制于人，具有十分重要的作用。

（二）武器装备的型号研究

武器装备的型号研究，是指为发展新型装备和改进、提高现役装备的作战使用性能而进行的科学研究及相关管理的活动。具体项目的确定，通常先由使用部门根据军事需求提出武器装备的战术、技术指标要求，再由军队装备科研管理部门组织论证机构和有关专家充分论证，而后上报决策部门审批。型号研究包括项目论证、工程研制和项目定型和生产定型四个阶段。

1. 项目论证。是在军事装备发展方向、重点论证和体制、系统论证的基础上，在方案设计阶段之前进行的论证，主要由使用部门组织专门的军事装备论证机构进行，是保证武器装备项目成败的关键。项目论证分为综合论证、方案论证两个阶段。综合论证一般是列入装备建设计划和装备体制中的新上项目，由使用部门组织进行，综合论证阶段完成的标志是形成产品立项综合论证报告。方案论证是根据使用部门提出的任务要求和战术技术指标形成各种满足任务需求和战术指标的可行的各种方案并科学评价各种可能方案的优缺点，形成初步可行的规范。方案论证阶段完成的标志是形成总体研制方案。武器装备项目论证阶段的主要内容有初步论证方案、综合论证报告、总体研制方案和产品研制任务书、武器装备研制总要求等。

2. 项目的工程研制。是指按照已经批准的研制总要求，对军事装备系统进行全面设计、试制和试验等活动。工程研制一般可分为初样阶段和正样阶段，即初样机研制和正样机研制。初样机研制阶段主要工作有：确定产品布局，配套技术状态，进行总体布置，确定结构方案、系统方案原理及配置，签订成品协议书，进行样品设计与制造。初样机研制为正样机研制提供基础，完成初样机试制后，由研制主管部门或研制单位会同使用部门组织鉴定性试验和评审，证明是否达到研制总要求规定的战术技术指标，并对试制、试验中暴露的技术问题提出解决措施。

3. 项目定型。包括两个过程：一是设计定型；二是生产定型。项目的工程研制阶段结束后，军事代表机构或者军队其他有关会同装备承研单位，报上级决策部门审批。设计定型试验包括试验基地试验和部队试验。装备设计定型试验完成后，符合规定的标准和要求的，军事代表机构或军队其他有关单位会同装备承研承制单位，向上级决策部门提出装备设计定型申请。

4. 装备生产定型。武器装备定型是国家对新研制的武器装备产品进行全面考核，确认其达到规定标准，并按规定办理法定手续的工作。武器装备研制中的定型，是在国家定型管理机制的领导下，按照有关工作条件规定的设计定型的主要内容、标准及审批权限，对武器装备系统的研制工作进行的全面审查，是武器装备研制过程的最后阶段。总部分管有关装备的部门、军兵种装备部按照规定对试生产的装备组织部队试用，必要时组织装备生产定型试验。生产定型符合规定的标准和要求的，由军事代表机构或者军队其他有关单位会同装备承研承制单位，向上级决策部门提出装备生产定型的申请。

武器装备型号研究的主要特点是决策程序严密。国防研发项目需要投入大量的人力、物力和财力，它的成败对军队的战斗力将产生重要的影响。因此，对国防科研项目，必须在充分论证的基础上进行慎重决策，并按严密的程序进行审查。

型号论证应遵循的基本原则是：必要性原则、可靠性原则、先进性原则、经济性原则、系统性原则、标准化原则和对比选优原则等。其要求主要是：充分占有资料，认真总结经验，定性与定量分析相结合，充分利用先进手段和科学方法，以及合理采用高新技术研究成果等。型号论证的主要内容：一是需求分析。包括分析作战对象构成的军事威胁和未来作战对发展该型武器装备的需求程度，该型武器装备在武器装备体制中的地位、作用及其与现有武器装备的关系，现有同类武器装备的差距和存在的问题，外军同类武器装备的现状、特点和发展趋势。二是作战任务分析。包括新型武器装备承担的主要任务和辅助任务，新型武器装备应具备的主要功能和辅助功能。三是作战对象和使用环境。包括分析将对付的主要作战对象及其战术、技术性能和作战方式，新型武器装备的使用范围和环境条件。四是系统组成及初步统配方案。包括提出新型武器装备的组成方案，明确其主要分系统或子系统、备用分系统或子系统、主要配套技术设备及其相互关系，并对其统配范围、操作维修人员和技能提出初步要求。五是主要作战使用性能和战术、技术指标要求。包括可靠性、维修性、保障性、生存能力、机动性、环境适应性、效能、兼容性等。六是研制进度和周期。包括作战任务的急需程度、技术风险程度、科研生产能力、科研处理水平和投资强度，并据此从研制合同生效到定型的时间或周期。七是费用估算。对新型武器装备寿命周期各阶段和各环节的费用进行预测和估算，其中包括论证费、研制费、购置费、使用与维修费和退役处置费等。八是可行性综合分析。在新武器装备各项论证的基础上，进一步从技术、经费、周期等方面进行综合平衡，尽可能避免或减少风险。

型号研究的各个阶段，都必须在有关专门机构的监督下进行，并由这些机构进行严格的审查，批准后方能进入下一阶段，这是世界各国武器装备研制的普遍做法。它体现了国家和军队的决策部门对武器装备研制工作的严密控制。武器装备研制各阶段的审查工作，由国家或军队的武器装备发展管理机构或由其领导的专门审查机构负责。

本章小结

1. 不同的投资决定模式会产生不同的投资效益。我国当前的国防科研体制要求国防研发投资决定的最优模式既要有计划地对国防研发要素投入进行集中决策和计划调节，又要按市场经济的要求运作，高效率地分配国防科研资源。

2. 我国国防研发投资特性主要有四个方面：国防目的性，国家战略性，高风险性以及准公共性。这四个特性决定了我国国防研发投资决定模式的优化原则是：实现多元化投资的最佳组合；建立真正的国防科研单位企业法人制度，完善企业投资经营机制；转换政府职能，发挥政府的积极作用；建立与市场经济要求相适应的国防研发投资宏观调控体系。

3. 关于国防研发投资主体的观点主要有：政府是主要的国防研发投资主体，军队是一种特殊的投资主体，企业是国防研发投资的补充力量。作为国防科研投资的主体，必须明确投资的意义，能客观地从各种模式和精密的分析技术中寻求决策依据，并能在动态环境中及时调整，实现国防研发投资效益的最大化。

4. 国防研发活动周期的延长使不确定因素不断增长，巨大的投资金额使各种不确定因素增大。不确定性因素主要表现为内部不确定性和外部不确定性，由此产生四种类型的风险：费用风险、进度风险、技术风险、计划风险。各种风险形成原因不同，其测量方法各有特点。

5. 国防研发主要分为预先研究、型号研究两个阶段。国防预研是指新型武器系统型号研制之前开展的国防科学研究和技术开发活动，是国防科研的前期部分。型号研究包括项目论证、工程研制和项目定型三个阶段。

第二章　国防研发投资非均衡态

一般均衡分析是经济学中一项基础性的研究工作，它为现代经济学描述市场机制的效率与稳定性、宏观经济分析以及经济分析的逻辑依据等提供了关键的基础理论支撑。古典经济学家曾非常形象地定义过均衡概念，他们认为，均衡是经济运行的一种特殊状态，随着时间的推移，经济以此为中心波动不已，受到干扰之后，经济将偏离这一状态，与此同时，在某种力量的驱使之下，经济又朝此中心作回复运动，正如亚当·斯密所言，由“看不见的手”引导着众多市场主体参与并完成相关资源的配置。

研究任何经济问题必须从需求与供给这一逻辑线索入手来深入展开自己的理论研究，国防经济理论研究也不例外，必须认真研究国防这种公共产品的需求与供给问题，并通过对这个问题的研究，来建构一个新的国防经济理论研究的逻辑体系。国防研发投资的供给与需求均衡是一种特殊状态，非均衡则是一种惯常形态。有些情况下出现的良性非均衡是必要的和合理的，而有些非均衡对国防经济效益是不利的。

本章通过实证方法分析国防研发投资供给与需求的均衡与非均衡。首先分析国防研发投资均衡的意义，其次分析我国国防研发投入非均衡现状，最后，从制度供给角度分析非均衡成因，提出由非均衡态向均衡态转化的总体设想和主要对策选择。

第一节　国防研发投资的均衡描述

一、均衡与非均衡的一般涵义

供给曲线与需求曲线构成的交叉图通常是看到的一个基本经济学模型，

两条交叉曲线给出了一个非常确定的结果。两条曲线的交汇点决定了市场价格，在该价格下，供给等于需求。这不仅仅是数学上的一个等式，更重要的是，它表示了市场价格和商品数量动态调整过程中的一个静态点，这是一个局部均衡。当在各种商品和生产要素的供给、需求、价格相互影响的条件下，所有商品和生产要素的供给和需求同时达到均衡时所有商品的价格决定则为一般均衡[①]。对国防研发投资供需均衡与非均衡分析，实质上是对国防科技创新及其运行状况进行分析。这里所说的均衡，是指在包括供给与需求在内的经济中诸多力量的驱使下，国防科研活动达到了由一系列配置和价格构成的理想均衡状态[②]。国防研发投资的均衡包括以下两重涵义：一是投资需求与供给之间量的均等；二是决定总需求与总供给的各行为主体不具有改变他人行为的动机和能力。均衡具有严格的条件限制，因而是一种瞬时状态，而非均衡则是惯常状态，这种限制条件决定均衡在国防研发活动中只有理论上的抽象意义。

长期以来对于投资结构合理化的政策思想就有着分歧，表现为均衡发展和非均衡发展两大流派。在传统的、经典的经济理论模式指导下，均衡调节理论一直为发达国家所推崇，并作为经济稳定和发达的重要标志，但对于发展中国家，尤其是亟待经济起飞的国家，这种经济均衡的状态难以实现，而且盲目追求这种均衡会导致经济上的停滞，并永远落后于发达的国家[③]。

国防研发活动是系统的创造性工作，具有系统的开放与非平衡态的特性，存在着非线性的作用机制，非均衡型投资是国防研发投资的主要模式。在武器装备发展上，中央军委制定的"有所为，有所不为"、实现重点跨越的战略方针，是非均衡投资模式的具体体现。表明由于受资源、人力、军费支出各方面的限制，国防科技不可能均衡发展，全方位达到高水平。正如江泽民同志指出的："国防科研和武器装备发展，要下决心解决规模大、战线长、力量分散、低水平重复等严重问题。……集中力量重点突破一些关键技术，实现较大跨度的技术进步。"[④] 必须根据军队的具体条件和军事发展战略的需要规划科研投资布局，确定哪些国防科技必须领先或争取领先，哪些

---

① Arrow. K. J, G. Debreu. Existence of equilibrium for a competitive economy [M]. Econometrica, 22, pp. 265 - 290.

② 斯塔尔：《一般均衡理论》，鲁昌译，上海财经大学出版社 2003 年版，第 5 页。

③ 蒋同初、黄汉江：《投资结构经济学》，世界图书出版公司 1998 年版，第 442 页。

④ 《江泽民文选》第 2 卷，人民出版社 2006 年版，第 85 ~ 86 页。

国防科技保持一般水平，哪些国防科技宁可水平低一些，哪些国防科技靠自己研究，哪些国防技术通过技术引进。只有这样，才能扬长避短，实现跨越式发展。但是，国防科技发展是以国家计划为主导的，均衡型投资引致的产业结构运行是社会主义计划经济特有的经济规律，要求在全社会范围内按预定计划调节国防科技资源。“均衡是军事总供给与军事总需求的客观要求，是客观的军事经济运行过程的内在联系决定的。我们必须树立在运动中，在非均衡中求得均衡的观念。”[①] 保持国防经济比例关系的平衡是计划经济的主要表现，这就要求我国国防研发投资要从非均衡态向均衡态转变，在动态中发展。

二、国防研发投资均衡性——鲁宾逊·克鲁梭模型的改进

在国防科技领域也可以适当引进均衡的概念。国防科技这种公共产品也存在需求与供给的矛盾问题，平衡与协调发展是计划效率的必然要求。图2-1表现了国防科技这种公共产品的供求均衡状态：

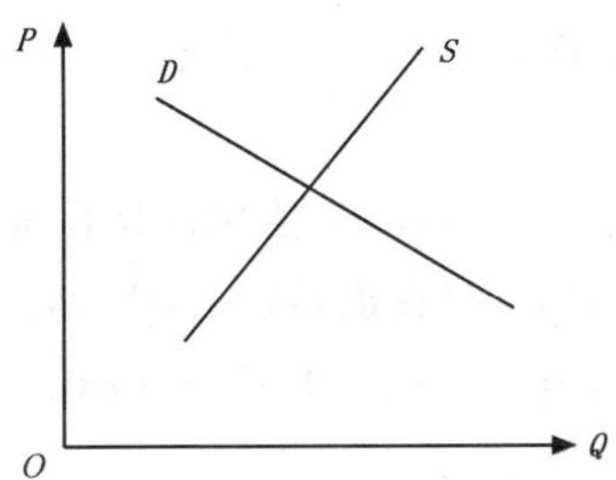

图 2-1 国防研发投资供求均衡

在上图中纵轴 P 代表国防研发投资供给量，即为实现一定的国防科技发展目标的价格；横轴 Q 代表所能实现的国防科技产出的等级目标。需求曲线 D 与供给曲线 S 相交点就是国防科技这种公共产品的供求均衡点。这个均衡点的实现应当包括两个方面的内容：其一，一个国家的广大民众根据本国的科技投资实力确定了一个适当等级的国防科技发展目标并投入了相应的国防经济资源；其二，一个国家根据自己所拥有的国防经济资源量实现了国防科技这种公共产品的产出最大化。

① 万东铖教授认为：均衡与非均衡，是对立的统一。没有均衡，就没有非均衡；没有非均衡，也就没有均衡。我们必须树立在运动中，在非均衡中求得均衡的观念。见万东铖：《军事经济运行机制重塑》，湖北人民出版社 1993 年版，第 149～150 页。

在经济学发展史上，瓦尔拉斯第一次以数学方程的形式来阐述一般均衡模型①。经济学家设想了最简单的一般经济均衡体系：由单个家庭构成的经济体系，并通常将此家庭命名为鲁宾逊·克鲁梭②，该经济体的结构简单，可以方便地建模分析单一集中决策机制是如何有效配置资源的。本节以此模型为基础，构建国防研发投资需求与供给模型，以分析均衡性存在的现实意义。

国防研发投资主体特性决定了科技研发活动类似于一个“单人”经济体，在一国用于科技研发投资的资源量一定的条件下，对国防科技需求的分析可以转化为用于国防研发和民用科技研发投资的替代问题亦即“黄油与大炮”的平衡问题。假设一国用于科技研发投资的资源量为 S，一部分用于国防科技投资，另一部分用于民用科技投资，在此简单设定下，可以在一个二维平面上讨论问题。国防研发和民用科技研发产出函数分别为：

$$Q = F(L) \tag{2-1-1}$$

$$R = f(S - L) \tag{2-1-2}$$

其中：L 为国防研发投入，$S - L$ 为民用科技研发投入，Q 和 R 分别为其产出。

投资主体的效用函数为 $u(Q,R)$。为保证具有完备定义的最大值落在内切域，假定 F 和 f 都是凹的，且在边界处充分陡峭。即有：

$$F'(\cdot)>0, F''(\cdot)<0, f'(\cdot)>0, f''(\cdot)<0,$$

$$\frac{\partial u}{\partial Q}>0, \frac{\partial u}{\partial R}>0, \frac{\partial^2 u}{\partial Q^2}<0, \frac{\partial^2 u}{\partial R^2}<0$$

模型构建的目的是选择 L 和 Q，使其在初始资源禀赋 S、现有技术 $F'(\cdot)$ 及 $f'(\cdot)$ 的约束下，最大化效用 $u(Q,R)$。有：

$$u(Q,R) = u(F(L), f(S - L)) \tag{2-1-3}$$

现在，选择 L 以使 u 最大化：

$$\max_{L} u(q,R) = u(F(L), S - L)) \tag{2-1-4}$$

---

① 该模型指出，对 N 种商品，将存在关于 N 个未知价格 P_i 的 N 个方程：S_i（p_1，p_2，…，p_N）$=D_i$（p_1，p_2，…，p_N）。求证方程个数与未知参数的个数相等，若方程都是线性的、相互独立且无约束的，则构成了方程的解。这是瓦尔拉斯证明方程解的存在性时所使用的方法。

② 该模型假设只有一个单人经济体，划分为生产和消费两个部门。在既有资源与技术的约束下，两个部门通过市场机制相互影响，并证明在生产和消费均衡时，鲁宾逊·克鲁梭的效用最大化，实现资源帕累托有效配置。

(2－1－4)式取极值的一阶条件为:

$$\frac{d}{dL}u(F(L),f(S-L))=0$$

亦即有: $u_QF'-u_R=0$ $\quad$ (2－1－5)

其中, u_Q 和 u_R 均表示偏微商。从而有:

$$\frac{u_R}{u_Q}=F' \quad (2-1-6)$$

(2－1－6)式表示为达到(2－1－4)式描述的最优配置状态所需要满足的各项条件，即在最优配置点，无差异曲线与生产函数的斜率相等，亦即达到帕累托有效状态。此时有两层基本含义，一是从技术的角度来讲，该配置状态可以保证生产性资源在国防研发生产过程中得到充分有效的利用；二是从产出效用的可获得程度上讲，产出组合(国防科技产出和民用科技产出)已是一种最优组合。从而，效用在当前技术与资源约束下取得最大值时，有:

$$MRS_{Q,R}=RPT_{Q,L}$$

其中, $MRS_{Q,R}$为边际替代率, $RPT_{Q,L}$为产品的转换率，这两个边际率相等(以及配置位于生产边界上的隐含要求)是鲁宾逊·克鲁梭模型中资源帕累托有效配置的最根本特征，由此推论出国防研发投资供需的均衡性存在(如图2－2所示)。

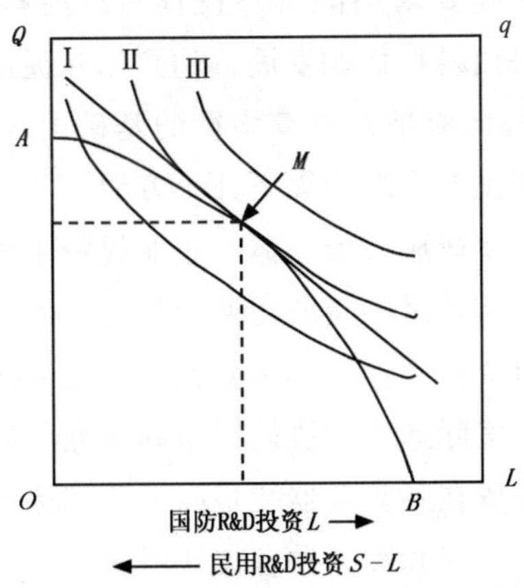

图2－2　国防研发投资供需的均衡

图2－2以图形的方式表述了国防研发投资供需的均衡性存在的问题。横坐标表示既定资源的分配，曲线 *AMB* 为生产边界，表示各种在技术上有

效且可获得的资源组合。生产边界的导出只需对 L 取不同的值，计算出生产函数 F 的相应取值，再将各点连接绘成一条曲线即可。曲线Ⅰ、Ⅱ、Ⅲ是鲁宾逊的无差异曲线，表征效用函数 $u(Q, R)$ 在各种效用水平下的边界，点 M 就是资源的有效配置点，该点是生产边界在鲁宾逊无差异曲线图上所能达到的最高点。这就是在既定资源禀赋和现有技术约束下的效用最大化点。此点是无差异曲线与生产边界的相切点，表示两者在资源有效配置点具有相同的斜率，即满足边际替代率 $MRS_{Q,R}$ 与产品转换率 $RPT_{Q,L}$ 相等的条件，达到帕累托最优的资源配置。

三、国防研发投资供需均衡的意义

上述国防研发投资供需均衡是一种理想状态，而且由于构成国防研发投资均衡的要素处在不断变动的状态中，这种理想的标准也是变动的。追求这种均衡成为国防研发投资宏观调控的指导思想。

1. 总量均衡。由均衡的推导过程可以看出，均衡是在总的资源禀赋的条件下产生的。在国防研发投资的总量均衡上，它表现为三个方面：一是国防研发投入与国防费的比例达到最优化，表明国防科技成果的应用能够有效转化为强大的战斗力。二是国防研发投资占 GDP、财政支出的比例达到最优化，表明国防科研经费的增长必须与经济增长相协调，彼此之间的增长速度不能出现大的背离。三是要求国防研发投资与政府科研费的比例达到最优化，表明国防科技与民用科技协调发展，达到相互促进。

2. 结构均衡。结构均衡是在总量均衡的基础上，通过优化配置实现效用最大化的目标。它也主要表现为以下几个方面：一是政府与企业之间的投资比例达到最优化，表明政府投资主体与企业投资主体之间的关系协调；二是国防研发投资与武器装备采购费的比例最优化，表明科学决策在武器装备采办全寿命周期中的重要程度；三是国防预研与型号研究的投资比例达到最优化，表明理论研究与实际运用相协调，基础研究与应用研究投入比例的最优化；四是国防研发投资在各类武器装备间的分配达到最优化，表明从战略的高度协调发展陆、海、空和军兵种各类武器装备。

3. 区间均衡。在实践中，要寻求一个点式的均衡事实上是做不到的。无论在哪个层次上，行为主体都可接受一定限度内的高于理论均衡的国防研发投资实际数量或实际增长幅度，即实际均衡点在一定限度内可高于或低于理论均衡点。在实践中所能做到的是无限接近理想均衡点，由此形成了围绕均衡点上下移动的均衡区间①。

4. 相对均衡。国防科研的成果是创新，而创新是为了产出先进的武器装备。这本身就是一个相对的结果。对于一个国家而言，真正重要的不完全在于拥有多么绝对的国防实力，而在一定意义上是“相对于其他国家而言，它拥有多大的国防实力”。事实上，任何一个国家都必须把国防研发投资供需均衡放到与其他国家的比较当中去分析。即站在国家安全利益的最高层次观察，以判断一国的国防实力与可比较的外部军事实力之间的优劣。

第二节　国防研发投资非均衡分析

非均衡态是国防科技投资供需的惯常态，但当这种非均衡状态严重时，会形成资源配置的劣化，其结果必然导致国防科技投资运行的低效率态。从广义上说，我国国防科技的供给基础既包括民用科技基础，也包括专门研发装备的军用科技基础。我国目前实施的“寓军于民”的战略和正在构建的军民融合创新体系，就是在更加广阔的国家科技资源的基础上，推进军民一体化进程。只有从技术、资金、制度和人力资源供给等方面考察我国国防科技投资的供给现状，才能对我国国防科技的发展给出更为客观的综合治理对策。由于国防研发投资的均衡具有相对性，本节通过对我国国防研发投资的增长状况与外国国防研发投资增长状况进行比较，以判断国防研发投资非均衡状态的程度以及形成的原因。

一、我国国防研发投资规模的非均衡

（一）发达国家国防 R&D 支出增长一般规律——类“S”曲线

随着科学技术的飞速发展，外国特别是发达国家军队非常重视高技术武器装备的研制和技术储备，突出表现在其用于国防 R&D 开支的比例大为提高。根据联合国教科文组织统计，全球国防 R&D 费用的增长率平均超过国防费开支增长率的 4~5 倍，发达国家的国防 R&D 费用，已由二战前占国防费 5%上升到目前 10%。

---

① 科尔内提出广义的均衡概念：如果在一个经济系统内，虽然供给和需求不一致，但短缺与滞存不超过一定的幅度，那么，该经济系统便处于均衡状态，由此对区间均衡概念也作出了诠释。

国际上通常采用R&D活动的规模和强度指标反映一国的科技实力和核心竞争力。当今世界，发达国家的核心竞争力指数值分别是转轨国家的6倍多，是发展中国家和地区的8倍多，其核心竞争力的形成与国家R&D投入是分不开的。对这些国家的R&D强度增长趋势的研究表明，尽管各国经历工业化发展阶段的时间不一致，且对R&D的经费投入力度各不相同，但从总的趋势看，R&D强度的增长呈现出一个不定期的规律性，即"在社会经济正常运行和增长的情况下，R&D强度的发展轨迹是一条类'S'曲线，其中第一个转变点大约为0.215%[①]。即R&D强度从无到有直至增长到1.1%时是一个较为漫长的过程，过了1.1%之后则进入一个较快的增长阶段，……再后的增长放慢"[②]。据此，我们可以确定R&D强度的变化大体遵循这么一个规律：缓慢增长阶段、快速增长阶段和稳定阶段。这个规律可称为"国际R&D强度增长一般规律"。通过对联合国教科文组织的数据分析整理研究，可以发现科技投入与经济增长的阶段密切相关（见图2-3）。

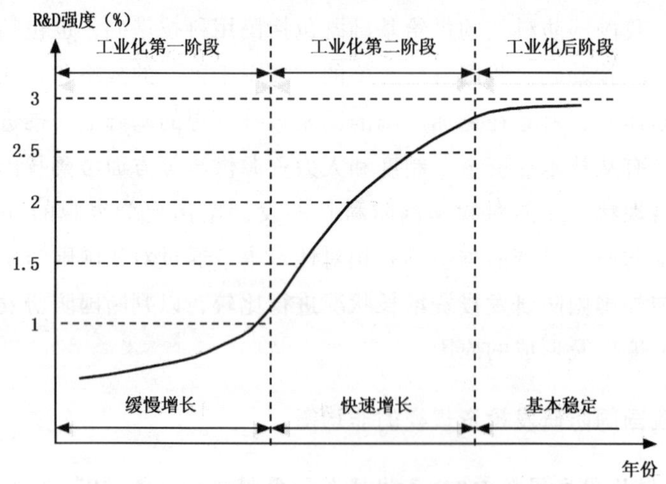

图2-3　国际R&D强度变化的一般规律

① 国务院发布的《国家中长期科学和技术发展规划纲要（2006~2020年）》指出："通过多方面的努力，使我国全社会研究开发投入占国内生产总值的比例逐年提高，到2010年达到2%，到2020年达到2.5%以上。"

② 曾国屏、谭文化：《国际研发和基础研究强度的发展轨迹及其启示》，《科学学研究》2003年第2期。

从图 2-3 可以看出，在工业化第一阶段[①]，R&D 强度一般不超 1.15%；工业化第二阶段，R&D 强度约为 1.15%~2.15%；工业化后阶段，R&D 强度一般大于 2.10%。在工业化第一阶段的前半期，各国（地区）对 R&D 的投入增长缓慢，但后期有明显的加快趋势；进入工业化发展第二阶段后，R&D 强度急速增长，但在这个阶段的后期，各国（地区）对 R&D 的投入虽然继续增大，但在增长的速度上有所减缓[②]。这种情况的出现，应该说与投入模式的转换过渡有关。这个时期虽然政府的研发投入还在增加，但相对投入比例逐渐下降；而企业成为投入主体的基础并没有完全形成，尽管企业的投入比例逐渐提高，但增长速度较慢。也就是说，在这个阶段，企业有逐步取代政府成为投入主体的趋势，但政府的投入仍然是 R&D 经费极其重要的来源，在推动 R&D 投入持续稳定增长中发挥着举足轻重的作用。进入工业化后阶段后，各国（地区）对 R&D 的投入趋于稳定，企业一般已取代政府成为 R&D 投入的主体。

由于国防研发投资主要用于工业界，所以国防 R&D 投资的变化趋势与国家 R&D 投资总量存在着密切的关系[③]。表 2-1 列出了美、日、英、法四国的国防 R&D 总额及其占国防预算、国内生产总值、政府财政预算的百分比[④]。

表 2-1　　美、日、英、法四国的国防 R&D 强度数据表

国家	项目＼年份	1980	1981	1982	1983	1984	1985	1986	1987	1988	1989	1990	1991	1992
美国	总额（亿美元）	135	166	201	228	269	307	345	359	373	382	366	346	399
	占国防预算%	9.5	9.4	9.5	9.65	10.4	10.7	12.2	12.8	13.1	13.1	12.5	12.7	14.3
	占 GDP%	0.48	0.49	0.55	0.59	0.62	0.66	0.77	0.79	0.77	0.75	0.68	0.62	0.67
日本	总额（亿日元）	255	250	285	314	364	504	577	654	733	828	929	1029	1136
	占国防预算%	1.0	1.0	1.1	1.1	1.2	1.6	1.7	1.9	2.0	2.1	2.2	2.3	2.5
	占 GDP%	0.009	0.009	0.01	0.01	0.010	0.016	0.017	0.019	0.02	0.021	0.022	0.023	0.023

① 联合国教科文组织在 1971 年出版的《科学应用与发展》中把各国工业化发展的过程分为四个阶段：工业化前阶段、工业化第一阶段、工业化第二阶段和工业化后阶段。

② 邓向荣、文青：《中国 R&D 投入模式及相关政策分析》，http：//www.sts.org.cn/fxyj/zcfx/docu。

③ 王绍光在测算我国的国防 R&D 支出时，采用的就是全国 R&D 总支出乘以系数的方法。

④ 获取数据是 1980~1993 年的，其变化趋势与现期基本相同。

续表

国家	项目＼年份	1980	1981	1982	1983	1984	1985	1986	1987	1988	1989	1990	1991	1992
英国	总额（亿美元）	32	42	46	45	43	45	46	45	43	40	38	40	40
	占国防预算%	13.4	13.7	13.7	13.0	11.9	12.3	12.8	12.6	12.4	11.7	11.7	11.6	10.2
	占 GDP%	0.50	0.58	0.61	0.61	0.59	0.59	0.60	0.55	0.50	0.44	0.45	0.46	0.44
法国	总额（亿美元）	47	49	48	46	39	39	40	44	53	55	56	58	57
	占国防预算%	16.48	14.09	14.33	13.44	11.40	11.32	11.34	12.22	14.70	15.00	15.30	15.40	15.20
	占 GDP%	0.59	0.55	0.56	0.52	0.43	0.42	0.43	0.46	0.54	0.53	0.53	0.52	0.50

资料来源：《国外国防科研投资的宏观分析》，中国国防科技信息中心，1995 年 4 月。

根据表 2 – 1 绘制四国国防 R&D 强度变化曲线如图 2 – 4 所示。

从图 2 – 4 可以看出，西方发达国家国防 R&D 投入强度发展轨迹也是一条类“S”曲线的逻辑斯蒂曲线。1980 ~ 1992 年间，美国完成了从快速增长到基本稳定的阶段，国防 R&D 强度与其后工业化发展阶段趋于一致。英国和法国作为传统的军事发达国家，其国防 R&D 强度在 0.5% 的均衡点上下移动①，表明其国防科技的发展也处于基本稳定的阶段。而日本的国防科技发展采取的是“以军掩民”、“寓军于民”的模式，专门的国防 R&D 投入较低，但也处于上升的阶段。

（二）我国国防 R&D 支出规模的非均衡分析

1. 定量描述。在 20 世纪 90 年代之前，我国尚缺乏对 R&D 投入有关指标的准确和规范的统计。20 世纪后期，我国逐渐开始仿效国际惯例，运用 R&D 指标分析国家（或区域）科技竞争力及经济发展潜力。2000 年全国全社会 R&D 资源清查，第一次将调查覆盖至全社会，在指标统计方面实现我国 R&D 统计与国际规范的全面接轨。

出于保密的需要，我国国防 R&D 支出的有些数据是加以保护的，而且从 1992 年以后，我国进入全面的经济体制改革时期，许多企业包括民营企业、外资企业也参与国防科技外围的研发活动，这部分投入没有专门的部门进行统计。因此，我国的国防 R&D 支出很难获取准确的数据，我国的国防 R&D 投资信息一般通过测算获得。

---

① Office of Technology Transition. Report to Congress on the Activities of the DoD Office of Technology Transition [R]. Department of Defense, February, 2000.

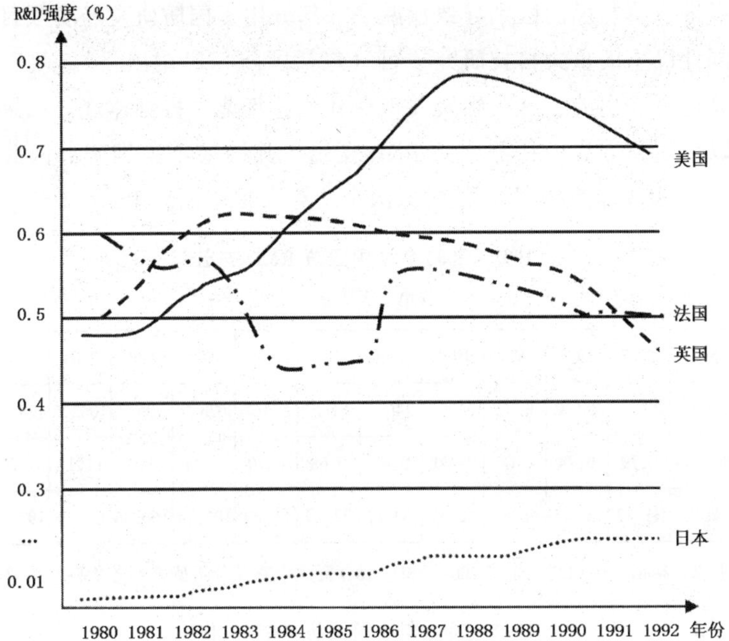

图 2-4　美国、日本、英国、法国 R&D 强度变化曲线图

目前主要采用两种方法测算我国的国防 R&D 支出，一种采用全国 R&D 总支出乘以系数的方法测算出我国的国防 R&D 支出，例如，王绍光采用国防 R&D = 全国 R&D × 0.1 的公式测算我国 1989 ~ 1991 年的国防 R&D 支出，用国防 R&D = 全国 R&D × 0.15 的公式测算我国 1992 ~ 1998 年的国防 R&D 支出[①]。另一种方法是以国防费乘以系数的方法测算出我国的国防 R&D 支出。如姜鲁鸣、王碧波认为我国国防 R&D 在国防费中的比例大致为发达国家国防研究与发展比例的 1/2 ~ 1/3，并由此估算出，我国国防 R&D 支出在国防费中的比例大约为 5% ~ 7%之间[②]。

本书对两种方法计算的结果进行了比较，结果如表 2-2 和表 2-3 所示。

从表 2-2 和表 2-3 的结果可以看出，两者的差别较大。分析原因主要有两点：一是中国官方公布的国防费数据的统计口径中，由于很多科学研发

① Wang shaoguang. The military expenditure in China, 1989 ~ 98 [J]. SIPRI yearbook 1999 (Oxford University Press: Oxford, 1999), pp. 334 ~ 49.

② 姜鲁鸣、王碧波：《中国国防支出（1980 ~ 2003）对经济综合影响的量化支出》，见《中国国防经济学：2005》，中国财政经济出版社 2006 年版，第 67 ~ 75 页。

经费难以进行军与民的区别导致遗漏了一部分用于国防研发经费项目；二是关系到国计民生的重大科技研究项目（包括国防与民用项目），政府是作为特别预算进行支出的，这些经费并未在其统计年鉴中得到体现。如果采用国防费乘以系数的方法来估测国防 R&D 支出，其结果不太准确。因此，本书采用全国 R&D 总支出乘以系数的方法来测算我国的国防 R&D 支出。

表 2－2　　1992～2003 年中国国防 R&D 支出

（第一种算法）　　单位：亿元人民币

年　份	1992	1993	1994	1995	1996	1997	1998	1999	2000	2001	2002	2003
全国 R&D	209.8	256.2	309.8	349.1	404	481.9	551.1	678.9	895.7	1042.5	1287.6	1539.6
占GDP比重（%）	0.79	0.74	0.66	0.60	0.60	0.68	0.70	0.83	1.0	1.1	1.26	1.31
国防 R&D	31.47	38.43	46.47	52.37	60.72	72.29	82.67	101.84	164.36	156.38	193.14	230.94

资料来源：根据《中国统计年鉴 2004》和《R&D 资源清查及分析研究参考资料》整理。

表 2－3　　1992～2003 年中国国防 R&D 支出

（第二种算法）　　单位：亿元人民币

年　份	1992	1993	1994	1995	1996	1997	1998	1999	2000	2001	2002	2003
5%R_tr_t	0.0007	0.0006	0.0006	0.00055	0.00055	0.00055	0.0006	0.00065	0.0007	0.00075	0.0008	0.0008
R_t（国防费份额）	1.52	1.42	1.23	1.11	1.06	1.08	1.21	1.34	1.37	1.49	1.67	1.63
r_t	0.0092	0.0084	0.0097	0.0099	0.01	0.01	0.0099	0.0097	0.01	0.01	0.0096	0.0098
国防费	377.86	425.80	550.71	636.72	720.60	812.57	934.70	1076.40	1207.54	1410.04	1707.78	1907.87
国防 R&D	3.47	3.58	5.34	6.31	7.48	8.28	10.4	10.44	12.1	14.1	16.4	16.8

资料来源：第二行来自于姜鲁鸣、王碧波：《中国国防支出（1980～2003）对经济综合影响的量化支出》，见《中国国防经济学：2005》，中国财政经济出版社 2006 年版，第 67 页。第三、第五行数据来自于《中国统计年鉴 2002》和《2004 年中国的国防》白皮书。第四、第六行通过计算得出。

考虑到 1998 年以后，随着经济实力的增长，以及应付高技术局部战争的需要，国防费增长幅度增大，国防科研投入的幅度也增长。计算国防 R&D 支出所采用的系数 1998 年以前取 0.15，1998 年以后取 0.17，比较符合实际。由此估算出我国国防 R&D 支出的规模和强度如表 2－4 所示。

将表 2－4 的数据用图形描述如图 2－5。

2. 结果分析。从图 2－5 可以看出，从 1992～1995 年，我国的国防 R&D

强度从0.12%下降到0.09%，1995年、1996年仍在低水平徘徊。1997年开始出现反弹，此后几年增幅较大，2004年达到0.25%，标志着我国的国防科技进入一个快速发展的关键时期。按照这种趋势发展，那么我国的国防R&D强度变化过程将与“S”曲线前期形状基本相符。

表2-4　　1992~2004年中国国防R&D支出规模与强度　　单位：亿元人民币

年　份	1992	1993	1994	1995	1996	1997	1998	1999	2000	2001	2002	2003	2004
GDP	26651.9	34560.5	46670.0	57494.9	66850.5	73142.7	76967.1	80422.8	88189.6	94646.4	10200	116700	136515
全国R&D	209.8	256.2	309.8	349.1	404	481.9	551.1	678.9	897.7	1042.5	1287.6	1539.6	1966.3
占GDP比重(%)	0.79	0.74	0.66	0.60	0.60	0.68	0.70	0.83	1.0	1.1	1.23	1.32	1.44
国防R&D	31.47	38.43	46.47	52.37	60.72	72.29	93.69	115.41	152.26	177.23	218.89	261.73	344.27
国防费规模	377.86	425.83	550.71	636.72	720.6	812.57	934.70	1076.40	1207.54	1410.04	1707.78	1907.87	2117.01
占GDP比重(%)	0.12	0.11	0.099	0.091	0.09	0.098	0.12	0.14	0.17	0.19	0.21	0.23	0.25
占国防费比重(%)	8.3	9.0	8.4	8.2	8.4	8.89	10.0	10.7	12.6	12.57	12.8	13.72	16.26

资料来源：根据《中国统计年鉴2005》和《R&D资源清查及分析研究参考资料》整理。其中第四行数据是估算得出（第三行数据与国际货币基金组织在线统计数据基本一致）。

但是，尚需进一步考察的是，尽管我国的国防R&D强度呈现出强劲的增长势头，但是否意味着我国的国防R&D投入与经济发展水平是相适应的呢？我们可以从两个方面分析。

（1）如果从工业化阶段的经济标志来看，我国已进入工业化第二阶段（见图2-3），按国际经验规律，此阶段R&D强度应该为1.5%~2.15%之间，国防R&D强度应该为0.26%~0.36%之间。但我国目前的国防R&D强度到目前还没有达到与之相对应的最低点。

（2）用平均偏离百分比来计算真实的国防R&D增长率与均衡态下的国防R&D增长率的偏差程度。

计算公式：

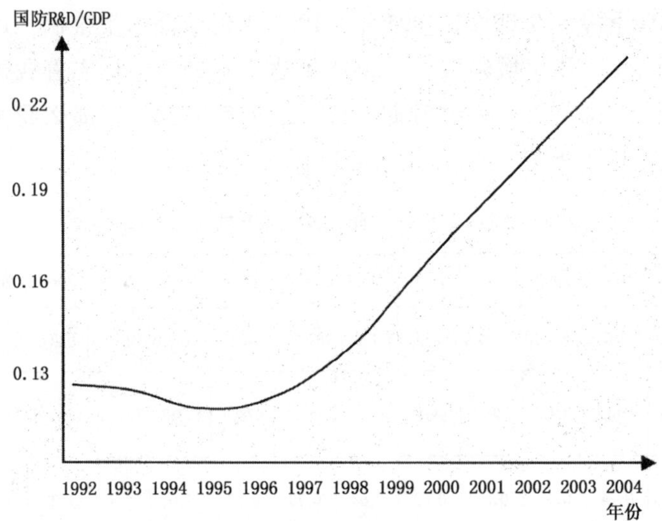

图 2-5 我国 1992~2004 年国防 R&D 投资规模变化示意图

偏离百分比（η）=（真实的国防 R&D 增长率 - 均衡态下的国防费增长率）/均衡态下的国防费增长率

众所周知，美国具有较高的国防科技水平，具有一定的代表性。因此，以美国的国防 R&D 投入作为参照，计算我国国防 R&D 偏离程度。

由表 2-1 和表 2-4 可知，美国从 1980~1992 年 13 年间国防 R&D 强度平均增长率为 0.59；我国从 1992~2004 年 13 年间国防 R&D 强度平均增长 0.15。

则 $\eta = \frac{0.15-0.59}{0.59} = 75\%$（负偏差距）

从 1998~2004 年 6 年间国防 R&D 强度平均增长 0.21，这个时期发展较快，如果用这个时间的国防 R&D 强度增长趋势与美国 1980~1992 的平均水平比较，则有：

$\eta' = \frac{0.21-0.59}{0.59} = 64\%$（负偏差距）

从以上分析可以看出，我国国防 R&D 投入增长趋势与发达国家一般规律基本相符，投入规模存在着非均衡性，主要表现为投入水平与我国的经济发展水平不相适应，国防 R&D 的投入水平滞后经济发展水平几乎一个阶段，距离西方发达国家的投入水平也相差一个阶段。

二、我国国防研发投资结构的非均衡

国防研发投资结构主要是指在一定时间内的国防研发投资总量中所含各类国防研发投资的构成及其数量比例关系。本书主要分析投资主体比例关系，基础研究与应用研究比例关系以及高新军事技术研究与一般军事技术研究的比例关系。

（一）我国国防研发投资主体比例结构分析

1. 世界研发大国 R&D 投入主体结构比例的变化趋势。在 R&D 投入指标中，不同投入主体的比例关系是一重要考核指标，而这种比例关系是由 R&D 投入模式决定的[①]。从主要发达国家和新型工业化国家 R&D 的发展历程看，基本上经历了三种模式：即政府主导型 R&D 投入模式、政府和企业双主导型 R&D 投入模式和企业主导型 R&D 投入模式。大多数发达国家的 R&D 投入模式是按照政府主导型、政府企业双主导型、企业主导型依次发展的。经合组织（OECD）曾按照 R&D 投入情况将其成员国分为研发大国、研发中等国、研发小国和研发弱国四类。经合组织成员国基本包含了国际社会中主要的发达国家，考察这些国家 R&D 投入主体不同比例关系形成的历史，发现都经历了一个从政府投入主导向企业投入主导过渡的一个过程。表 2-5 列出了主要研发大国 R&D 投资主体结构变化的数据。各主要研发大国的政府 R&D 投资变化趋势见图 2-6。

表 2-5　　研发大国 R&D 投资主体结构分析

工业化阶段（年代）	美国		日本		德国(前西德)		英国		法国	
	政府	企业	政府	企业	政府	企业	政府	企业	政府	企业
第一阶段（1960 年之前）	51.7	48.3	32 ~ 26.3	67.9 ~ 73.6	41 ~ 46	59 ~ 54	51.6	48.4	56 ~ 59	44 ~ 41
第二阶段（1960 ~ 1980 年）	65 ~ 55	35 ~ 43	29 ~ 25	59 ~ 74.9	47 ~ 41.8	51 ~ 56.9	51 ~ 48.1	42 ~ 42.1	55 ~ 52	39 ~ 41
工业化后阶段（1980 ~ 1988 年）	55 ~ 16.9	43 ~ 53.4	25 ~ 19.6	74.9 ~ 80.3	41.8 ~ 37.7	56.9 ~ 62.3	25.9 ~ 19.9	74.1 ~ 80.1	—	—

① 国家 R&D 资源投入模式是指在一个国家或地区，R&D 投入的总量中占主导或支配地位的主体来源，以及由该主体的利益取向和行为方式决定的融资方式和投入方式。

续表

工业化阶段（年代）	美国		日本		德国(前西德)		英国		法国	
	政府	企业	政府	企业	政府	企业	政府	企业	政府	企业
近年（2003 年）	30.6	65.7	23.67	74.3	35	62.3	30.8	49.5	40.2	50.3

资料来源：第二、三行见《加入 WTO 后对中国科技影响的研究报告》，2001 年；第四行见《加入 WTO 后对中国科技影响的研究报告》，2002 年；第五行见《中国科技技术指标》，2004 年。

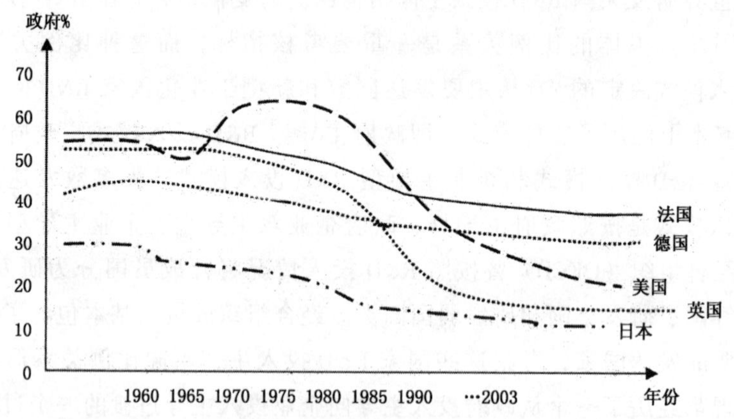

图 2－6　主要研发大国 R&D 投入主体结构变化示意图

关于国防 R&D 的投入。世界主要研发大国对国防 R&D 的投入一直都是很强的，而且随着军事战略的变化还在不断调整。

如美国联邦政府给予 R&D 的投资无论是绝对数还是占据政府总经费的比例都极高，这与美国的国防发展战略是直接相连的。作为超级大国，美国为了保持军事优势和霸主地位，多年来，国防 R&D 经费一直占美国政府 R&D 总经费的 40%以上，且随着国际局势的变化和政府的战略取向的变迁有所波动。如冷战期间，美国国防 R&D 经费一度高达 65%以上，冷战结束后，国防 R&D 经费逐步下降，但是在“9·11”事件后，国防 R&D 经费再度攀升，2004 年国防 R&D 经费预算达到政府 R&D 总经费的 51.3%[①]。表 2－6 列出了美国国防 R&D 投入的趋势。

① Ministry of Defense .The Management of Defense Research and Technology ［R］. Report by the comptroller and auditor general，Hc 360 Session 2003－2004：10 March 2004.

表 2-6　　美国国防 R&D 投入（以 2006 财年不变美元计算）　单位：百万美元

年　份	2000	2002	2003	2004	2005	2006
国防 R&D 费用	43383	52818	62007	67504	70211	69356
武器装备采购费	60947	67786	83384	86511	79878	78041

资料来源：美国国防部长 2005 财政年度国防报告。

从表 2-6 可以看出，进入新世纪后，美国国防 R&D 费用和武器装备采购费快速增长，但国防 R&D 费用的增长速度超过了采购费增长速度。布什在国会发表了他上台后的第一个国情咨文演讲，列举了今后政府工作的 3 个重点：打击恐怖主义、加强国内安全与摆脱经济衰退，而有关打击恐怖主义的内容是其演讲的主线。上台伊始，布什政府就强调要建立一支“面向未来”、实力无可匹敌的现代化军队，一支规模精简但更为灵活、能够应付各种难以预料的威胁的军队，保护美国及其盟国在全世界的利益。他在竞选期间就作出承诺，今后 5 年内在国防 R&D 领域将增加至少 200 亿美元，其中 20% 用于购买新一代武器。新政府上台后，国防部长拉姆斯菲尔德表示，将提高国防 R&D 费用，这充分体现了美国政府要加大使用先进技术装备的力度。

与其他研发大国相比，日本作为二战的战败国，在国防发展方面受到限制，国防 R&D 只占国防预算 1% 左右。事实上，在过去的大多数时期，日本实行的是“技术立国”，将其 R&D 经费主要投在试验发展阶段，而日本整个 R&D 经费总额是世界第二大国，仅次于美国，显然，在排除了民用 R&D 和大量基础研究之后，日本政府用于军用 R&D 经费的绝对额并不弱。

相关结论：

(1) 就发展全过程而言，各研发大国 R&D 投入模式都经历了政府主导型（日本除外）、政府企业双主导型和企业主导型的发展阶段。但是模式之间的转变可能是渐进、间断或突变式的。

(2) R&D 发展的最终结果都将进入企业主导型的 R&D 投入主导模式。企业主导模式的真正实现，不仅体现在资金的投入比例上，而且体现在执行主体的研发决策权上，还体现在政府对 R&D 活动的介入程度和介入方式上①。

---

① 张缨通过对主要发达国家工业化发展不同阶段的 R&D 投入主体结构比例分析，认为：随着经济的发展，R&D 投资主体结构最终结果都将进入企业主导型的 R&D 投入模式。见《世界研发大国 R&D 投入主体不同比例关系的形成及借鉴》，《中国科技论坛》2005 年 1 月。

(3) 研发大国国防 R&D 投入主体比例结构的调整受国家科技发展战略影响。由于高科技发展对军力的增长和经济的促进作用越来越明显，政府为了占据国防科技垄断地位，在国防 R&D 投入中的比例比较大，在国防 R&D 活动中的介入程度也比较高，由此带动了企业对国防科技领域的投入。

2. 我国国防 R&D 投入主体结构比例分析。我国政府 R&D 在全社会 R&D 中的比重从 1990 年的 54.9%，逐年下降，1995 年政府投入比重为 50%，到 2000 年政府投入比重为 33.4%，企业占据 R&D 投入主要地位。2002 年，国内各类企业 R&D 经费投入 787.8 亿元，比上年增长 25.0%。企业 R&D 经费投入已占全国的 61.2%，比 2001 年上升 0.8 个百分点。“十五”时期以来，企业 R&D 经费投入占全国的比重持续上升，国有独立核算的科研院所和高等学校 R&D 经费投入所占比重稳定在 37.5%左右，其他部门的比重下降(见表 2-7)。

表 2-7　　全国 R&D 经费投入的主体构成　　单位：%

年　份	1999	2000	2001	2002
全国总计	100.0	100.0	100.0	100.0
科研机构	33.4	28.8	27.7	27.3
高等学校	8.1	8.6	9.8	10.1
企　业	55.4	60.0	60.4	61.2
其　他	3.1	2.6	2.1	1.4

资料来源：《2002 年 R&D 经费投入继续保持较快增长》，http://www.sts.org.cn/tjbg/zhqk/dovuments/2002/0319.htm。

从 R&D 投入结构看，我国较早经历了从政府主导向企业主导的过渡，发展趋势“超前”，目前我国 R&D 投入主体的比例结构与西方发达国家 R&D 投入主体比例结构基本相当（见表 2-8）。

表 2-8　　目前世界主要国家 R&D 投入主体的比例情况

	中国	美国	日本	英国	德国	法国	意大利	俄联邦
按经费来源分	2000 年	2002 年	2001 年	2001 年	2001 年	2000 年	1999 年	2001 年
企业	57.6	66.2	73.0	46.2	66.0	40.0	44.0	33.6
政府	33.4	28.7	18.5	30.2	31.5	33.2	51.3	57.2
其他	9.0	5.1	8.5	23.6	2.5	26.8	4.7	9.2

资料来源：据《中国科技统计年鉴 2003》选取。由于来源不同，表 2-7 与表 2-8 数据略有不同。

但是，这种投入结构是在我国 R&D 投入总量和投入强度没有达到预计的情况下实现的。1995 年，在《中共中央、国务院关于加速科学技术进步的决定》中明确指出，到 2000 年达到全社会 R&D 占 GDP 1.5%的目标。但 2000 年我国的 R&D 强度只达到 GDP 的 1%，到了 2003 年，我国 R&D 经费支出占 GDP 的比重也只到 1.31%。从世界研发大国的发展历程来看，出现由政府主导转向由企业主导的拐点的时期，较早也是到工业化第二阶段才出现。依据前面分析，我国现处在工业化第二阶段，比例结构应处于政府投入向政府企业双主导型转化的阶段，R&D 投入结构中仍然应该是政府投入占据更大比例，而且还应保持一段时期。而我国 R&D 经费支出结构中，企业已经接近 60%的比例，凸显政府 R&D 投入的不足是带来我国 R&D 投入强度没有达到预定目标的关键因素。

从企业 R&D 投入现状看，企业 R&D（包括军工企业）投入虽然接近 60%，但实际数量少，R&D 强度小。我国企业 R&D 投入占其销售额的比例（即企业 R&D 投入强度）一直保持在较低水平。近 10 年一直徘徊在 0.5%左右，而发达国家平均水平是 3%左右。可以看出，企业 R&D 比例之所以占到如此份额也与政府 R&D 资金增加缓慢有关。

国防 R&D 投入主体结构分析。现阶段，我国国防研发投入（从军费中支出的部分）与非国防研发投资在许多方面都具有相同的任务与职能。《中华人民共和国国防法》规定："国家促进国防科学技术进步，加强高新技术研究，发挥高新技术在武器装备发展中的先导作用，增加技术储备，研制新型武器装备。""国家为承担国防科研生产任务的企业事业单位提供必要的保障条件和优惠政策。地方各级人民政府应当对承担国防科研生产任务的企业事业单位给予协助和支持。"[①] 同时对政府支出的国防科研经费使用也有明确的分工，预研经费（大约 25%）由国防科工委分配给科研机构和高等院校使用，型号研究经费（大约 75%）由装备部分配各军兵种使用，所以现阶段我国的国防 R&D 支出主要由政府承担。考虑到近年来高科技大中型企业使用部分的自有资金参与国防研发活动，以及一些民营企业和外资企业也参与国防研发活动，因此可以认为目前我国国防 R&D 投资主体结构中，政府投入比重大约为 80%～90%，企业投入比重大约为 10%～20%。

① 《中华人民共和国国防法》第六章。

数据分析：

(1) 西方发达国家具有高度军民一体化特点，其国防 R&D 投入结构与国家 R&D 投入结构基本相当（企业占 2/3 左右，政府占 1/3 左右的比例），国防 R&D 投入在政府 R&D 投资中的比重较大，保证了投资的总量和规模。而我国的国防 R&D 以政府投入为主，企业的投入比重较低。

(2) 我国的国防 R&D 投入主要依靠政府，在政府投入总量不足、对企业引导作用极不充分的条件下，投资总量和规模较低。可以看出，国防研发投入主体的比例结构还不能满足军队信息化武器装备发展的需要。

（二）我国国防预研活动投资结构分析

国防预研是对国防科技的理论和技术问题开展预先研究。其主要目的在于掌握科学原理，探索科学理论、科学发现和技术上的发明创造应用于武器装备的可能性与可行性。国防预研是武器装备发展的技术源泉和重要基础。国防预研计划通常包括基础研究、应用研究和试验发展研究① 三部分内容。

基础研究是以国家安全为目的进行的探索新概念、新原理、新方法的科学研究活动，为解决装备研制中的技术问题提供基本知识。一般为面向 10 年左右的远期研究项目，不要求直接解决当前和近期的具体军事应用问题。其成果形成主要是科学论文或专著、研究报告等。应用研究是探索基础研究成果在军事上应用的可能性和技术可行性的科学研究活动。一般为面向 5 年左右的中期研究项目，通常没有型号背景。其成果形式包括可行性分析报告、试验报告以及供试验用的部件样品、原理样机之类的实物和软件等。"基础研究"与"应用研究"合在一起又称"技术基础"。试验发展研究是指通过实物试验和演示，验证基础研究和应用研究的成果在装备研制中的可行性和实用性的科学研究活动，为研制新型装备提供实用的技术成果。一般为近期研究项目或具有一定型号背景的研究项目，是从"技术基础"通向武器型号研制的桥梁。其成果形式一般是部件、分系统原形、示范性工艺流程、验证/鉴定性试验报告等。实践证明，国防预研中的基础研究、应用研究和试验发展研究之间的经费投入保持适当的比例，是促进国防预研协调与可持续发展的重要前提。

长期以来，美、英、法等军事强国一直非常重视国防预研管理工作，并

① 不同国家名称不同，如美国将试验发展研究称为先期技术发展研究，我国则称为演示验证。见总装备部科技信息研究中心：《国外国防预研管理及启示》，2005 年 8 月。

已形成较为完善的国防预研管理体制和运行机制。本书通过图 2－7 描述了 2001 年中国和其他部分国家国防 R&D 经费支出按活动类型的分类[①]。

从图 2－7 可以看出，在我国的国防预研环节，基础研究和应用研究的投入较低，而试验发展研究的投入比例较高。基础研究、应用研究和试验发展研究是梯次推进、相辅相成的，三者必须有机配合、协调发展。如果基础研究投入过低，应用研究就会成为无源之水；应用研究投入不足，试验发展也会难以为继。为此，要保持国防科技和武器装备的持续、健康发展，国防预研中的基础研究、应用研究和试验发展研究的投入应当保持在一定的比例范围。发达国家保持着 17:23:60 这样一种结构，基本反映了国防预研资源配置的客观规律，较好地保证了国防预研远期、中期与近期项目的有机结合和国防预研资源的优化配置。而我国国防预研活动的投入结构距离这种配置还有一段距离。

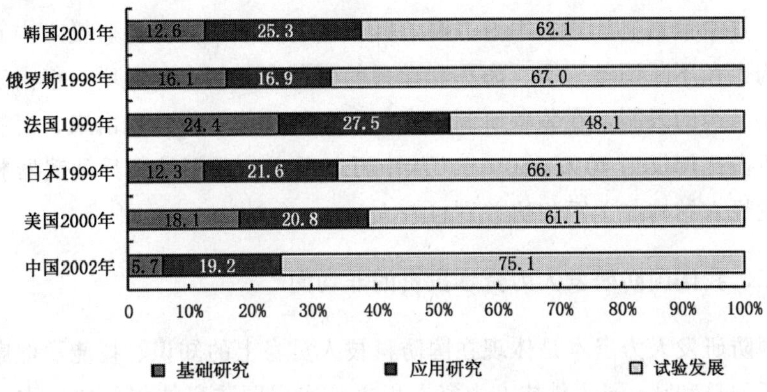

图 2－7　部分国家 R&D 支出按活动类型的分类

资料来源：中国数据来自于《中国统计年鉴 2004》，其他数据取自 OECD《科学技术基础数据 2001》。Source：OECD，Basic Science & Technology Statistics 2001，except the data on China and Korea.

（三）军兵种各类武器装备研发投资比例分析

美军装备研发费中空军与海军所占的比例相当大，占总经费的 70% 以上，而在装备研制费用中，飞机（包括军事航天装备）的研制费比例最大。1986～1995 年美国国防部 RDT&E 预算的飞机、导弹、军事航天、舰船及小型舰、车辆与军械、电子和通信以及其他等七类武器装备的分配如表 2－9 所示。

① OECD，Basic Science & Technology Statistics 2001，except the data on China and Korea［R］.

表 2－9　美国国防研发费按武器类别的分配比例

类　别	飞机	导弹	军事航天	舰船	车辆与军械	电子	其他
占百分比（%）	11.8	20.8	17.1	4.8	5.4	19.1	18

资料来源：《国外国防科研投资的宏观分析》，中国国防科技信息中心，1995 年 4 月。

随着军事战略的调整，美国海、空军与陆军武器装备的研发费的投入结构还在不断变化。根据 1999 年美军国防报告，美军装备研制费中空军与海军占比例达到 70%以上，而在装备研制费用中，飞机（包括军事航天装备）的研制费比例达到 60%，导弹占 17.6%，舰船占 5%，而陆军的装备车与火炮仅占 2.8%。根据 2006 年美军国防报告，海军研发费用达到 180 亿美元，陆军只有 34 亿美元，各占当年国防研发费的 26%和 5%。可以看出：随着空、海军在未来高技术战争中的作用越来越重要，美军在不断加大对空、海军的研发投入，始终保持着这个方面的技术领先地位。

在打赢信息化战争的军事战略方针牵引下，我军国防科研投入中武器类别结构也在不断调整，空、海军和导弹的研制费比例逐年递增。但由于军兵种规模结构的限制，在装备研制中海、空军的优势未能体现出来，研制经费合计所占比例仅为 40%～50%[①]。从中可以看出，我军的军兵种武器装备类别研发投入结构与美军相比差别也较大。

三、我国国防研发人力资本投资的非均衡

国防研发人力资本是体现在国防科技人员身上的知识、技能、健康等质量因素的总和[②]。国防科技人力资本积累是实现国防科技创新的根本，决定着国防研发的能力和水平。为了促进国防科技的发展，西方军事发达国家将国防预算中相当大的一部分用于军事人力开支。如 2006 年美国对军事人力的开支达到 1 113 亿美元，仅此一项就大约相当于我国全年军费总额的 3 倍多[③]，对国防 R&D 人力资本的投入则远远高于这个比例。在这种政策引导下，“一大批科学和工程技术界的精华在为军方服务。因此，增加防务开支可望吸引更多的人才”[④]。例如，美国国防工业中每 1 000 名从业人员中科学

① 果增明：《装备采办》，海潮出版社 2002 年版，第 15 页。

② 胡亮认为：军事人力资本是体现在军人身上的知识、技能、健康等质量因素的总和，本书予以引用。见胡亮：《军事人力资本投资研究》，军事经济学院博士学位论文，2006 年，第 15 页。

③ 按《美国 2006 财政年度国防报告》折算。

④ 大卫·B.H·德农：《战略的约束》，军事科学出版社 1992 年版。

家和技术人员的比例为民用工业的5～7倍。由于大批高素质的科研人员参与到国防研发活动之中，西方军事发达国家垄断或控制着国防科研和国防工业的关键先进技术。例如，在军用电子技术方面美国、西欧和日本等少数国家基本垄断了超大规模集成电路的研制和生产，并以此作为控制其他国家发展军用电子技术的手段。在动力技术方面这些国家几乎完全控制着大功率、高效率发动机的研制和生产，使其他国家很难涉足这个领域①。

本书通过描述我国和美、英、法、日等1992～2004年军队员额、占劳动力的比例及从事科技研发活动的人员情况，分析我国国防R&D人力资本结构（见表2－10）。

表2－10　　　　五国R&D人力资本结构表

年	份	1994	1995	1996	1997	1998	1999	2000	2001	2002	2003	2004
	1	172	164	157	153	159	158	145	142	147	148	147
美国	2	1.27	1.19	1.13	1.08	1.11	1.08	0.98	0.95	0.97	0.98	0.96
	3	—	—	—	4 211	4 482	4 537	4 599	4 605	—	—	—
	1	25.7	23.3	22.1	21.8	21.8	21.8	21.2	21.1	21.0	21.2	20.5
英国	2	0.89	0.81	0.76	0.75	0.74	0.70	0.71	0.70	0.70	0.70	0.68
	3	—	—	2 501	2 508	2 706	—	—	—	—	—	—
	1	50.2	49.1	47.3	45.2	41.2	39	37.4	36.2	36	35.8	—
法国	2	2.01	1.99	1.92	1.85	1.75	1.58	1.48	1.42	1.36	1.35	1.33
	3	—	—	—	2 646	2 716	2 902	2 980	3 120	3 220	3 213	—
	1	23.3	25.1	24.7	24.8	25.4	25.5	24.9	25.2	25.2	25.2	25.1
日本	2	0.35	0.38	0.37	0.36	0.37	0.37	0.37	0.38	0.37	0.37	0.37
	3	—	—	4 907	4 958	5 162	5 198	5 098	5 309	5 069	5 287	—
	1	—	319.5	319.5	319.5	—	—	250	250	250	250	240
中国	2	0.42	0.59	0.58	0.51	0.52	0.52	0.53	0.51	0.50	0.49	0.48
	3	—	387.3	420.1	545.6	578.8	627.4	663.1	708.1	1 035	—	—

说明："1"表示军队员额（万）；"2"表示军队人数占全国劳动力的比例（%）；"3"表示全国研发人员（/每百万人）。资料来源：国际货币基金组织在线统计（我国的军队员额数根据近几年《中国的国防》白皮书推算）。

① 钱海浩：《武器装备学教程》，军事科学出版社2000年版，第66页。

表 2－11　　五国相关数据变动幅度测算

项目 \ 国家	美国	英国	法国	日本	中国
军队员额年均变动幅度（%）	1.5↓	2.0↓	2.9↓	0.7↑	2.54↓
科技研发人员年均变动幅度（%）	1.86↑	2.7↑	3.1↑	0.9↑	11.8↑
科技研发人员平均值（/百万）	4 487	2 572	2 971	5 124	561

数据分析：

表 2－10、表 2－11 中科技研发人员数据是国家整体的 R&D 人力资本存量，但代表着国防研发人力资本水平。

1. 发达国家科技进步提升了战斗力，信息化水平发展迅速。从表 2－12 可以看出，人力资本积累与军队数量呈负相关。除日本外，发达国家军队员额均呈下降的趋势，国防 R&D 人力资本的产出效应明显。发达国家都不惜将科技精英、巨额资金和其他大量的资源用于军事科学技术的研究与开发，争夺在科技领域中的优势。信息化的武器装备对人力资源的替代作用越来越大。

2. 我国的国防人力资本增长较快，但与发达国家相比还有较大差距。从发展速度上看，我国的科研人力资本已大大超过发达国家，呈现出迅猛的发展势头。但从绝对规模上看，与发达国家还有较大差距，四国科技研发人员的平均规模大致是我国的 7 倍。另外，由于发达国家军民一体化程度高，国防和非国防研发活动高度融合，而我国由于长期计划经济形成的条块分割，军用与民用科技研发活动各成体系，加上单位条件、效益和物质待遇等多方面原因，国防科技人才流失现象比较严重。因此，国防 R&D 人力资本积累的绝对规模差距比国家整体规模差距更大①。由此可以估计，发达国家国防 R&D 人力资本存量大致是我国国防 R&D 人力资本存量的 10 倍以上。

四、非均衡的惯常形态及其主要影响

通过以上实证分析，可以得出以下结论：

（一）我国的国防研发投资存在着以下两个方面的均衡

1. 强度变化的趋势均衡。主要表现在需求强烈拉动下的供给强度变化

① 由于缺少我国国防 R&D 人力资本数据，本书在国家 R&D 人力资本基础上进行估算。

趋势与工业化发展阶段的要求趋于均衡。

2. 投资主体的结构均衡。在投资主体结构中，政府和企业的投入比例结构与发达国家的结构趋于均衡。

以上的均衡状态是在当前国防 R&D 投入规模和强度相对不足的条件下形成的，受到外界条件的限制，因而是相对的均衡，具有一定的偶然性[①]。它会随着各种外部条件的变化而进行新的调整[②]。随着国家科技投入不断增加，既保持国防科技水平的持续稳定发展，又保持这种结构的均衡就成为我们不能不考虑的问题。

（二）我国国防研发投资的非均衡态是一种惯常形态

我国国防研发投资中的非均衡态是一种客观存在，这种非均衡对国防科技发展的影响越来越大。战争形态的演进是永无止境的，战争形态的每一次重大变革，都必然伴随着打破原有的需求与供给格局。当军事大国将信息战付诸于战争实践，战争形态由此而发生深刻变化时，就已经意味着原有的国防经济供给系统已经或正在发生着非均衡，国防科技创新所产生的军事变革会进一步加深这种非均衡状态。因为世界经济和社会进步的全部历史证明，科学技术是最高意义上的革命力量，科学技术进步是军事领域一切变革的先导和基础。"伴随着军事科学技术的每一次重大进步都不可避免地产生新的非均衡。"[③]

（三）我国国防研发投资供需非均衡的主要影响

1. 国防研发投资的规模非均衡。投资规模决定着国防科技资本的存量。由于武器装备的研制经费增长迅速，资金供给与需求之间的矛盾使大规模的、系统的科研工作难以展开，只能集中有限的科研财力研究一些关键的技术，这严重限制了我国整体国防科技实力的提高。这种非均衡是导致我国国防科技水平低下的最直接原因。

2. 国防研发投资的强度非均衡。投资增长强度决定着国防科技资本的流量。这种投资强度的非均衡不能满足国防科技发展的需要，是导致国防科技发展速度缓慢的直接原因。

---

① 正如马克思所说："供求实际上从来不会一致；如果它们达到一致，那也只是偶然现象，所以在科学上等于零，可以看作没有发生过的事情。"见马克思：《资本论》第 3 卷，人民出版社 1975 年版，第 212 页。

② 陈俨：《国防经济非均衡研究》，国防大学出版社 2000 年版，第 59 页。

③ 陈俨：《国防经济非均衡研究》，国防大学出版社 2000 年版，第 67 页。

3. 国防科技投资结构的非均衡。主要是指在一定时期内的国防科技投资总量中所含各类国防新科技投资的构成及其数量比例关系。一是表现在投资主体结构的非均衡上，政府投资比重过高反映了政府的引导作用不够，军民一体化进程较慢，这种非均衡是导致我国投资主体缺乏，投资规模不足的原因之一。二是表现在国防预研活动投入结构非均衡，这将成为影响国防科技可持续发展的直接原因。三是表现在高新军事技术研究与一般军事技术研究的比例关系上。

4. 国防研发人力资本投资的非均衡。主要表现在国防研发人力资本投入的不足。信息化武器装备的发展对人才建设提出了更高的要求。国防科技人力资本对国防科技的发展起着“催化剂”的作用，而且这种能力需要长期的积累，这种过程是难以跨越的。因此，这种非均衡是导致我国国防研发能力相对低下的直接原因。

由于种类众多的非均衡存在，我国的国防科技水平与西方发达国家的差距还有增加的趋势。据统计，我国对外技术依存度高达50%，而美国、日本仅为5%左右；武器装备关键技术自给率低，占固定资产投资40%左右的设备投资中，有60%以上要靠进口来满足。武器装备特别是高技术武器装备的核心技术依赖于国外进口[①]，这对我国的国防安全构成了严峻挑战。

第三节　国防研发投资非均衡态的制度性成因

任何一种经济制度的运作都取决于其制度结构[②]。我国目前科技投入总量不足，关键是没有形成稳定增长机制，以政府为主体的投入滞后于发展需要，同时，投入不足和浪费低效并存[③]。从表面上看，国防研发投资非均衡态形成的原因在于供给与需求的矛盾。总供给方面，国防研发投资增长速度与规模最终决定于国民经济的发展，同时也取决于国家军事发展战略；总需求方面，我国国防科技水平与发达国家的“落差”形成的压力，使我国国防科技投入存在强烈的增长冲动。可以预见的是，随着国家经济的不断发展和

① 中国科技促进发展研究中心主任王元评论《关于建设创新型国家所面临的挑战》时的讲话。

② 布朗、杰克逊：《公共部门经济学》，中国人民大学出版社1996年版，第166页。

③ 中国科技促进发展研究中心主任王元评论《关于建设创新型国家所面临的挑战》时的讲话。

我军从机械化向信息化转变的进程加快，国防科技投入越来越大，这种总供给与总需求的非均衡会向均衡方向作不断的运动。但供给与需求只是国防经济运行系统中的变量，按照“体制—行为—变量”这样一种逻辑关系，可以认为，在传统的计划经济体制下所形成的国防科技投资制度结构是形成国防研发投资非均衡的根本原因[①]。

一、制度缺陷：非均衡态的根本原因

（一）非均衡态形成的主要机理

体制决定行为，行为决定变量，这是一般制度经济学已经形成的理论。同样地，在国防科技投资领域，国防科技体制决定国防科技系统中各经济行为主体的行为，各行为主体的行为则决定了国防研发活动的总供给与总需求关系。那么，持久的投资需求是如何产生的呢？这要从传统社会主义经济体制下所形成的制度结构[②]中寻求原因。科尔奈在《短缺经济学》中以“投资者：制度结构”和“父爱主义的程度”为题对引起投资需求膨胀的制度结构作了分析，这一分析表明，要解释社会主义的“短缺常态”，就要弄清传统体制下投资需求的膨胀为何会制度化，而要弄清后者的原因，就需“了解投资决策的制度结构和决策者的动机”[③]。

在我国，国防研发与国防科技工业存在密不可分的关系。为适应市场经济体制的管理模式，从20世纪末总装备部成立至今，我国国防研发投资制度进行了一系列改革，按照市场体制运作、供需分离的原则组建了总装备部和新的国防科工委，国防科技资源的运用效率在一定程度上得到了提高。但由于国防工业的特殊性，我国国防研发活动总体上还是按指令计划运行，科研项目作为任务通过行政命令下达，科研经费也主要依靠国家投资，市场机制极不充分。在这种体制下，上至最高决策者，下至企业、军事单元的行为主体，都具有强烈的投资扩张动机。因为在该体制下不存在从相反方向发挥

---

① 万东铖教授强调了体制因素对于国防经济运行均衡与非均衡的基础性作用。他把体制决定行为、行为导致变量关系变动作为分析国防经济均衡与非均衡基本线索。见万东铖：《军事资源有效配置研究》，军事科学出版社1994年版，第45页。

② 制度结构是制约经济主体之间追求选择活动的人造的基本框架。这些主体可以包括上级与下级、同级各方以及委托人与代理人这样的契约当事人。它表现为一系列的法律、规则、程度、约束和规定行为方式的其他规范，在这些规范之间，可以观察到经济主体的行为轨迹是有规律的和可预见的。见诺思：《经济史的结构与变迁》第3篇，上海三联书店1991年版，第226页。

③ 科尔奈：《短缺经济学》上卷，经济科学出版社1986年版，第196页。

作用的力量，使企业和相关的行政主管部门自愿、合理地抑制这种对投入的需求和冲动，这个相反方向的力量就是预算软约束。即投资由国家财政无偿拨款供应，不需还本付息，对于需求者而言是一种赠品[①]。这种扩张动机会导致有效供给不足的行为，由此所形成的国防研发投资总需求与总供给关系非均衡，是国防研发投资非均衡的主要类型。正如游潜之教授所说，我国“特殊的资源和收入分配制度，使投资结构决定着产业结构的非均衡态。在这种情况下，过度的总需求成为一种难以抵制的力量，使国防经济在非均衡状态下运行”[②]。

（二）国防研发活动制度性缺陷的主要表现

1. 军民分离的国防研发体制。胡锦涛主席指出，要“建立和完善军民结合、寓军于民的武器装备科技生产体系”，“走出一条中国特色军民融合式发展路子”[③]。要实现这个目标，首先要弄清楚“民”是谁？在改革开放初期，国防科技实行“军转民”“军民结合”方针，取得了巨大的成就。那时“民”的概念很明确，与国防经济相对的民用经济基本上是国有经济，由大中型国有企业和集体企业组成。然而，改革开放二十多年来，特别是近些年民营经济发展迅速，在国防科技发展中的地位和作用明显提高，成为新的经济增长点[④]。现在的民用经济成分已经转化为由国有经济（包括国家控股公司)、民营经济和三资企业经济等多种成分构成。建立军民融合式发展体制就不能不面对民用经济问题。

国防科技工业的投资、科研生产都是由国家计划和经营管理。在2005年以前，民营企业从法规上讲是不得从事军工生产经营的。2005年出台的《国务院关于鼓励支持和引导个体经营等非公有制经济发展的若干意见》（以下简称《若干意见》）明确规定：“允许非公有资本进入国防科技工业建设领

① 软预算约束和父爱主义是科尔奈的短缺经济理论中最有力的解释性变量，同时也是一个制度变量。正是软预算约束才可能使投资饥渴制度化。见张军：《制度、组织与中国的经济改革》，上海财经大学出版社2003年版，第28页。

② 游潜之等：《中国国防经济运行分析》，中国财政经济出版社1991年版，第320页。

③ 《中国共产党第十七次全国代表大会文件汇编》，人民出版社2007年版，第41页。

④ 经过20多年发展，我国非公有制经济从补充地位成为社会主义市场经济重要组成部分。据统计，2002年民营经济吸纳就业总量为3.09亿人，占全社会就业总量的42%。在国内生产总值中所占比重为48.5%，对社会的投资占全社会投资比重为40.3%，而且年均总产值增长35%，远高于同期规模以上工业企业总产值的平均增长速度17.6%。见厉无畏、王振著：《科学发展观与新一轮经济增长》，学林出版社2005年版，第162~163页。

域。坚持军民结合、寓军于民的方针，发挥市场机制的作用，允许非公有制企业按有关规定参与军工科研生产任务的竞争以及军工企业的改组改制，鼓励非公有制企业参与军民两用高技术开发及其产业化。”这个政策为民营企业进入国防科技工业建设领域提供了历史性的机遇，也为国防研发投资主体多元化创造了条件。

但是《若干意见》只是属于政府的框架性文件。为了完善配套措施，2007年国防科工委又出台了《关于非公有制经济参与国防科技工业建设的指导意见》(以下简称《指导意见》)，对于促进“非公经济”进入国防科技工业起到了积极作用。但在目前现实条件下，实施这项政策还有许多需要解决的难题。主要表现在以下方面：

(1) 行政歧视问题。整个国防科技行业目前基本上仍是计划体制下的政企合一体制，中央直属军工企业或地方军工企业与高层决策者之间保持着行政隶属关系或依附关系，具有“利益”上的高度同一性。国防科技工业的主管部门代表国家进行管理。这种强烈的父爱主义援助是长期的计划经济体制保留下来的特征[①]。不难设想，凡是冒险进入国防科技领域的民营企业，可能遭到主管部门的歧视。

(2) 信息不对称。民营企业缺乏规范的信息沟通渠道，对军品市场需求信息的掌握很少，使得民营企业在参与军品科研生产任务的竞争中丧失很多机会。总体上看，民营企业对军品的研制还处于低级水平。许多产品由于需求信息不明确，民营企业投入研发的产品不一定满足军方的需要。同时军品的采购方和科研方也不能有效地了解哪些民营企业拥有其需要的产品和技术，也成了民企参与军品市场的障碍。此外，尽管《指导意见》中提出要“完善信息发布制度”，但由于保密安全性等原因，现行的国防知识产权专利无法对外公布，民企要预研的项目可能已经存在。这种信息不对称问题使从多民营企业丧失参与军品科研生产的竞争机会。

(3) 研发风险大。尽管我国的民营企业取得了巨大的发展，但由于社会主义市场经济不完善、市场竞争激烈以及企业规模过小、家族企业背景突出，民营企业普遍缺乏长远眼光和切实可行的战略，导致企业发育不够成熟，企业的生产周期过短，一般不超过10年。武器装备特别是高技术武器装备的研制通常需要较长的周期，因而包括军方在内的管理部门对民营企业

① 科尔奈：《短缺经济学》上卷，经济科学出版社1986年版，第70页。

的参与能力仍存在疑问。因此，民营企业参与军品研发可能产生的风险要远远大于军工集团。

(4) 优惠政策的不平等。在国防产业的税收政策中，不是仅仅按照最终产品来确定税率的，而通常以“隶属关系”或“出身”来确定是否免税。尽管一些民营企业事实上已经承担了部分武器装备的科研和生产，但土地税、流转税和增值税等方面并没有得到应有的减免，使得它们同军工企业竞争者相比，处于一个不平等的地位，大大降低了它们参与投资的热情。

从以上分析可以看出，“寓军于民”的国防科技工业融合式发展体制不是一蹴而就的。从目前情况看，部分民营企业在利益机制驱动下通过“非常渠道”进入军品市场，但与快速增长的民营经济相比，发展规模和贡献还很小，其作用也仅限于在某些低端产品、非核心技术研制和降低成本方面的补充。因此，在当前的体制下，军民分离的国防研发体制还是主要表现。民营企业的资金难以投入到国防研发之中，成为国防研发投资的非均衡的原因之一。

2. 国防科技工业资产产权主体“虚位”。《中华人民共和国国防法》（以下简称《国防法》）已明确规定了“国防资产”的概念，即“国家为武装力量建设、国防科研生产和其他建设直接投入的资金、划拨使用的土地等资源，以及由此形成的用于国防目的的武器装备设施、物资器材、技术成果等属于国防资产”。此外还具体规定了国防资产的归属权和处置权：“国防资产归国家所有”，“国务院领导和管理国防科研生产，管理国防经费和国防资产”，“未经国务院、中央军委或者国务院、中央军委授权的机构批准，国防资产的占有、使用单位不得改变国防资产用于国防的目的”。上述规定从法律上对国防资产起到了保护作用。

但从现实情况看，军工十大集团公司已经国务院授权经营和管理本集团内的国有资产（不包括研究院所的国有资产），但并没有处置国防资产的授权，国防资产不管配置在哪里，包括军工集团、军用电子企事业单位，还是实行属地化管理的企事业单位，只要是由国家直接投入所形成的国防资产，由集团公司总部代表国家管理和经营全部国有资产，但不能自行行使调整国防科研生产能力（军工国防资产重组）的权力。在这种规制下，在实行属地化管理的军用电子企业、民品配套企业、地方兵工企业，其军工国防资产产权处于模糊状态，基本上以地方政府的利益取向实施产权管理，但在法律上地方政府不能作为国家投入所形成的军工国防资产的产权主体；更有一些特殊的专项投入资金所形成的军工国防资产，如国防科研重点实验室、国家"863"项目等，均实行非法人实体管理的方式运行，其军工国防资产基本上处于无主管状态，或无产权主体状态。近几年，经常出现一些地方企业投入军品技改经费时，不知由谁来代表国家行使这部分军工国防资产管理权的现象，由此产生的风险性使得民营企业对投资武器装备研发望而却步。这种军工国防资产产权主体"虚位"的状况，必然影响到国防研发投资行为的发展。

3. 主体利益目标差异导致国防科技投资预算非均衡。"不同的制度结构可用部门之间存在的不同关系来定义。一些部门之间可能形成合作关系，其活动是互补的，而另一些部门之间则为稀缺资源而互相竞争。虽然部门间结构可能会通过建立一套个体约束和激励机制来影响官僚机构的行为，分析部门及其官僚行为以及他们在资源配置中的作用时，我们还是应当特别注意官僚的动机和目的。"[①]

从体制上看，我国实行的"中央计划主权机制"或者"军事决策者主权机制"是目前所能采用的统制性最强的机制，因而其目标的同一性是最高的。国防科研经费预算最能体现国防政策和军队建设的这种同一性。但它仍然不能完全排除国防研发系统各层次目标与总体目标之间出现的差异，甚至是矛盾。在某种程度上，这种体制还会成为非均衡的重要制度原因。

一般来说，根本利益之间的同一性构成国防研发资源配置均衡发展的前提，而利益的差异及诸主体对这种差异的追求是运行的动力所在。在国防研发系统中的三个主体都有着自已独特的、不可替代的利益追求[②]。这些追求对国防科技的发展产生重大的影响。理论上，这三者的利益目标应该是同一的，即在既定的国家经济条件下满足国防战略的需要。实际预算到底大于还是小于最佳状态呢？按照效用最大化的原则，由于存在着国防研发预算软约束，各主体会发现预算规模扩大对其有利，其最后结果依赖于各方权力与影响力的分配。政府决策主体至少要关心两件事：一是为国家的安全负责，必须考虑将现有资源中的多大份额用于国防研发；二是关心国家科技发展，必须考虑用多少资源于非国防研发领域。在给定的外部条件、技术水平和资源

① 这里的官僚机构是指一组为政府负责提供服务的部门机构。见［英］布朗、杰克逊：《公共部门经济学》，中国人民大学出版社 1996 年版，第 166 页。

② 尼斯坎宁指出，官僚和所有其他人一样，都是效用最大化的追求者。官僚的效用函数变量中包括薪水、为他工作的员工人数和他们的工资、知名度、特权、权力或地位。

总量既定的情况下，必然有一最佳预算比例以使国防科技与民用科技总体效用最大化。军队主体所关心的主要是如何更多地研发先进的武器装备。军队决策者往往是从“如何得到更多份额”的角度来关心国防科技投资预算，会产生对增加国防科技投入的需求。由于军队对国防科技投资总需求难以科学预测，它的需求愿望往往能得到较大程度的满足，其行为对整个国防研发投资的非均衡影响极大。在国防科技工业向市场经济体制转轨的过程中，企业走向市场，实行的是计划体制下的合同订货制度。企业主体除了关心武器装备研发合同的研制任务之外，还关心企业在市场竞争中的生存和发展。由于历史原因和市场机制的不完善，企业与政府和军方存在着直接或间接的隶属关系，为了自身的发展，会要求更多的合同任务，在武器装备研制上必然会产生“超额完成上级计划”的冲动。由于预算的软约束，小成本预算、大成本决算的“钓鱼工程”频繁出现，由此导致国防科技投资预算增加的需求，也会导致非均衡的形成。

4. 国防研发投资的X—无效率。国防研发投资中的X—无效率[①]是指国防研发活动的低效率，这除了由于物资生产低效率配置以外，还由于国防研发系统运行本身低效率的原因。“X—无效率的产生，是由于合同非常不明确，或者即使合同规定得很明确，也很难从技术上保证合同上的各项条款都得以实施。”

国防研发实行指令性计划下的合同制。这种制度决定了国防研发活动既具有计划性又具有竞争性的特点。但是，由于交易主体的有限性和基本稳定的供求关系，这种竞争性是有限的，主要表现在以下几方面：

(1) 双边垄断性。军方是研发产品的唯一买者，在国内不存在买者之间的竞争，武器装备向外出售不仅取决于利润，还要看是否符合国家利益。卖者之间的竞争也十分有限，由于国防科研生产的技术复杂、高投入和高度保密性，政府对国防科研生产的企业管理十分严格，因而国防科研产品卖方之间的竞争十分有限，相当数量的企业基本上对各自的产品形成了垄断。特别是大型武器装备的科研生产，往往是独此一家。这种竞争的有限性决定了国防科研产品市场既受价值规律支配，也受国家利益制约，产品不能自由流通。

① 这一术语是莱宾斯坦在他的《配置效率和X—效率》一文中提出的。按照莱宾斯坦的观点，产生X效率的原因主要是由于企业和个人努力的标准不同以及个人和组织之间的博弈。

(2) 对企业的严格控制性。国防研发产品市场具有较高的进出壁垒，从事武器装备科研生产的企业受到国家严格控制，只有具备相应的资格许可证的企业才能进入该市场。军方一般在对企业研制生产能力、质量保证能力、经营管理状况以及合同履行情况等进行综合审查评估的基础上，建立武器装备研制、生产合格企业名录。只有列入名录的企业才能进行武器装备的研制与生产。

(3) 市场机制作用的有限性。由于国防研发产品市场充分竞争有限和严重信息不对称，市场机制在国防研发产品市场中发挥作用是有限的。由于武器装备的特殊性，如果抛开计划而完全依靠市场机制，无法满足国防需求，对垄断企业进行价格控制也不能完全依靠市场机制，否则可能会出现武器装备价格严重背离产品价值的现象。

由于这种竞争的有限性，不能产生排斥浪费和低效率的激励机制，必然会导致X—无效率的产生。X—无效率存在的程度，取决于机构所处的竞争环境的性质。在双边垄断的情况下，X—无效率通过提高价格和降低产品质量等方式转移到消费者手中，由此会产生“拖进度、降性能、涨费用”的现象，严重的情况是大量的研发投资如泥牛入海，白白浪费掉，X—无效率也会导致国防研发投资的非均衡。

5. 国防研发成果转化法规制度保障缺位。目前，我国国防科技成果转化率低、规模小、周期长仍然是制约国防经济和国防科研发展的重要因素，转化过程中的法规制度保障缺位是主要原因。

(1) 有关主体在国防科技成果转化中的地位和责任不明确。根据有关法律规定，国家投资的国防科研项目成果归属于国家，国防科研机构有持有权和使用权，即所有权和转化权相分离。国防科技机构没有明确行使权益的代表机构，又缺乏有效监督。法律既没有规定研究者享有转化权的具体权利，也没有规定转化义务和责任。特别是许多研究人员关心的是出论文、获成果奖，许多成果在研发之初很少考虑市场需求、市场应用前景及如何促进成果的转化，这导致成果与实际生产需要相去甚远。或者虽有较好的应用前景，但研究者因研究成果与应用成果缺少利益上的关联而失去了转化的动力。

(2) 国防科技成果转化经费保障不明确。我国科技与经济发展脱节，反映在资金配置上表现为前有科技研发经费投入，后有技改资金投入，唯独缺少科技成果工业化、商品化并推广的资金投入，往往是企业资金困难，无力再投入资金进行中试。国防科研项目的大部分研究者没有进行国防科技研究并转化为现实生产力的能力，刚出实验室阶段的研究成果风险大，对企业的吸引力不大，而进一步进行中试没有经费支持。所以缺乏法规化的转化资金保障也成为国防科技成果商业化、产业化的主要障碍。

二、实证研究：国防研发投资寻租行为的制度分析

中国科学院科技政策与管理科学研究所所长穆荣平指出，目前，政策寻租空间仍较大，依靠政策或其他要素获得的超常规发展机遇要比依靠创新容易①。在存在缺陷的制度结构中，寻租行为是一种较普遍的现象。国防研发投资寻租行为是指国防研发系统各利益集团或个人在利益的驱动下，通过各种合法或非法活动影响政府决策权力的运用，获得经济上的垄断特权以获取租金的努力。寻租行为并不能创造更多的社会资源，只是改变生产要素的所有权关系。

（一）寻租的投资分配：一个简单的模型分析

按照“经济人”假设，决策的目的是使经济利益最大化。在垄断条件下，个人既可以在既有的制度框架内专心于生产，也可以从规则制定者、立法者和政府机构中争取法律或规则的有利变动，以实现个人财富最大化，具体途径取决于改变权利结构的相对成本。当成本较低时，有影响的利益集团会制定一些使社会的生产能力只部分实现的经济制度。按照科尔奈的理论，国防科研单位在父爱主义的体制环境里趋于将“走上层路线”或进行疏通当作一种“生产活动”，但这个生产活动不是发生在“生产领域”而是发生在“控制领域”。Baumol（1990）认为：企业家充当大量的角色，在很多角色中企业家的努力可以重新配置，而且某些角色并不是建设性和创新性的，甚至在某些时刻，企业家是对一个经济有害的寄生虫。他通过对世界历史的观察得出三个命题：命题一，决定不同企业家活动的相对报酬的游戏规则在不同的时间和不同地点的确变化显著；命题二，企业家的行为依照游戏规则的变化来塑造经济变化的方向；命题三，企业家精神在生产性和非生产性活动之间的配置对经济中的技术创新以及创新的扩散程度有深刻的影响。国防科研单位领导人对于是在实际领域通过提高生产力或降低成本来实现其目标，还是通过控制领域里的行动得到外部援助来实现目标具有某种相机性选择，选择依据是效用最大化。

① 中国科学院科技政策与管理科学研究所所长穆荣平的讲话。

1. 模型构建。根据以上分析，我们假设国防科研单位领导人是一位经理，由此构建效用模型。

（1）内部生产函数：与一般意义上的生产函数相同，它代表单位的投入与产出之间的某种技术关系。即：

$$Q_r = Q_r(L_r, X) \qquad (2-3-1)$$

其中，Q_r 代表科研单位在实际研发活动中的产出量，L_r 为该经理在生产领域里的努力，假设简单地由时间来代表。为了实现计划任务，L_r 不会为零，我们总可以假定 L_r 大于某个最小值 L_{rmin}，X 是研发活动中的其他投入要素向量，包括生产资料和劳动力等。

（2）外部生产函数：它代表科研单位领导人寻求与上级的良好关系的而进行的努力如何转化成单位获得的"外部援助"。即：

$$Q_c = Q_c(L_c) \qquad (2-3-2)$$

其中 Q_c 代表科研单位在"控制领域"里的"产出"，它可以由获得"外部援助"的水平来衡量。L_c 是科研单位的经理用于外部活动的努力，同样，也可以用其时间来衡量。

（3）该经理的时间约束是硬性的，设工作时间为 $\bar{L}$ 有：

$$\bar{L} = L_r + L_c \qquad (2-3-3)$$

（4）效用函数：在此基础上，我们可以把国防研发单位经理的效用函数写成：

$$U = U(Q_r, Q_c, \bar{L}) \qquad (2-3-4)$$

分析该经理的相机性选择，就是确定在（2-3-1）式、（2-3-2）式、（2-3-3）式确定的约束之下使得（2-3-4）式中的 U 值最大。为此通过图 2-8 进行几何描述。

在图 2-8 中，可以看出：$Q_R{}^*$ 是内部生产基本指标（任务指标），$Q_R{}^* + X$ 是"棘轮效应"开始起作用的实际产出，当实际产出超过 $Q_R{}^* + X$ 并不增加该经理的效用。所以效用线 U_0 在此呈垂直状态。另外，如果单位未完成计划指标 $Q_R{}^*$，那么不管经理用于拉关系的努力多么大，也不会增加他的效用，所以效用函数 U_0 在 $Q_R{}^*$ 处呈水平状。只有产出在 $Q_R{}^*$ 和 $Q_R{}^* + X$之间才有选择，即用多少努力于生产领域，用多少努力于寻找关系，对该经理才有意义。

2. 模型分析。因为该经理的效用与实际生产领域里的产出（特别是计

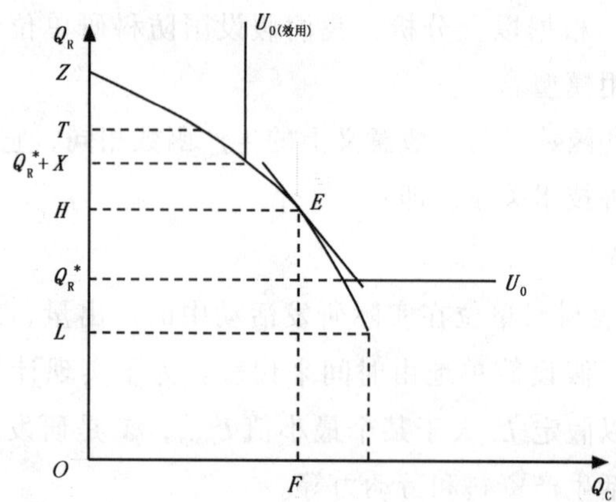

图 2－8 经理的投资分配

划指标）有直接关系，表现出他完成任务的能力；又与单位的利润有关，利润直接取决于该单位研发产品（成果）价格的确定，而国防研发产品（成果）的价格和技术要求一般不需要市场确定，如果能通过关系获得更加有利的价格许可，那么该经理的效用水平也将增加。

在图 2－8 效用曲线上，在均衡点 E，实际生产领域里的产出（OH）和控制领域里的产出（OF）的组合代表该经理获得的效用最大。对此进行经济分析：

(1) 效用最大化的约束分析。将（2－3－3）式转化为：$L = rL_r + cL_c$，其中 r 与 c 为这两部分努力的单位价格，且为常数。

如果该经理的总努力时间一定，则其努力约束可定义为：$\bar{L} = rL_r + cL_c$

在图 2－8 中，对应于 E 点，$\frac{OH}{OF}$便是内部生产与外部生产投入的最优比例。

用数学规划形式描述，作为理性人，该经理的相机性选择是在服从总努力约束($rL_r + cL_c \leqslant \bar{L}$)的前提下，追求利润最大化。可表示为：

$$\max f(Q_r, Q_c) \tag{2-3-5}$$

$$s.t. \quad rL_r + cL_c \leqslant \bar{L}$$

相应地，形成了函数

$$V = f(Q_r, Q_c) + \mu(\bar{L} - rL_r - cL_c) \tag{2-3-6}$$

这里 $\mu \neq 0$ 是未定的拉氏乘子。让 V 对 L，K 与 μ 分别求偏导，按极值原理，令这些偏导为零，有：

$$\frac{MPQ_r}{MPQ_c}=\frac{r}{c} \tag{2-3-7}$$

$$\mu=\frac{MPQ_r}{r}=\frac{MPQ_c}{c} \tag{2-3-8}$$

由（2-3-7）式可知，该经理在最优决策时，内部生产与外部生产的边际产量之比等于两种努力的单位价格之比。由（2-3-8）式可知，μ 是努力行为的单位价格在最优时所获得的边际产量，即在最优时，最后一单位的努力投入，无论是用在内部生产还有用在外部生产上，其对产出的贡献必须相等。根据模型分析，该经理效用最大化受到两种努力的单位价格即生产与寻求关系的成本影响。

（2）成本分析。寻求关系行为必然包含一定的资源投入，即寻租成本。可以归纳为三个方面：一是大量个人资源（时间和精力等）用于建立关系和维持关系，而这些资源的投入虽然给个人带来私人收益，但从社会来看，这些资源无疑被配置到非生产性的活动中去了。如图2-8中横轴上的 Q_c，它仅代表某种资源的转移，并不生产出什么，因此，科研单位寻租的社会成本包括这部分外部援助（图2-8中的 *OF*）。二是包括这个科研单位因有外援而少生产的产出量（如图2-8中 *HZ*）。这个少生产的量也就是该经理用于找关系的劳动所代表的机会成本，其社会收益为负。三是如果我们把寻求关系视为一种竞争性过程，那么不成功的寻求者所耗费的资源及其机会成本也应成为寻求关系成本的一部分。

（3）效率分析。国防研发在计划投资额度已经确定的情况下，关系效应的存在会直接影响计划分配的实际流向和流量。一个与上级主管部门具有良好关系的科研单位可以得到许多项目的投资和指标，因此在关系效应起作用时，计划分配实际上是关系分配。问题是，没有价格的真实信号，这种分配未必完全体现了计划者的偏好，很难保证计划分配和关系分配的配置效率。首先，一个具有良好关系网和善于拉关系的经理并不完全等于在市场上的出价最高者；其次，一个在拉关系方面具有较高“生产力”的人往往可能在其他方面“压制”了那些具有较高“生产力”而没有很好关系的潜在对手。另外，在考虑该经理的效用水平时，还必须考虑“棘轮效应”。即当上级确定的研发指标完成后，过多的研发成果并不一定导致该经理效用水平的增加，相反超额的产出会使下一期的计划指标提高，从而会增加内部生产难度，意味内部生产成本的增加，因此该经理会有隐瞒真实科研能力的倾向。这是一种典型的“配置低效率”。

由以上分析可知，在现行国防研发投资体制下，国防研发投资的寻租行为主要是投资主体中的部分个体为谋取个人或小团体利益而“设租”，科研单位为了获得较理想的投资资源而向投资主体进行游说、疏通、拉“关系”，从而形成不同的利益集团，租金在利益主体之间进行分配。由于配置低效，成本浪费，造成整个国防研发投资资源的短缺与低效率，严重情况会导致市场运行和政府功能的扭曲。

（二）国防研发投资寻租行为的制度性分析

国防科研成果是一种公共产品，由于供需双边垄断的存在，一旦“公共品”被控制，特殊利益集团将发展起来①，使国防研发投资存在着很大的寻租空间。

1. 产权界定不清，为寻租提供了组织基础。国防科技工业机构改革，从宏观层面上解决了军政不分、政企不分的体制性问题，为国防科技发展打下了基础。但在微观层面上国防研发投资的垄断性特点并没有改变，垄断行业自己对自己改革，而没有引入新的竞争对手，这种改革的收益是不会太大的。从组织结构看，改革使军队和政府作为国防科技需求和供给双方分开运作，但科研单位、军工单位、民口单位仍隶属于政府或军队，政府是单一投资主体，这种特性决定了国防科技的国有产权性质。按照产权理论，在国有产权下，权利由国家所选择的代理人如国防科研单位的负责人来行使，而他对资源的使用与转让以及最后成果的分配都不具有充分的权能，就使他对经济绩效的激励减低，产生“棘轮效应”。由于信息不对称，国家要对这些代理者进行充分监察的费用又极其高昂，再加上行使国家权利的实体往往为了追求其政治利益而偏离利润最大化动机，这一点在国防科技领域尤其明显，因而它在选择其代理人时也具有从政治利益而非经济利益考虑的倾向，故国有产权下的外部性极大，导致国防科技产权难以界定。没有界定的权利把一部分有价值的资源留在了“公共领域”里，也就是“租”。对每一潜在的寻租者而言，当“租”的价值大于寻租成本时，会影响决策者努力方向，产生寻租的动机。因而国防研发中的产权界定就是一个设租与寻租的博弈过程，由此产生的租耗必然会影响国防研发投资的效率水平。

2. 合同约束的软化，为寻租创造了条件。国防研发实行合同制是我国

① 卢现祥：《新制度经济学》，武汉大学出版社2004年版，第80～96页。

国防投资制度的一项重大改革。但由于计划指导下的合同制在管理上仍以行政手段为主、市场手段为辅，合同的制约力量不足。科研单位除要完成计划任务外，还有其经济利益的追求。为了争取到投资项目，为了得到拨款，或为了得到国家的财政补贴，必须与主管部门建立和维持良好的“关系”。企业合同约束的软化程度取决于企业与主管部门之间讨价还价的结果。这种合同的软约束使得科研单位即使知道本单位的技术能力和水平有限，但为了得到科研项目，往往会采取寻租行为。科研单位在项目执行过程中，如果未能达到合同要求就会再次“寻租”，以达到其降低合同技术要求的目的，追求高水平、突破性研发成果的激励不足，直接导致了国防科研投资的低效率和科研成果的低水平。其附带效果会影响到有效率科研单位的创新激励。

3. 监督机制不健全，为寻租提供了行为动机。在国防研发投资的制度结构下，虽然宪法规定科研生产资料归全民所有并由国家代表全民所有权，但在实际操作中，科研单位、企业通常归属于各级行政机构和各级政府部门。有的单位还同时分属于二级或三级行政层次，如一些地方军工企事业单位。这种产权上的多重性表明，产权所有者的实体是行政机构本身，企业（包括科研单位）自然也是行政机构的附属品，由此形成了科尔奈提出的软预算约束和父爱主义援助义务①，委托人和代理人利益和动机趋同。按照信息经济学理论，由于委托人和代理人存在着信息不对称，会产生道德风险问题，分权化的监督机制是有效克服道德风险问题的制度安排。但由于监督人与被监督者在利益和动机上的趋同，会使监督机制大打折扣，因为在这种情况下，监督人本身也会如同被监督人员一样萌生“偷懒”的动机，达不到双方激励相容。这种监督机制的不健全、监督者的职责缺位，使得经济主体“设租”与“寻租”行为被发现的概率很小，“设租”与“寻租”机会成本也小。按照模型分析，只要其预期收益大于成本，寻租的动机就不会停止。因此，监督机制不健全，为寻租的产生提供了行为可能性。

由以上分析可知，国防研发投资中的寻租行为，危害极大。但按照目前的制度结构，这种寻租行为难以避免。

---

① 软预算约束主要是指投资由国家财政无偿拨款供应，不需还本付息，对于需求者是一种赠品。企业既不会因投资新增产品不能售出而破产，也不会因为产品成本过高而破产。企业在产品销售中的损失总可以通过国家补贴、价格调整或其他方法得到补偿。见科尔奈：《短缺经济学》下卷，经济科学出版社 1986 年版，第 12 页。

三、制度创新：实现均衡态的路径选择

制度经济学认为，不同的制度安排会产生不同的制度均衡结果，而其由于路径依赖的惯性，会对以后的制度安排产生影响。国防科研是国防科技工业的组成部分，国防研发投资制度也难以摆脱“诺斯悖论”的困扰。特别是在社会主义市场经济条件下，由于国家和科研单位的目标函数不一致，使得一些低效率的制度安排长期存在，导致寻租等活动大量存在。一国要提高国防研发水平，进而提高国防科技创新水平，就必须在政治、经济、法律和文化制度上进行持续的创新，营造激励创新的报酬结构，诱致国防科技承研单位领导的活动配置在生产性的创新活动上。我国是发展中大国，国情决定我国必须选择出一条能够既有投入效益，也足以为整个科技和经济发展提供支撑的基础科学研究道路。因此，胡锦涛同志指出：“要把对科技事业发展特别是提高自主创新能力的投入作为战略性投资，加大财政科技投入的力度，调整和优化投入结构，增强政府投入调动全社会科技资源配置的能力，形成多元化、多渠道、高效率的科技投入体系，提高科技资源共享利用的效率。”① 新一轮的制度创新是提高国防科技投资效率、实现非均衡向均衡方向转化，提高国防科技水平的必要条件。

（一）主动利用科技发展的内在机制，以政府投入带动国防研发投入

企业的科技研发活动不仅提高自身的技术力量并获得收益，而且具有完全的外溢效应或称技术的外部性，使公共知识存量增加。这种外溢效应决定了政府在该领域投资的必要性，即政府公共投资引导私人资源从消费领域转到投资领域将提高社会福利水平。国家比较研究表明，在经济飞速发展时期，R&D 投入存在一个快速的提升，政府投入对全社会 R&D 投入强度（即 R&D 占 GDP 的比例）起着重要的带动和引导作用。当政府科技投入达到并维持一定水平时，企业科技投入才能达到并维持一定的规模②。我国的人均 GDP 已经超过 1 000 美元，但从研究开发（R&D）投入规模看，中国属于中

---

① 胡锦涛：《坚持走中国特色自主创新道路，为建设创新型国家而努力奋斗》，在全国科学技术大会上的讲话，2006 年 1 月 9 日。

② 赵玉林用突变理论分析了美国联邦政府战时科技投资情况，二战期间政府 R&D 的爆发式的规模化投入，对企业 R&D 活动的规模产生的影响，在二战后逐步显现出来。并证明只有当政府科技投入达到一定的程度，企业科技投入才能大量增加。见赵玉林：《创新经济学》，中国经济出版社 2005 年版，第 123 ~ 125 页。

等偏下水平，中国研究开发经费投入在国际上的地位低于其经济产出的地位。2004 年，中国国防研发投入总额约为 43 亿美元，是美国的十五分之一。这些经验分析表明：目前我国的国防科技投入和国家的科技投入一样没有达到与经济发展相均衡的规模和强度。因此，政府应不断加大对科技投入，发挥导向性作用，引导和带动社会资金参与国防研发，为保持国防科技持续发展提供足够的知识积累。

（二）设立军民科研领域成果的双向转化制度

从国家层面设计制度，促进军民科研领域成果的双向转化是提高投资效益有效手段。长期以来，美、英、法等国在国防科研规划制定、项目实施和成果转化等方面，从国家整体利益的高度加强军民结合，有力地促进了国防科技技术和武器装备的全面发展。在 R&D 活动中，美国、日本都在促进官产学研结合方面开展过较多尝试，积累了一些经验和教训，值得借鉴。

一是从发展战略和规划制定看，科研规划制定要以国家安全科学与技术战略为指导；在规划制定过程中，有军外的各领域科学家和技术专家参与，保证国防研究与民用领域的研究相衔接，防止重复建设导致的资源浪费。二是从项目实施过程看，通过竞争手段，在军内外广泛择优选择研究单位，并吸收军民两方面的专家参与项目管理，保证在研究工作中做到军民结合。三是从研发成果的转化看，由于军事需求的带动及高技术武器系统的复杂性，使国防研发往往涉及一些交叉学科领域，开拓一些原始创新技术，转化应用到民用领域。同时，民用领域的一些高新科技项目成果等，又可广泛应用于国防领域。设立军民领域的双向转化机制，能够有力推动和促进两个领域的相互交流和共同提高，发掘新的政府支持 R&D 投入途径。

（三）拓宽融资渠道，实现投资主体多元化

由于国防科研是一项高投资的系统工程，其发展需要消耗大量人力、物力资源，需要大量的经费投入，并且随着国防装备科技含量的不断提高，国防科技投资规模还会急剧膨胀。因此，我们在政府大幅度增加国防研发投资的同时，还必须推进国防新科技工业投资主体多元化，弥补国防科技投资的不足。拓宽融资渠道，完善军工企业上市的制度规范，鼓励军工企业自己为科研项目寻找国内外银行的金融支持；政府要积极支持军工企业开展信息化尖端武器研制，对于有发展前途的武器样机的研制和最新的军事信息技术予以财政保障；鼓励“民进军”，引入现有国防科技工业系统外的科研单位参与国防研发，积极扩大国防科技非国有化程度，构建产权流动和退出机制。

（四）完善“四个机制”，实现对寻租行为最广泛的控制

竞争、评价、监督和激励机制是一个整体，其本质是引入和培育市场机制。建立和健全“四个机制”是制度创新的重要组成部分。控制国防科研全过程，全面增加利益集团的寻租成本，改变寻租行为的相机性选择动机，以转变国防科研长期以来缺乏竞争、效率低下的局面，构建一个有效的市场来界定和执行市场经济的产权安排。

（五）转变政府职能，消除国防研发活动中寻租利益主体

国防科研具有特殊性，政府的作用是至关重要的。政府职能应由抓具体项目管理转到重点抓好战略规划和宏观调控上来，有效利用全社会的国防科研资源，打破垄断格局，真正实现政企分开，保证多种经济成分公平竞争，消除国防研发活动中的寻租利益主体，实现经济与政治之间的协调。

（六）改变产权制度，加强国防科技成果转化的法规制度建设

产权安排决定了交易主体的获得方式与途径，引导着交易主体的经济行为。实现国防研发投资多元化，需要从产权制度上降低这一领域的进入门槛，只有保证各利益主体的责、权、利相结合，企业才具有参与竞争的动力。国防科技成果只有有效地应用于装备生产，才能真正地转化为作战能力，国防研发投资效益才能得到体现。因此，建立国防科研法规制度，规范科研管理的行为，是国防研发工作顺利进行的重要保证。法规制度建设主要明确以下几个方面的内容：一是国防科技委托开发的成果转化主体权、责、利；二是国防科技成果转化的经费投入；三是国防科技成果转化技术市场和中介机构；四是建立国防科技成果转化的官、产、学、研联合协作关系。以此推动国防研发成果向现实生产力和战斗力转化。

本章小结

1. 国防研发投资存在着供给与需求的均衡，但这是一种理想状态。均衡的含义是多方面的，主要表现为总量均衡、结构均衡、区间均衡和相对均衡。

2. 我国国防研发投资的非均衡是一种常态，主要表现为投资规模、结构和人力资本投入的非均衡，非均衡投资模式是我国国防科技发展的主要模式。良性的非均衡是必要的和合理的，而不利的非均衡降低投资效率，会导致我国与发达国家的国防科技水平差距增大。在非均衡状态下寻求局部均衡

是宏观调控的目标。

3. 国防研发投资非均衡根本成因在于制度结构的缺陷，主要表现为没有形成稳定的投资增长机制，以政府为主体的投入滞后于发展需要。国防研发投资寻租行为是制度缺陷的表现形式之一。

4. 制度创新是国防研发投资均衡化的根本途径。新一轮的制度创新是提高国防科技投资效率、实现非均衡向均衡方向转化的必要条件。

第三章　国防研发投资的产出效应分析

任何一个投资过程，都是资本的形成过程，投资产出可以理解为基于投资所形成的资产而获取的回报。这个回报既可表现为能用货币价值尺度衡量的收入形态，也可表现为不能用货币价值尺度衡量的效益形态。在国防科技资本的形成过程中，国防研发投资主体根据目前的状况对未来进行预测，并据此进行科学决策，产出最大化是宏观决策的依据。

国防研发投资产出是国防科技创新。国防研发投资的一个重要特点是：国防研发投资的产出是间接的[①]，通过研发成果的转化促进国防科技进步，其最终成果的物化形式，例如，军事装备不是一般意义的商品，而是一种特殊的国防产品，其价值无法用货币形式来完全度量。"马克思说过，科学技术是生产力"，"依我看，科学技术是第一生产力。"[②] 这种第一生产力反映在军事领域，则表现为第一战斗力。人类社会发展历史告诉我们：科学技术第一生产力和第一战斗力效能的释放过程，总是呈交替牵引、逐渐融合、共同提升的运动趋势，进而完成一次又一次飞跃发展和重大变革，即科技革命和军事革命。科学技术这种能够融生产力和战斗力为一体的客观基础，使其成为军事与经济互动的纽带。

在国防投入有限的情况下，国防研发投资既能生产出高技术武器装备，满足军事战略的需要，又能最大限度增加社会福利，促进生产力水平的提高，还能促进军品贸易的发展。研究国防研发投资的产出效应对于我们客观地评价国防研发投资的重要性有着积极的作用。通过对国防研发投资的产出进行科学的评价，为国防研发投资决策提供科学依据。

---

① 罗杰森认为：国防研发产品是创新，创新在本质上是难以采购的中间产品，而最终产品是可用的武器系统。见哈特利等：《国防经济学手册》第 1 卷，姜鲁鸣等译，经济科学出版社 2001 年版，第 310 页。

② 《邓小平文选》第 3 卷，人民出版社 1993 年版，第 274 页。

本章分析国防研发投资的产出效应，首先分析国防研发投资对社会生产力的影响，其次分析国防研发投资对军队战斗力的影响，最后分析国防研发投资对军品贸易的影响。

第一节　国防研发投资促进社会生产力发展

一、国防研发投资与社会生产力

国防科技发展源于社会生产力的发展，同时又促进社会生产力的提高。社会是军事的“母体”，军事是社会的“产儿”，也是社会的重要组成部分。社会与军事密不可分，有什么样的技术社会形态，就有什么样的军事形态，发展国防科技与发展社会生产力在国家利益这一聚集点上具有高度的一致性。

（一）社会生产力水平决定着国防科技的发展

任何时候的军队，都力求以最新的科学技术成果来武装自己，任何时代的战争都是该时代最新科学技术成果的应用。国防科技的每一次进步，都离不开科学技术的突破与发展。20世纪中后期世界发展史表明，绝大多数科学发明和技术创新，首先总是产生和应用于军事领域。这是因为，经济领域的竞争是利益之争，而军事领域的竞争则决定着生死存亡。可以说，一个国家的军队现代化程度如何，往往是这个国家综合国力的象征。整个军事发展史表明，军事运动是人类社会运动中的一种特殊运动，而军事领域竞争的需求，是推动科技创新和技术进步的不竭动力，而人类社会生产力水平是军事革命的社会基础。经济和技术又是基础的基础，对军事革命的影响尤为突出，国防研发水平和能力受制于社会的经济、技术状况。经济利益不仅是军事活动的最终目的，而且经济条件是军事活动的物质基础。

国防科技是整个科学技术的旗帜，始终引领着科学技术的发展。科学技术是社会生产力水平的决定性因素，既可以构成武器装备发展和军事人才成长的基础，又可以通过各种渠道直接或间接地影响军队的结构与作战方式方法的变化。在机械化军事革命时间，蒸汽动力机械的问世与动用无疑为机械化军事革命的萌发创造了条件，但如果没有19世纪末到20世纪初内燃机技术、电磁技术、材料技术、机械制造技术与工程学、天文学、力学、海洋学、物理学、化学、数学等的发展，就不可能有汽车、飞机、坦克与大型舰艇等装备的问世。当代科学技术发展依然是新军事革命的先导。正因为有微电子技术、新材料技术、新能源技术和航空航天技术、海洋开发技术、生物工程技术、微观制造技术及其相关科学的发展，才导致了以军用信息技术为核心的一大批军用高技术群的产生。无论精确制导武器、各种高敏度传感器、C^4ISR系统，还是数字化部队、数字化战场及其相应的作战方法、理论等，都是高新技术在军事领域运用的结果。

（二）国防科技发展影响着社会生产力

国防科技成果对社会生产力的影响是通过技术转移和技术扩散转化为民用产品和技术，增加整个社会的技术资本存量而形成的。如冷战时期的美苏军备竞赛引发军事革命，带来了核能技术、生物工程技术、海洋工程技术、航天技术、激光技术、信息技术、新材料技术等一大批新兴技术群的迅速发展以及在民用领域的广泛应用，促进了整个社会的技术进步。科学家在1938年发现了铀裂变，1945年制造出第一颗原子弹，到1954年建成第一座小型核电站，随后，核能利用技术得到飞速发展，核电站如雨后春笋般出现在世界各地。目前，微电子技术、电子计算机技术、光纤通讯技术等信息技术和其他领域的许多军事发明，已被广泛应用于民用领域，极大地推动了经济的发展。

国防科技之所以能够转为民用，是由国防科技的先进性及其成果的兼容性决定的。它的先进性为“军转民”提供了广泛的可能性，而兼容性是指不但能为军队建设服务，还能为经济建设服务，为国家和民众带来经济效益和社会效益。绝大部分国防研发成果的军民兼容性为其转为民用奠定了基础，有的可直接用于经济建设，有的可间接用于经济建设。例如，航天飞机既可以运载太空武器，又可以建立民用空间站；同是遥感技术，既可用于军事侦察卫星，也可用于民用资源勘探卫星；同是激光技术，既可用作太空武器，也可用于生产中的焊接、切割，还可用于医学、通信等。通过开发国防高科技，扶持、培育技术密集型产业和科技骨干企业，能够提高全社会的科技水平。从另一个方面讲，现代武器装备发展对经济的依赖性越来越大，在和平时期保持庞大的国防科技与国防工业规模，无疑会给国民经济发展造成沉重负担。因此，某种条件下国防科技只有转向民用，通过创造直接经济效益才能生存和发展。掌握了发展科学技术的先机，占据了科技的制高点，整个国家和地区的发展就会占尽一切优势。

二、国防研发投资对高科技产业发展的影响分析

在世界经济飞速发展的过程中，科技研发活动以及其他一些技术的和非技术的影响因素所起的作用，是政府决策者和管理者十分关注的问题，也是学者们试图研究的课题。早在20世纪30年代，柯布－道格拉斯就用生产函数描述了产出与投入的关系，可以计算某一时期的技术水平①。1957年，索洛在技术中性的假设下推导出增长速度方程，分离出技术进步对经济增长的贡献。索洛通过分析美国1909～1949年的历史数据，运用“余值法”估算了技术进步在经济增长中的作用，得出的结论是，在这40年间，总产出增长了216%，其中技术进步的贡献为68%，资本和劳动的贡献为32%；在此40年间，美国劳动生产率提高了162%，其中技术进步的作用为90%，而劳动力、资金等的影响仅为10%②。从而，科技对世界经济增长的平均贡献率已由20世纪初的20%，上升到21世纪初的80%左右。技术进步来源于一个经济内部有目的的研发活动，通过连续不断的开发与创新活动，可以使经济长期保持正值增长。格旦希谢斯和利希腾贝格（1984）应用美国制造工业水平的资料，研究国防及其他研发投资对提高生产力的作用，特别是对全要素生产率（TFP）的增长率进行分析，得出 $TFP' = \Omega \frac{RD}{Y}$，其中，$\Omega = \frac{dY}{dZ}$，即为知识资本的边际生产力，说明 TFP 的增长率等于研发投资占产出的比率乘以知识资本的边际生产力③。

理论上认为，国防研发投入属于生产性支出，创造了技术进步，提高了全要素生产率④。国防科工委曾对7项军用技术的经济开发效益进行跟踪调查，结果表明，技术转让费与技术应用后利润之比为1:9。可以说，我国核工业、航天、船舶、兵器、电子六大军工产业是国家高技术产业的重要孵化器，是国民经济发展的重要推动力。长期以来，我国重大科技成果中，国防科技成果占全国科技成果的1/5～1/4。国防科技的下游部分（发展、生产

---

① 潘士远、史晋川：《内生经济增长理论：一个文献综述》，《经济学动态》2004年第1期。

② 林晓言、王红梅：《技术经济学教程》，经济管理出版社2005年版，第65页。

③ Lichtenberg，F. R. The private R&D investment response to federal design and technical competitions [M]. American Economic Revise，1978：550～561.

④ 姜鲁鸣、王碧波：《中国国防支出（1980～2003）对经济综合影响的量化支出》，见《中国国防经济学：2005》，中国财政经济出版社2006年版，第52页。

工程等）因数量大，足以对整个国家技术基础产生很大的聚合作用[①]。为此，《国防科技工业中长期科学和技术发展规划纲要》指出：未来十五年，军民结合高技术产业发展实现跨越[②]。由于国防研发活动的溢出效应主要反应在国家高技术产业，本书主要研究我国国防研发投资与国家高技术产业收益之间的关系。

（一）影响高技术产业 *TFP* 的因素分析[③]

高技术产业具有高技术密集度、高投入、高风险、高产出的特征，其划分标准为科技研发的强度明显高于其他产业。高技术产业在我国是一个新兴的、发展迅速的产业。1995～2004 年间，我国高技术产业的增加值从1 081亿元提高到6 209 亿元，占制造业增加值的比重从 8.8%上升到 15.2%[④]。影响高技术产业 *TFP* 的不仅有技术的更有政策的和制度环境的因素，主要表现在以下三个方面：第一，高技术产业具有高 R&D 强度的特点，所以产业自身的 R&D 活动非常重要。第二，政府部门所制定的高技术领域科技计划的作用，主要通过国内公共部门 R&D 活动的外溢来实现。第三，政府的政策、改革开放、国外技术和资本向我国流动的影响，但国防 R&D 的作用，主要是通过政府和企业的投入影响 *TFP* 增长的。

（二）全要素生产率 *TFP* 产出模型

经济增长的直接原因主要是要素投入的增加和要素使用效益的提高两个方面。随着社会的发展和科技的进步，要素使用效益的提高对经济增长的作用不断加强。全要素生产率（技术进步）*TFP* 是指一组传统投入的产出率，其计算方法如下：

$$TFP = Y/K^{\alpha}L^{\beta} \qquad (3-1-1)$$

其中：Y、K、L 分别表示产出、资本和劳动投入，*TFP* 为全要素生产率，α、β 表示资本和劳动相对于产出的弹性，$\alpha+\beta=1$。

由索洛增长速度方程可知 *TFP* 增长对经济增长的贡献 E_{TFP}：

$$E_{TFP} = tfp/y \qquad (3-1-2)$$

其中 tfp 和 y 表示全要素生产率的增长率和产出的增长率。由此可计算

---

① 于岩岩：《美国国防科技研经费投入的结构性分析》，《商业研究》2005 年第 4 期。

② 《国防科技工业中长期科学和技术发展规划纲要》，2005 年 5 月。

③ 胡鞍钢教授认为，今后中国的劳动力增长和资本增长都很有限，影响经济增长的关键因素是全要素生产率。http：//business．sohu．com/85/79/article13733986．shtm/。

④ 《中国统计年鉴 2005》，中国统计出版社 2005 年版。

高技术产业（包括各行业）的 *TFP* 及其对产出增长的贡献。

根据前述对影响高技术产业 *TFP* 的因素分析，将国防 R&D 投入和非国防 R&D 作为自变量、*TFP* 作为因变量，不考虑时滞问题。根据柯布－道格拉斯生产函数建立方程：

$$TFP = B \cdot RD^{\gamma 1} PRD^{\gamma 2} \tag{3-1-3}$$

其中，*B* 是转移参数，*RD* 为国防 R&D 投入，*PRD* 为非国防 R&D 投入，对（3－1－3）式两边取对数

$$\ln TFP = \ln B + \gamma_1 \ln RD + \gamma_2 \ln PRD \tag{3-1-4}$$

由（3－1－4）式经多元回归可计算出各影响因素的弹性 γ_1、γ_2，则国防 R&D 和非国防 R&D 投入每增长 1%，分别带动 *TFP* 增长 $\gamma_1\%$、$\gamma_2\%$。因为 *TFP* 增长对高技术产业产出增长的贡献是 E_{TFP}，则可知计算影响因素对产出增长作用的公式为：

$$P = E_{TFP} \cdot \gamma \tag{3-1-5}$$

其中：*P* 表示影响因素对产出增长的作用，即国防 R&D、非国防 R&D 投入每增长一个单位分别促进产出增长 $E_{TFP} \cdot \gamma_1$ 和 $E_{TFP} \cdot \gamma_2$

（三）确定弹性系数 α，β

生产要素的弹性被定义为要素投入增长对产出增长的作用，通常是用利润和劳动报酬各自占国民收入的比重分别表示资本和劳动的产出弹性。

通过查找高技术产业的总产值和利润数据，将高技术产业利润除以高技术产业增加值得到各年资本弹性，由于 $\alpha + \beta = 1$，可得各年劳动弹性，见表 3－1。

表 3－1　我国高技术产业的资本弹性与劳动弹性（1996～2003 年）

年　份	1996	1997	1998	1999	2000	2001	2002	2003	均值
高技术产业总产值（万元）	21 422 906	31 094 861	43 336 003	59 435 684	79 419 852	87 970 910	108 774 184	157 542 214	
高技术产业利润（万元）	4 385 553	3 868 782	3 672 343	611 879	7 793 826	3 078 381	5 616 884	12 679 688	
资本弹性（α）	0.34	0.40	0.30	0.38	0.39	0.36	0.27	0.26	0.34
劳动弹性（β）	0.66	0.60	0.70	0.62	0.61	0.64	0.73	0.74	0.66

数据来源：前二行数据来源于《中国高技术产业统计年鉴》和《中国统计年鉴》，资本弹性和劳动弹性为测算值。为了避免个别年份经济波动对数据的影响，资本和劳动弹性采用 1996～2003 年的平均值，并以此替代高技术产业各行业的资本弹性和劳动弹性。

（四）定量分析

1. 计算高科技产业 *TFP*[①]。

根据公式 $TFP = Y/K^{0.34}L^{0.66}$ 计算各年高技术产业的 *TFP*，为便于比较，用公式（3-1-6）把高技术产业的 *TFP* 换算基期为1995的指数形式 *TFPI*。

$$TFPI_i = TFP_i / TFP\ 1995 \cdot 100\% \qquad (3-1-6)$$

分别计算 *TFP* 的年均增长率和行业产出的年均增长率，根据公式(3-1-2)计算 *TFP* 增长对产出增长的贡献（见表3-2）。

表3-2　　高技术产业 *TFP* 指数及相关数据测算表

年份	1995	1996	1997	1998	1999	2000	2001	2002	2003	*TFP* 增长率%	产出增长率%	*TFP* 对产出增长的贡献
指数	100	106	111	145	171	209	240	270	339	16.5	24.7	66.7

说明：高技术产业一般按照医疗设备及仪表制造业、计算机及办公设备制造业、电子及通信设备制造业、航空航天器制造业、医药制造业等行业进行统计。高技术产业 *TFP* 不是各子行业 *TFP* 的简单加权平均，还与高技术产业内部资源再配置有关，故高技术产业 *TFP* 增长率高于各子行业 *TFP* 增长率，说明我国高技术产业内部资源再配置对 *TFP* 有一定的促进作用。

从表3-2可以看出：随着全国R&D存量的增加，*TFP* 指数逐年提高，对高技术产业产出增长起到明显的促进作用，其贡献份额达到66.7%，要素使用效率提高的贡献份额大于要素投入的贡献份额，说明我国高技术产业产出增长主要由要素使用效率的提高来推动。

2. 计算各影响因素对 *TFP* 的弹性。*TFP* 大体上反映各年的要素使用效率，但它的大小在很大程度上取决投入大小。本书采用以上两种方法测算国防R&D投入对 *TFP* 的影响。

（1）将 *TFP* 与国防R&D投入、非国防R&D投入进行相关分析。根据公式（3-1-4），对各自自变量和因变量取对数，进行回归分析。回归数据见表3-3。

---

① 研究 *TFP* 与R&D投入之间的关系的方法很多，从不同角度、采用不同口径的取值会有不同结果，李明智、王娅莉从政府R&D、企业R&D和外资FDI投入等三方面研究对 *TFP* 的影响，本书对其部分结果予以引用。见李明智、王娅莉：《我国高技术产业全要素生产率及其影响因素的定量分析》。

表 3－3　　回归分析数据

年　份	1995	1996	1997	1998	1999	2000	2001	2002	2003
TFP 指数	100	106	111	145	171	209	240	270	339
国防 R&D	52.37	60.72	72.29	93.69	115.41	152.26	177.23	218.89	261.73
非国防 R&D	296.73	343.28	409.67	457.41	678.90	720.47	865.27	1 068.71	1 277.87

数据来源：第二行数据来自于表 3－2，第三、四行数据表自于表 2－5。

将表 3－3 的数据转化为指数的形式并求出其增量见表 3－4。

表 3－4　　***TFP* 与 *RD* 和 *PRD* 的指数与及增量值**

TFP 指数	*RD* 指数	*PRD* 指数	*ΔTFP/TFP*	*ΔRD/RD*	*ΔPRD/PRD*
100	52.37	296.73	0.06	0.1594	0.1569
106	60.72	343.28	0.047	0.19055	0.1934
111	72.29	409.67	0.306	0.29603	0.1165
145	93.69	457.41	0.179	0.2318	0.484
171	115.41	678.9	0.222	0.3193	0.061
209	152.26	720.47	0.148	0.1634	0.20
240	177.23	865.27	0.125	0.235	0.235
270	218.89	1 068.71	0.2556	0.1957	0.196
339	261.73	1 277.87			

利用 E－views 软件进行回归分析，其结果如下：

Dependent Variable：SER01
Method：Least Squares
Date：05/23/07　　Time：11:16
Sample：1901 1908
Included observations：8

Variable	Coefficient	Std. Error	t－Statistic	Prob.
SER02	1.02111192862	0.546534925329	1.86833792553	0.120670926161
SER03	0.0139955802544	0.256125314784	0.0546434867876	0.958538690716
C	－0.0636084003369	0.148279640692	－0.428975954082	0.685795080694

R－squared	0.425013351536	Mean dependent var	0.167986199875
Adjusted R－squared	0.415018692151	S.D. dependent var	0.0913099959144
S.E. of regression	0.0819240136577	Akaike info criterion	－1.88605287734
Sum squared resid	0.0335577200689	Schwarz criterion	－1.85626229921
Log likelihood	10.5442115094	F－statistic	1.8479270461
Durbin－Watson stat	2.28957206505	Prob（F－statistic）	0.250694265936

其回归方程为：

$$\ln TFP = -0.0636 + 1.0211\ln RD + 0.01\ln PRD$$

$$R^2 = 0.425, \overline{R}^2 = 0.415$$

从回归结果来看，变量 *RD* 的系数较大，对 *TFP* 的影响较大。但由于 R^2 的值不大，其似合优度不高，模型解释能力不强。究其原因，变量 *RD* 与 *PRD* 之间存在着共性线，数据获取的困难为该模型分析增加了难度。

(2) 在政府、企业 R&D 投入基础上分析国防 R&D 投入对 *TFP* 的影响。李明智、王娅莉在《我国高技术产业全要素生产率及其影响因素的定量分析》一文中，通过岭回归分析① 得到企业 R&D、政府 R&D 和对外开放因素对高技术产业产出增长的作用（见表 3－5）。

表 3－5　　各因素对高技术行业产值增长的作用

影响因素 / 内容	企业 R&D	政府 R&D	对外开放因素
高技术产业	0.10	0.40	0.21

从表 3－5 可以看出：R&D 投入对高技术产业产出增长起到了积极的作用，特别是政府 R&D 投入，每增长 1%带动产出增长 0.4%，企业 R&D 投入作用不明显，每增长 1%只带动产出增长 0.1%。对外开放因素的作用介于二者之间，每增长 1%带动产出增长 0.21%。

本书在此基础上计算国防 R&D 投入对高技术产业产出增长的作用。

国防 R&D 作用主要通过计算国防 R&D 投入在政府 R&D 投入和企业 R&D 投入中的份额来确定。本书采用第二章的结构比例（取国防 R&D 投入中政府投入占 85%而企业投入占 15%）进行估算，得国防 R&D 的份额（见表 3－6）。

根据表 3－6 测算的结果，取平均值，得国防 R&D 投入占政府支出为 39%，占企业支出为 5.75%。

由此可知，国防 R&D 每增加 1 万元，可带动高技术产业增加值为：

39% ×0.4＋5.75% ×0.1＝0.16（万元）。

---

① 由于使用最小二乘法进行回归分析时，回归系数有负值，与实际情况不符，原因是自变量之间高度线性相关，通过最小二乘法回归会产生多重共线性。因此改为采用岭回归进行分析。岭回归是一种有偏估计方法，通过牺牲无偏降低共线性。

表 3-6　　国防 R&D 投入占政府投入和企业投入的比例

项　目 ＼ 年　份	2000	2001	2002	2003	2004
全国 R&D	897.7	1 042.5	1 287.6	1 539.6	1 966.3
政府 R&D	334.7	390.9	481.8	561.3	747.19
企业 R&D	353.4	—	560.2	720.8	954.4
国防 R&D	152.26	177.23	218.89	261.73	344.27
0.85×国防 R&D/政府 R&D	39%	38.5%	38.6%	40%	39.1%
0.15×国防 R&D/企业 R&D	6.4%	—	5.8%	5.4%	5.4%

资料来源：前三行数据来自《中国统计年鉴》和《R&D 资源清查及分析研究参考资料》整理。后三行数据自行测算。

三、结论与启示

1. 国防研发投资对生产力发展影响的定量分析是一个十分复杂的问题，主要原因在于过程复杂，如首先要分析 *TFP* 发展及各种因素对 *TFP* 的影响，然后分析国防研发投资与国家研发投资的依存关系，而这个过程中的许多问题尚在进一步的研究中，比如生产函数前提假设的合理性、因子的选择和数据统计口径的同一性等，加之我国高技术产业统计数据时间较短，国防研发投资的数据获取比较困难，通过测算又会导致解释变量之间的共线性，给本研究造成一定困难。

2. 从区间性、相对性的角度看，本书的研究结果有助于增加对国防研发投资重要性的认识。可以认为，在我国高技术产业迅猛发展过程中，国防研发投资通过促进技术进步及其扩散起着十分重要的作用，并由此推动社会生产力的发展。

3. 国防研发可以实现技术创新，国防研发投资对社会生产力的影响是通过技术扩散产生的，而技术创新由军用向民用的扩散是通过技术替代和流行效应两种机制实现的①。信息的收集和知识的学习对实现扩散非常重要。

---

① 技术替代指采纳者认为创新比当前使用的技术或技巧更优越，其形成的关键在于采纳者在信息收集基础上的判断过程，一旦拥有有益于创新优越性的准确信息，就能实现技术扩散。流行效应指采纳者的信息搜集策略，其重点在于采纳者对个人和企业之间网络的信息依赖性和采纳决策制定过程中不确定性的减少。正是技术替代和流行效应这两种机制，促进了技术的扩散。见 V.K. 纳雷安安：《技术战略与创新竞争优势的源泉》，电子工业出版社 2002 年版，第 87 页。

4. 我国国防科技扩散对社会生产力的发展起着很重要的作用，但与西方发达国家相比，其扩散的深度和广度还有差距，其原因主要在于军民一体化程度不高，扩散机制还不健全。所以，政府可以采取相应的政策对技术扩散进行引导和干预，构建有效的扩散机制，不断加大国防科技创新成果向社会生产力转变的力度，使国防研发投资产生的效益最大化。

第二节 国防研发投资提高军队战斗力

一、国防研发投资与新军事革命

国防研发投资能促进国防科技进步。马克思主义认为：科学技术进步必然导致军事领域的变革。“一旦技术上的进步可以用于军事目的，并且已用于军事目的，它们便立刻几乎强制地，而且往往是违反指挥官的意志而引起作战方法上的改变甚至变革。”[①] 科学技术进步必然引起军事上的革命，是马克思主义的基本观点，也是被军事历史发展反复证明了的一条客观规律。

（一）国防科技进步催生新军事革命

军事发展史实际上就是科技发展史，“枪炮技术的不断发展、深化与创新，对作战的方式、方法和军队建设各方面的变革产生了巨大的影响”[②]。从新军事革命的发展过程来看，率先进行的都是国防科技领域的革命，这也可以认为是新军事革命孕育准备阶段。

历史上发生过若干次军事革命，在这些军事革命中最重要的有四次。第一次为金属化军事革命，其根本标志是金属兵器取代木石兵器，职业化军队正式建立与发展，主要进行阵式作为，朴素的军事理论诞生，最后形成了崭新的金属化军事形态。金属的发现与运用，不仅造成了人类社会发展史上一次划时代的革命，同时也造成了人类军事发展史上的首次革命性变革，它使长期在原始战争中占统治地位的木石兵器逐渐退出了历史舞台，金属化武器取而代之。金属化军事革命在军队编成、作战方法以及军事理论等领域产生了巨大影响，对社会变革也产生了极其深远的影响。第二次为火药化军事革

① 《马克思恩格斯列宁斯大林军事文选》，军事科学出版社 1977 年版，第 215 页。

② 钱海浩：《武器装备学教程》，军事科学出版社 2000 年版，第 39 页。

命，其主要标志是火药兵器逐渐成为主战兵器，出现火枪兵、炮兵、工程兵等新兵种，军事理论开始形成体系，最后以火药化军事形态取代金属化军事形态。火药的发明开创了人类军事史的新局面。整个火药化军事革命从它的萌发到19世纪后半叶普法战争时期达到高峰，历经800多年，与金属化军事革命相比，它不仅是军事形态上一次质的飞跃，而且给人类社会也带来了巨大的冲击。火药与火器技术的发展使军事能量形式获得了飞跃，以军事化学能为主的形式逐渐取代了以军人体能为主的形式。第三次为机械化军事革命，其主要标志是火力、动力机械与电子技术等相结合，军队由陆、海、空部队构成，合同作战方式与各种新军事理论体系问世，最后由机械化军事形态取代火药化军事形态。19世纪末20世纪初，电的发明和内燃机的制造把世界带入了大机器时代，随着人类社会各种矛盾的加剧与科学技术发展提供的可能，早已在火药化军事革命末期萌发的机械化军事革命逐渐展开。装甲兵和航空兵在战争中表现出强大的战斗力，引起世界各国的高度重视，争夺制空权成了机械化战争时代最优先考虑的主要作战行动。在第二次世界大战即将结束的时候，核武器又开始登上了舞台，由此引起了人们对军事领域变革的新思考。第四次为当代的新军事革命，即智能化军事革命，其主要标志是智能性武器系统逐渐主宰战争，出现知识密集型的智能化军队，主要采取一体化的联合作战方式，军事理论及其体系彻底革新。由此看出，正是科技进步导致军事变革不断发展，战争形态也不断变化。

关于新军事革命，较早由美国著名未来学家托夫勒、前苏军总参谋长奥加尔科夫元帅等提出。1991年海湾战争被普遍认为是新军事革命的开端，因为在这场战争中远程精确制导武器开始大量运用，特别是空间力量发挥了极其重要的作用，显示出信息化战争的雏形。新军事革命的实质不是军事领域中物质利用方式或能量释放方式的革命，而是军事领域信息获取、处理、传递、使用方式的革命，是一场感知上的革命。在新军事革命推动下，战争形态发展为信息化战争。其主要特征是：远程、精确、智能等信息化武器装备成为军队战斗力的关键因素；非对称作战、非接触作战、非线性作战成为新的重要作战样式；体系对抗成为战场对抗的基本形态；太空成为国际军事竞争新的战略制高点。

20世纪90年代以来的几场局部战争，实际上是科技较量、科技主导的信息化战争，它显示出科技力量在战争中的巨大威力。比如在“沙漠之狐”攻击和科索沃战争中，美军利用分散在世界各地的网络化力量，实施远程的精确打击。美军不仅能在本土实施指挥，而且操纵控制卫星及进行战场所需数据处理的大部分机构设施也都在本土，首次实现了在美国本土指挥大规模的海外作战。除了指挥机构和大量信息基础设施远离战场之外，美军的大量作战平台也是远离战场的：如B2轰炸机是从万里之外的美国本土起飞；空射巡航导弹是从1 000公里外发射等。但是打击的目标却非常集中，远程的作战能量全部释放在南联盟和科索沃这么小的一个地区。从精确打击来看，“沙漠之狐”攻击和科索沃战争中，精确制导武器的命中率达到90%以上，精确打击已成为美军的主要攻击手段，在战争中发挥着主导作用。协同作战向陆、海、空、天、电一体化联合发展，多种新型作战平台、精确制导武器、C^4I系统、军用卫星、电子战装备等高技术武器装备在战场上的广泛运用，一方面使现代作战力量的构成趋向多元化，各军兵种特别是空军的独立作战能力空前提高，从而使作战行动往往在空、地、海、天等多维领域同时展开，每一个空间都成为整个战场不可分割的组成部分；另一方面使战争的胜负取决于各种作战力量之间的紧密配合与优势互补，任何单一的军兵种或武器装备系统都不具备在所有空间打击敌人的手段和能力。

从军事革命的历史进程可以看出，每一次科学技术的重大进步，都使军队战斗力获得突飞猛进的发展。火药的发明和使用，使战争从冷兵器时代进入热兵器朝代，战斗力产生了一次质的飞跃；内燃机的问世和其他机械兵器的制造，使战争演化为机械化战争，军队战斗力进一步提高；随着高新技术的发展和第二次世界大战后核武器用于实战，战争进入热核武器时代，使战斗力又出现了一次飞跃。在新军事革命过程中，国防科学技术起着“倍增器”的作用。

（二）国防科技进步推动战斗力生成模式转变

国防科技进步是发展武器装备的基础。武器装备是军队作战直接凭借的物资手段，是军事斗争赖以进行的物质基础，是衡量战争与军队发展水平的重要标志。可以说没有武器装备，就没有军队，就没有战斗力。任何时代、任何国家军队的战斗力，都是与特定的历史条件、相应的武器装备水平相一致的。新军事革命作为信息时代军事领域的深刻变革，首先表现为武器装备由机械化向信息化的发展。

马克思和恩格斯在创立历史唯物论过程中认为，生产力是社会发展的最终决定力量，生产力决定战斗力，科学技术是战斗力的基础。恩格斯用唯物主义的基本观点阐明了科学技术在战斗力生成中的作用，他指出：“暴力的胜利是以武器的生产为基础的，武器的生产又是以整个生产为基础。”① “军队的全部组织形式和作战方式及以与此有关的胜负，取决于物质的即经济条件，也就是取决于居民的质量和取决于技术。”② 我们党和政府一向高度重视科学技术的发展。新中国成立后不久，毛泽东同志就深刻地指出，不搞科学技术，生产力无法提高。20世纪80年代，邓小平同志提出了科学技术是第一生产力的著名论断，强调要在科学技术方面走在前面，中国要在世界高科技领域占有一席之地。江泽民同志也反复强调，要坚持把科学技术放在优先发展的战略地位，军队战斗力的提高要增加到科技进步上来，要贯彻科技强军战略，提高官兵的科技素质。胡锦涛主席也强调，科学技术是第一生产力，也是推动国防和军队建设又好又快发展的巨大动力。军队要认真贯彻中央的决策部署，适应建设创新型国家的要求，围绕建设信息化军队、打赢信息化战争的目标，进一步实施科技战略，依靠科技进步和创新，加快战斗力生成③。

科学技术广泛渗透到军队建设各个层面、全部要素之中，贯穿于战斗力构成、生成和实现的全过程，使战斗力生成模式发生转变。战斗力生成模式是军队作战潜力变成实现作战能力的方法和途径，是与军队战斗力生成相关的一系列因素发挥作用的方式④。战斗力生成模式可以按构成要素划分为多种，但每一种都离不开人和武器装备的因素。在新的历史时期，科学技术已成为第一生产力，成为当代人类社会生产力发展的制高点。在军事领域，科学技术物化于军队人员和武器装备之中，转化为战斗力，对军队战斗力有着重大的影响和促进作用。纵观战斗力发展的过程，不难发现，战斗力每前进一步，构成军队战斗力基本要素的武器装备、军人素质和军队的体制编制，都无不打上科学技术的深刻烙印。科学技术成为促进战斗力生成的根本动力，是评估战斗力水平的主要因素，无疑也是第一战斗力。

在一般技术条件下，武器装备的科技含量低，科技在战斗力的构成中所占的比重很小。军队战斗力的强弱主要取决于人和武器装备的数量规模。坚持这种战斗力标准，军队建设只能走人力密集、数量规模型的发展道路。信息化条件下，科学技术不仅渗透到人和武器装备之中，而且成为独立的战斗

① 《马克思恩格斯全集》第3卷，人民出版社1971年版，第206页。
② 《马克思恩格斯全集》第20卷，人民出版社1971年版，第186页。
③ 《树立和落实科学发展观理论读本》，解放军出版社2006年版，第254页。
④ 杨新、毛笑冰：《信息化军事变革前沿理论问题研究》，2008年，第198页。

力基本构成要素，能够直接产生战斗力。同时，随着人们科技素质的提高和武器装备高科技含量的增大，人也只有通过科技手段，才能实现与武器装备的高效能结合。国防科技在战斗力模式的构成、生成和运用中发挥着主导作用，对战斗力的影响已远远超过人和武器数量规模的影响，二者更加密不可分。武器装备的科技含量越大，现代化程度越高。例如先进的现代军用飞机为了保持战术技术性能的优势，需要更多更复杂和更昂贵的电子系统，如B－52战略轰炸机信息技术含量为60%，而B－1隐形飞机则超过了90%。现代舰艇的信息技术含量也有很大增加，电子系统成本所占比重为25%～30%。空间武器装备更依赖于电子系统，其信息含量所比重已超过80%，军事指挥控制系统信息技术比重高达88%。先进的科学技术内化到武器系统中，使战斗力产生质的飞跃。而科学技术越发展，对军队人员的科技素质要求也越高。没有掌握高科技的军事人才，就难以掌握先进和发挥武器装备的作战效能。因此，军队人员的科学技术素质，也是构成战斗力和提升战斗力的重要因素。当今世界各国的信息化军事变革，既注重不断提高武器装备的科技含量，也更注重提高军事人员的科学技术素质，走的就是依靠科学技术进步提高战斗力的路子，发挥的就是科学技术对战斗力的内化与跃升作用。

军事变革的历史证明，一个国家能否根据形势发展，创新和掌握科技前沿技术并运用于军事领域，提高武器装备的先进性、实用性程度，对保持国家竞争优势、争取军事对抗的主动权意义重大。起源于20世纪中叶的新技术革命，推动着世界范围生产力、生产方式的变迁，对军事领域产生前所未有的深刻变革。进入21世纪，新科技革命的发展孕育着新的重大突破。世界发达国家，正是以其强大的科技进步能力和自主创新能力，使信息科技方面的自主创新与进步成为其军事变革的重要引擎，实现了战斗力生成模式的转变。近几十年来，美国一直在谋求领先对手一至两代武器技术优势，原因就在于掌握军事对抗中的主动权，并形成了强大的国家竞争优势。而综观世界其他军事强国，其军队战斗力的发展，也主要是依靠科技进步和强大的自主创新能力。

我国科技总体水平与世界先进水平相比还存在较大差距，关键技术自给率低，自主创新能力不强，我们比任何时候都需要坚实的科学技术支撑。所以，胡锦涛主席在全国科学技术大会上明确指出：“真正的核心技术、关键技术是买不来的，必须依靠自主创新”，“面对世界科技发展的大势，面对日趋激烈的国际竞争，我们只有把科学技术真正置于优先发展的战略地位，真抓实干，急起直追，才能把握先机，赢得发展的主动权。”① 对我军来说，随着信息技术在战争中作用的增强，军队装备技术的差距，特别是智能技术方面的差距，将导致军队作战能力的差距。因此，在提高自主创新能力的基础上，加速解决关键性技术、战略性技术在我军装备上的应用问题，是加速军队建设与发展、提高作战能力的一项十分紧迫的战略任务，必须要“力争在一些基础性、前沿性、战略性技术领域取得重大突破，掌握拥有自主知识产权的国防关键技术和核心技术”。

总之，科学技术已成为第一生产力，对军队战斗力有着重大的影响和促进作用。科学技术水平的高低，已成为衡量一个国家的军事实力的重要标志，没有现代国防科学技术就不能实现军队现代化。“为了加快转变战斗力生成模式，必须高度重视武器装备和国防科技发展的自主创新”，“把军队战斗力生成模式切实转到依靠科技进步特别是以信息技术为主要标志的高新技术进步上来”②，这是新的历史条件下科学发展对军队建设和战斗力生产提出的根本要求。国防研发投资是现代国防科技进步的源泉，可以认为，没有国防研发投资就不能实现战斗力生成模式的转变，也就不能适应世界新军事革命。

（三）信息化条件下战斗力生成的主要特征

信息化是新军事革命的主要特征。信息化条件下军队的战斗力，是指军队通过运用信息技术和信息手段，极大地发挥信息力和火力杀伤力，从而完成作战任务的作战能力。20 世纪 70 年代以来，以信息技术为标志的新军事革命导致战争形态由机械化向信息化转变，给战斗力生成带来了深刻影响。由于信技术改变了战斗力构成要素的内涵，进而也改变了军事体系的内涵，军队的作战能力得到极大增强。由此对战斗力生成产生了较大影响。正确把握信息条件下战斗力生成的主要特征，对于加快军队信息化建设，确立科学的国防研发投资战略具有重要的指导意义。

1. 信息资源在战斗力生成中占据主导作用。“科学技术特别是以信息技术为主要标志的高新技术的迅猛发展及其在军事领域的广泛运用，深刻改变

① 胡锦涛：《坚持走中国特色自主创新道路，为建设创新型国家而努力奋斗》，在全国科学技术大会上的讲话，2006 年 1 月 9 日，《解放军报》2006 年 1 月 10 日。

② 《树立和落实科学发展观理论读本》，解放军出版社 2006 年版，第 210 页。

着战斗力要素的内涵。"[①] 这说明，新世纪新阶段提高军队战斗力必须认真解决信息技术应用对改变战斗力要素内涵重大变化的认识，这是我军提高战斗力需要研究的战略性课题。信息在战斗力的系统中从无到有，并逐渐发展成为最重要的因素，经历了极其复杂的过程。冷兵器时代，人与武器几乎是战斗力系统中仅有的要素，信息表现形式只是语言、手势等，不可能形成独立的战斗力。热兵器时代，信息领域的发展主要表现在信息的记录和依存的方式上，信息的获取和处理还依赖于人员自身，信息也没有在战斗力系统中取得独立地位。直到19世纪末到20世纪初，电报和电话发明之后，虽然信息系统没有完全成为战斗力的独立部分，但在作战中却加快了信息的传递速度，大大促进了战斗力发展。随着信息技术的发展和信息时代的到来，信息逐步转变为战斗力的独立要素，成为最重要的作战资源，通过释放信息能改变战斗力构成，在火力、机动力、防护力中起统揽作用。面向信息化时代的军事理论，关键在于敏锐地捕捉到战斗力结构的变化，积极寻找信息优势，实现信息力、火力、机动力完美结合。美参联会《2010年联合构想》认为："信息优势，就是在能够阻止敌方自由利用信息和信息系统的同时，拥有占有优势的信息收集、处理、分发和利用能力，它是实施作战行动的基础。"面向信息化战争军事理论，把信息看成最重要的作战资源，以信息为"重要思维对象"，力求寻找优化信息资源配置、开发信息能的途径和方法。

当前，人类战争正向信息化方面迈进，它是以大量使用信息技术和信息化武器装备为基础的战争，以其军队人员知识化、武器装备信息化、作战编成一体化、战场要素数字化、作战方式精确化、作战空间多维化以及后勤保障集约化等鲜明特点，构成了与工业时代的机械化战争的本质区别。体现在制胜因素上，主导战争胜负的是信息能力，拥有信息优势的一方，就能够更多地掌握战场上的主动权。信息化战争条件下，军队战斗力生成，关键就是要通过各种手段和途径，使信息化军队获得信息能力优势。

2. 信息化武器装备成为战斗力生成的关键物质因素。由于信息技术改变了战斗力构成要素的内涵，进而也改变了军事体系的内涵，军队的作战能力得到极大增强。例如，身形超视距的遥感器材装备用于作战平台，航天侦察卫星、导航定位卫星和通信卫星配合，可以使人在战争中真正变成"千里眼"、"顺风耳"。又如，由于信息技术的作用，可以通过计算机遥控无人驾

① 《树立和落实科学发展观理论读本》，解放军出版社2006年版，第210页。

驶飞机、飞航等来远程精确毁伤目标。正如胡锦涛主席在强调转变战斗力生成模式时所指出的："信息化武器装备成为战斗力的关键物质因素。"①

武器装备信息化建设是一个系统工程，建设水平的高低、质量的好坏、速度的快慢都直接关系到信息化条件下战斗力的生成发展。经过长期奋斗，我军的现代化水平取得了长足进步。但受国家经济技术发展水平所限，我军现在仍处于机械化半机械化的发展阶段。要加快我军战斗力生成模式的转变，必须高度重视武器装备的信息化建设，要把信息装备的研发摆在突出的位置上，建立能与信息化作战能力很强的作战对手进行有效抗衡的物质技术基础，否则，"打赢"信息化条件下的局部战争任务难以实现。发展信息化武器装备，不能盲目地照搬国外先进国家的发展模式，而应该根据我军军情，以信息化战争需求为牵引，坚持把提高自主创新能力摆在突出位置，加快武器装备更新速度，增强武器装备信息化含量，为战斗力的发挥奠定物质基础。

3. 人的科技素质在战斗力生成中具有特别重要的意义。信息化条件下战争需要信息化人才。当今世界，随着信息技术的发展，武器装备系统的性能和质量不断提高。这种发展趋势要求军事人才一方面要及时、广泛地吸收先进的技术知识并用于军队建设与发展；另一方面，要能指挥和运用先进的技术装备，能够充分、高效地把高科技成果转化为战斗力，牢牢把握战场主动权。

信息化条件下人的能动作用更加依赖于人的科技素质。胡锦涛主席指出："人是战争中武器装备的使用者、作战方法的创造者、军事行动的实践者，人的素质和精神状态，对战斗力的形成和发挥具有重要影响。"② 首先，不具备现代科技素质的人，难以在信息化战争中发挥主观能动作用。信息化条件下的军队是科技含量极高的智能化人机系统，如果军事人才不具备高科技素质，就不能在充分掌握这个系统的基础上形成，更不可能在实践中灵活运用这个系统功能，把作战力量运用到最佳状态；其次，人的科技素质特别是信息素质是信息化下军事对抗的基本要素。在战争由机械化向信息化转变的过程中，人在战争中的活动方式发生了深刻变化，信息技术含量的武器装备不仅可以延伸人的肢体，而且可以延伸人的头脑，具有某种程度的自主性

① 《树立和落实科学发展观理论读本》，解放军出版社 2006 年版，第 210 页。

② 《树立和落实科学发展观理论读本》，解放军出版社 2006 年版，第 213 页。

和能动性。再次，人的科技素质是信息化条件下作战以劣胜优的重要条件。信息技术改变了战争形态，但没有也不可能改变战争综合实力较量的性质。信息技术确实是战争力量的倍增器，但如果没有支配信息技术力量的能力，信息技术的作用就会大打折扣。信息化武器装备处于劣势的一方，完全可能通过人的主观能动作用，有效地调动信息资源来弥补军事技术的不足，这就取决于人的科技素质和信息素质的高低。因而，学习和掌握信息知识，运用信息化武器装备，成为当今战争准备的重要内容。

胡锦涛主席在论述转变战斗力生成模式时，特别强调在战斗力构成要素内涵发生变化的过程中“人的科学素质在战斗力中具有特别重要的意义”①。这一重要论述，充分说明未来信息化战场上，敌我双方的较量将更加突出地表现为高素质人才的较量，更加强调科技素质在人才建设中所具有的重要促进作用。因此，信息化条件下转变战斗力生成模式，必须高度重视提高人的科技素质尤其是信息素质。

4. 基于信息系统的体系作战能力成为战斗力生成的基本要求。信息化条件下的作战形态从过去单一武器的对抗转向整个武器系统的对抗，作战双方单一作战力量的对抗转向体系作战能力的对抗，“基于信息系统的体系作战能力成为战斗力的基本形态”②。

信息技术侧重了战斗力的“系统生成”，冷兵器时代，战斗力生成主要围绕提高人数进行；热兵器、机械化时期主要是围绕提高武器装备化学能量释放的效能、精度和距离进行，追求的是更大打击能力、更快机动能力、更强防护能力等。究其实质，以上三个时期战斗力生成模式都是通过提高战斗力单个要素功能达到，属于“要素生成”。信息技术的发展，不可避免地催生了新的战斗力生成模式。由于信息因素大量涌入战斗力生成诸要素，不同作战单元、作战平台、作战人员将通过信息的有效作用链接成为一个优化的整体。战斗力生成不再仅仅依靠单个要素作战能力提升，而是依靠建立在各个要素高度融合基础上而形成的“系统生成”能力。

信息化战争的基本特征是体系与体系的对抗，这就决定了信息化条件下的军队战斗力具有整体性、系统性和体系性。体系作战能力是通过 C^4ISR 系统把侦察与监视、信息处理与传输、精确打击与毁伤评估实现一体化，进而

① 《树立和落实科学发展观理论读本》，解放军出版社 2006 年版，第 210 页。

② 同①。

形成“体系作战能力”。在信息化战场上，如果军队的作战形不成体系，就无法展开有效的行动，即使拥有一些先进的武器装备平台也发挥不了实际效用。因此，加快我军战斗力生成模式的转变，必须把战斗力作为一个体系，把战斗力的生成过程作为体系的整合过程。充分利用信息技术的渗透性和联通性，切实在各作战要素、作战单元、作战力量的综合集成上下工夫。胡锦涛主席要求军队要“加强综合集成建设把各种作战力量、作战单元、作战要素融合为一个结构合理、协调运行的整体”[①]。因此，提升战斗力，必须在系统技术上实现主战装备各种功能的集成，在系统层次上实现作战部队内部的集成，在体系层次上实现诸军兵种部队之间的集成。

二、国防研发投资与战斗力生成模式分析

技术进步是产出增长的内生变量[②]，军队战斗力的产生要素也包含技术进步，这里的技术进步主要是国防科技进步，它不属于一般生产要素的范畴，是一种特殊的生产要素，是国防研发投资的产出。要保证国防科技水平有持续进步，促进战斗力的持续增长，以提供军事威慑与打赢战争的能力，就必然对国防研发投资与国防科技进步以及战斗力生产模式之间的关系进行分析。作为一种纯公共产品，战斗力的产出是不能用直接效益指标来衡量的，但可通过构建数学模型予以描述。

（一）国防科技进步与战斗力生成模式的模型描述

对国防研发投资与战斗力生成模式之间的关系进行分析也是一个非常复杂的过程，因为战斗力的生成涉及很多相关因素。对于传统的战斗力生成模式可以用一个比较清晰的数学模型描述：$Z = f(F, H, A, M, S\cdots)$，式中 Z 表示战斗力，F 表示军事财力、L 表示军事人力、M 表示军事物力、A 表示军事知识、S 表示军事制度，在军事知识体系中应当包括军事科技知识和包括军事战略知识在内的各种军事理论和谋略。从这个模型中可以看出，国防科技包含在军事知识之中，其作用不甚明显。在新形势下，随着世界新军事革命的发展，战斗力生成模式中的诸变量结构与大小必然发生变化，国防科技进步的作用更加突出，对战斗力生成模式的转变起着重要的作用。

---

① 《树立和落实科学发展观理论读本》，解放军出版社2006年版，第210页。

② 索洛模型 $Y(t) = F(K(t), A(t)L(t))$ 将 A 与 L 以乘积形式引入，AL 被称为有效劳动，并且以这种方式引入的技术进步被视为劳动增加型的，由此确定技术进步是产出的内生变量。见戴维·罗默：《高级宏观经济学》，上海财经大学出版社2003年版，第9页。

假设战斗力可度量，战斗力的形成是一个生产的过程。将战斗力的形成分为两个部门，一是战斗力的生产部门，另一个是研发部门，产出国防科技进步。军事人力中的数量为 a_L 的份额用于研发部门，另外的数量为 $1-a_L$ 的份额用于战斗力生产部门（如军事训练）。同理，资本存量中的数量为 a_K 的份额用于研发部门，其余的则用于战斗力生产部门，a_L 和 a_K 都是外生的和一定的。因为非排他性的存在，对一种知识在一个场合的使用不会影响其在别的场合的使用，所以两个部门都使用全部的技术存量 A。分别列出两个部门的产出模型：

在 t 时军队战斗力产出为：

$$Z(t) = [(1-a_K)K(t)]^{\alpha}[A(t)(1-a_L)L(t)]^{1-\alpha} \tag{3-2-1}$$

Z 为军队战斗力的大小，在 t 时（3－2－1）式意味着军事资本和劳动的规模报酬不变。

国防科技进步取决于国防研发资本和研发人力的规模以及技术水平。假定其产出为一般化的柯布－道格拉斯生产函数，有下式：

$$G_{TFP} = B[a_K K(t)]^{\beta}[a_L L(t)]^{\gamma}A(t)^{\theta} \quad B>0,\ \theta \geqslant 0,\ \gamma \geqslant 0 \tag{3-2-2}$$

其中 B 为转移参数，G_{TFP} 为国防科技进步的度量值。在国防技术创新产出过程中，由于研究人员之间的互动、固定的基本设施成本等在研发中可能十分重要，在研发部门可能存在规模报酬递减或者是规模报酬递增的可能性，这一特点与 $Z(t)$ 结果有所不同。

参数 θ 反映了现有知识存量对研发成败的影响。这种影响可能是正也可能是负的。一方面，过去的发现可能提供思想和工具，为现在的研究提供帮助，使将来的国防科技创新更为容易，此时 $\theta>0$；另一方面，最先得到的发现可能是最容易的。在这种情况下，知识存量越大，得到新发现就越难，国防研发投资的需求会加大，此时 $\theta<0$。

（二）模型的简化分析

（3－2－1）式有两个行为内生的存量变量 K 和 A，所以它的分析较为复杂。为了使问题简单化，本书不考虑有军事资本的模型，即令 α 和 β 为 0。

这种特殊情形给出了该模型的大多数核心信息①。

当模型中没有军事资本时，设战斗力生产函数为：

$$Z(t) = A(t)(1 - a_L)L(t) \tag{3-2-3}$$

国防研发的生产函数为：

$$G_{TFP} = B[a_L L(t)]^{\gamma} A(t)^{\theta} \tag{3-2-4}$$

军事人力增长用下式表示（为使问题简单，不考虑军事人力资本增长率为负的情况）：

$$\dot{L}(t) = nL(t) \quad (n \geqslant 0) \tag{3-2-5}$$

（3－2－4）式意味着每个军事人力产出与 A 成正比，因而每个军事人力产出的增长率等于 A 的增长率。因此，有：

$$g_A(t) \equiv \frac{G_{TFP}}{A(t)} = Ba_L^{\gamma}L(t)^{\gamma}A(t)^{\theta-1} \tag{3-2-6}$$

对（3－2－6）式两边取对数，并对该式求关于时间的微分，就得到关于 g_A（t）的增长率的表达式：

$\dfrac{\dot{g}_A(t)}{g_A(t)} = \gamma n + (\theta - 1)g_A(t)$，两边同乘以 g_A（t），有：

$$\dot{g}_A(t) = \gamma n g_A(t) + (\theta - 1)[g_A(t)]^2 \tag{3-2-7}$$

L 和 A 的初始值以及模型的参数决定了 g_A 的初始值，而（3－2－7）式决定 g_A 的后续行为，即增长的速度。

为了进一步描述 A 的增长率的变化情况，对 θ 的不同取值情形进行分析。

1. $\theta<1$ 的情形。（3－2－4）式反映出技术进步的产出为正，因此图 3－1只考虑 $g_A>0$ 的状态（见图 3－1）。

方程（3－2－7）表明在 $\theta<1$ 的情形下，当 g_A 取较小的正值时，$\dot{g}_A$ 为正；当 g_A 取较大的正值时，$\dot{g}_A$ 为负。g_A^* 表示可使 $\dot{g}_A$ 等于 0 的 g_A 的唯一值。根据方程（3－2－7），g_A^* 由 $\gamma n + (\theta - 1) g_A^* = 0$ 定义，可得：

① 保罗·罗默在分析研究与发展模型时，也是先研究知识单独发生作用时的产出，然后再转向一般情形，即研究知识和资本同时发生作用时的产出，其结论具有一致性。见戴维·罗默：《高级宏观经济学》，上海财经大学出版社 2003 年版，第 88～101 页。

$$\overset{*}{g}_A = \frac{\gamma}{1-\theta} n \qquad (3-2-8)$$

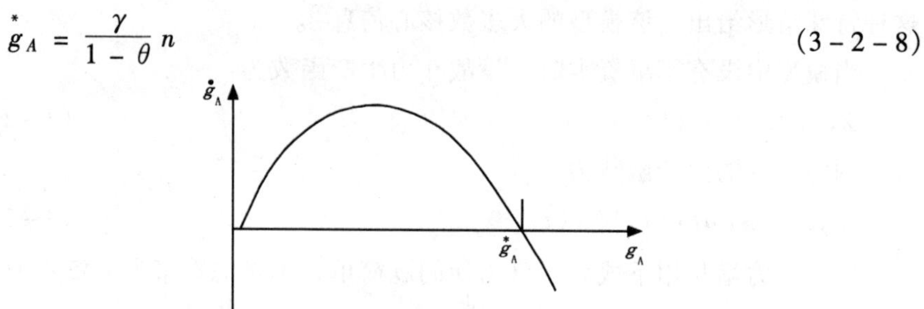

图 3-1 当 $\theta<1$ 时国防科技进步增长率描述

该模型表明，每个军事人力平均产出的长期增长率是军事人力资本增长率 n 的增函数。这个结果表明在忽略资源限制的条件下，较多的军事人力有利于国防科技知识的增长，也就是说，参与国防研发的人数与总的军事人力资本成正比。

2. $\theta>1$ 的情形。当 $\theta>1$ 时，其对应的情形是，国防科技进步增长率超过了现有知识存量增长率。按照（3-2-7）式的描述，当 $\theta>1$ 时，该方程表明，对于 g_A 的所有可能值，$\dot{g}_A$ 都为正，亦即 $\dot{g}_A$ 是关于 g_A 递增的（见图 3-2）。

直观地看，知识存量在国防科技进步中的作用很大，以至于知识水平的每一边际增加所产生的技术进步的增长率上升幅度更大，因此，一旦开始了知识积累，那么就进入一条产出增长率不断提高的路径。

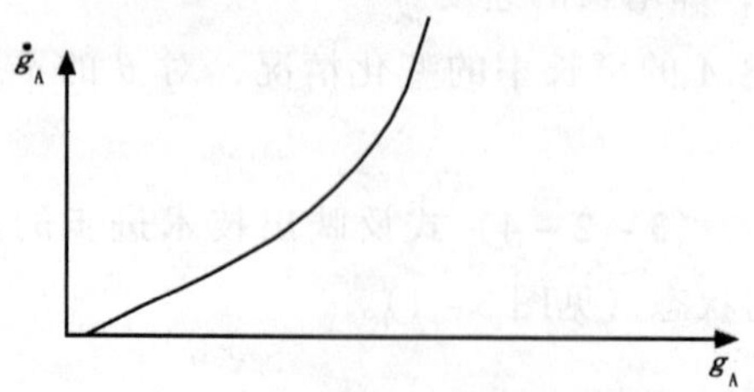

图 3-2 当 $\theta>1$，国防科技进步增长率描述

3. $\theta=1$ 的情形。当 θ 恰好等于 1 时，现有的知识存量正好生产足够的新科技，使得新科技的生产与知识存量成比例增加。在这种情形中，表达式（3-2-6）和（3-2-7）可以简化为：

$$g_A(t) = Ba_L^{\gamma}L(t)^{\gamma} \qquad (3-2-9)$$

$$\dot{g}_A(t) = \gamma n g_A(t) \qquad (3-2-10)$$

将 $\theta=1$ 情形下的国防科技进步变化通过图 3－3 予以描述。

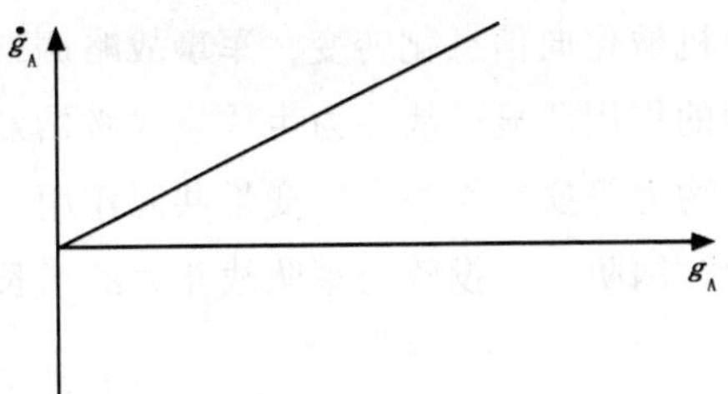

图 3－3 $\theta=1$ 时国防科技进步增长率描述

若 $n>0$，则 $\dot{g}_A$ 和 g_A 随着时间按一定比例同幅度增长；若 $n=0$，则不论 g_A 的初始状况如下，g_A 都保持不变，在这种情形下，知识、科技进步和每个军事人力平均产出的增长率都等于 $Ba_L^{\gamma}L\ (t)^{\gamma}$。在此情形中，只有 a_L 影响军队战斗力的长期增长率。

三、结论与启示

1. 在战斗力生成过程中，知识存量是内生的投入品，其规模报酬是否递增、递减或不变，均取决于国防科技生产中知识的规模报酬情形，取决于 θ。即：当 $\theta=1$ 时，若知识存量 A 增加 1%，在科技进步的产出过程中，科技进步的增长率 $\dot{g}_A$ 也增加 1%，因此，A 的变动对其增长率没有影响；若 $\theta>1$，则 A 增加 1% 导致 $\dot{g}_A$ 的增加大于 1%，在此情形中，A 的增加提高了 g_A 的增长率；若 $\theta<1$，则 A 增加 1% 导致 $\dot{g}_A$ 的增长率小于 1%，因此科技进步的增长率下降。

2. θ 取值是由国防科技知识存量决定的，反映了现有知识存量对研发成败的影响，而研发成败影响着战斗力生成。因此，国防科技进步对战斗力的生成作用是间接的，但又是至关重要的。

3. 由于 a_L 与 g_A 成正比，所以在军事人力资本中投入到研发活动的比例越大，国防科技进步的增长率也越大，特别是当 $\theta>1$ 时，其研发人力资本的产出会更大。在这种情况下，国防科技自主创新能力较强，由此对战斗力模型的生成影响也较大。

4. 从以上分析可以看出，国防研发投资的产出是科技进步，而科技进步是军队战斗力生成模式的内生变量。在机械化时代，武器装备技术性能相对简单，对科技资源要求不高，战斗力生成主要依靠人力、财力、物力的投入。随着战争形态由机械化向信息化转变，军事战略调整为以打赢信息化战争为目标，科技要素的作用凸显，战斗力生成模式必然发生转变。科技创新与军事人力、财力、物力等要素作为内生变量共同作用，促成军队战斗力生成模式的转变。因此，国防研发投资与军队战斗力的增长密切相关。

第三节　国防研发投资促进军品贸易

一、国防研发投资与军品贸易关系

国防研发投资的产出最终会物化为武器装备，转化为战斗力。但是，武器装备发展，不仅受其自身矛盾运行规律的制约，也受各种外部环境条件的影响，特别是受到世界武器装备发展水平的影响，在一定程度上会导致军备竞赛①。近年来，一些国家通过卓有成效的军火贸易，引进国际上先进的武器装备和军事技术，大大提高了本国国防科技水平，提升军队武器装备的作战效能。鲍尤斯和洛斯卡尔对军火贸易的原因做了分析，除政治、军事因素外，还有重要的经济原因：维护国内的国防工业，维持规模经济，节省武器装备的研发成本②。因此，国防研发投资与军火贸易具有密切的联系。

（一）国防研发投资能加快军火贸易发展

冷战结束之后，东西方形势的缓和，导致了世界军火贸易市场发生了重大的结构性变化，军火贸易第一次不再被认为是大国政治的晴雨表，经济的原因越来越明显。因为随着国防产品需求的下降，国防工业的就业水平也随之下降。面对国内武器需求下降，刺激武器出口，限制武器进口就通常作为维持国防工业就业水平的手段。

西方发达国家纷纷削减军事预算，发展中国家因债务增多或军费影响而缺乏购买先进武器的资金，曾一度导致全球武器需求量减少。如 1989 年世界军火销售总额达 376 亿美元，到 1995 年降至 228 亿美元，减少 1/3 强。随

---

①　钱海浩：《武器装备学教程》，军事科学出版社 2000 年版，第 55 页。

②　哈特利等：《国防经济学手册》第 1 卷，姜鲁鸣等译，经济科学出版社 2001 年版，第 537 页。

着经济全球化局面的出现，世界各国的工业化、信息化程度的不断提高，武器输出国越来越多。1972 年，全世界的武器出口国 32 个，到 1991 年上升到 50 个[①]。西欧国家武器出口能力大大增强，巴西、以色列和韩国等新兴工业化国家开始以较强的竞争力进入国际军贸市场，使得市场竞争不断加剧，全球军火市场开始由卖方市场转向买方市场。在买方市场态势下，凸显了“消费者主权”，武器进口国有了讨价还价的权利；武器供应商的增多，使武器进口国减少了对单一武器源的依赖；冷战结束，全球军火需求的整体减少，军火市场竞争的加剧，使得军事大国庞大的国防工业基础面临困境。根据斯德哥尔摩国际和平研究所 1994 年的一份研究统计报告，美国国防工业部门 1993 年约有 60 万人失业。俄罗斯面临的压力更大，由于军工生产削减 60% 以及军转民计划的失败，导致 100 多万人处于失业边缘[②]。以上原因，使得军火生产大国军火输出动因中的政治控制动机弱化，经济动机上升。但是，由于各国工业技术基础不同，这种差别使技术先进的国家有可能垄断国际军火生产和市场销售。另一方面，难以消除的地区潜在冲突造成了持续的军火需求，军火供求的非均衡为军火生产大国把军火销售继续作为一种达成本国政治经济军事目的的外交工具提供了可能。并且，在某种政治背景下，有些与有影响的军事大国关系不密切的国家，希望能够通过军火贸易加强与大国的联系，以获得其政治上的支持。这种政治、军事与经济的背景使得军火贸易成为既敏感又迫切的问题。

中国军火贸易有过历史的辉煌，也有现实中的困境。辉煌表现为中国曾是军火贸易大国。从 1978 年起，随着国际局势的缓和、改革开放和国防现代化的起步，中国国防资源出现了大量闲置，实施军转民的战略。党的十一届三中全会以后，逐步从“决不作军火商”的观念束缚中解放出来，并开始把我国自己生产的军品打入国际军火市场，参与国际竞争，赚取外汇，军品出口市场迅速扩大。1977 ~ 1980 年，中国在世界军品出口国中排名第 13 位，到 1984 年，已跃升到第 5 位，仅次于美、苏、法、英。据 SIPRI 年鉴统计，中国大型常规武器出口额由 1990 年的 12.49 亿美元上升到 1992 年的 15.35 亿美元，占世界大型常规武器出口的比例也由 1990 年的 4.17% 上升到 1992 年的 8.34%，在世界军品出口国中的名次由 1990 年的第 6 位上升到 1992 年

① D. Def Rp. Defense Departmental Investment Strategy [J]. Spending Review 2004.

② 孙海洋、宋振铎：《军品论》，兵器工业出版社 1997 年版，第 253 页。

的第4位[①]。

困境则表现为中国在世界军火贸易格局中所占据军火市场的特征和军品出口结构方面。从出口特征上看，中国常规武器出口市场几乎全部在第三世界国家，即使到现在，这种格局基本未变（见表3－7）。从军品出口的结构上看，我国现阶段出口的武器装备主要是陆军装备和喷气式飞机，并且出口额严重依赖于某些武器装备。如2002年，我国常规武器出口的产品中K－8教练机、F－7MG战斗机、PZL－45 155mm自行火炮、C－802和“飞龙”反舰导弹五种产品占据多数[②]。

表3－7　2000～2004年我国对外出口常规武器装备的地域分布

地　区	非　洲		亚　洲			中　东		
国　家	阿尔及利亚	其他	巴基斯坦	泰国	其他	埃及	伊朗	其他
金额（百万美元）	33	47	900	28	36	249	54	90
合　计	80		964			393		

资料来源：《SIPRI年鉴2005：军备、裁军和国家安全》，时事出版社2006年版。

以上困境的形成说明我国军品技术低位导致竞争力较弱，军火在西方发达国家或新兴的工业化国家难以开辟市场；缺乏高端的军品贸易使中国在军火技术贸易中失去利用国家间的技术级差优势发展国防科技的机会。即使常规武器出口，1990年之后，由于海湾战争中显现的高科技武器优势，中国武器尽管便宜，但由于科技含量低，军品出口贸易呈现萎缩态势。如中国武器出口占中东市场的比例在1987年曾达到12%峰值，但到1997年却衰退至2.14%。表3－8反映了美、法、俄、英和中国的军火贸易差别。

数据分析：表3－8可以看出，军事发达国家军火贸易都是顺差，而且出口额呈上升的趋势。特别是俄罗斯，到2004年已连续4年超过美国成为第一大军火出口商，显示其军事科技实力的强大。而中国军品贸易逆差趋势不断扩大，近年来在军火市场竞争中，中国军品出口逐年下降，武器出口额由1996年的7.29亿美元降至2004年的1.25亿美元，而进口额由1996年的11.8亿美元增至2004年的22.4亿美元，说明过去军品出口的繁荣在于传统

① OECD, OECD Science Technology and Industry Scoreboard [M]. 2005. page. 137.

② 《SIPRI年鉴2003：军备、裁军和国家安全》，世界知识出版社2004年版，第601～719页。

常规武器数量上的增加，而近年的滑坡则是由于中国国防研发与制造技术的落后。近年，我国军品研发能力较以前有了较大的提高，但在核心技术方面仍存在着对国外技术的依赖性。如我国有能力开发出较为先进的武器平台，但在引擎、传输装备、航空电子等领域的自主研制能力较弱。国力递增的最终决定因素是科学技术水平的提高，而不是仅仅着眼于重复产出的数量累积，军火贸易的兴衰其实是国防科技实力强弱的最直接体现。

表 3-8　1996～2004 年美、法、俄、英和中国的军火贸易统计　单位：亿美元

国家	项目＼年份	1996	1997	1998	1999	2000	2001	2002	2003	2004
美国	武器出口	94.2	122	134	99.2	64	50.8	44.7	45.3	54.5
	武器进口	2.86	4.5	1.16	1.08	1.29	1.64	3.59	5.74	5.33
法国	武器出口	16	29.2	33.1	14.6	71.7	11.1	13.0	11.1	21.2
	武器进口	0.28	1.6	1.37	0.94	0.43	—	0.22	0.50	0.89
俄罗斯	武器出口	36	29.3	20	37.6	40.2	55.2	55.4	56.6	62.0
	武器进口	—	—	—	—	—	—	—	—	—
英国	武器出口	14.2	24.5	10.1	9.78	11.2	10.8	6.7	5.93	9.85
	武器进口	7.2	5.89	8.79	1.00	8.33	11.9	5.94	6.08	1.71
中国	武器出口	7.29	4.08	3.59	2.63	1.57	3.49	4.15	3.9	1.25
	武器进口	11.8	6.53	2.19	15.5	18.0	30.2	25.9	20.4	22.4

资料来源：World Development Indicators database online.

（二）军火贸易促进国防研发投资

生产先进的武器装备需要有雄厚的国防科技基础和军事实力为后盾。冷战时期，苏联为了与美国进行全球性的战略抗衡，保持世界超级大国地位，建立了一整套空前庞大、品种齐全的国防研发系统和国防工业生产体系，并不断研制生产新式武器，以始终保证武器装备的先进水平和世界领先地位。

在牺牲整个国民经济的情况下，前苏联一直将资金和优秀的科技人才优先投入国防工业部门，并给科技人员以优厚的待遇，如将国民生产总值的8%用于国防研发，以巩固军火出口国地位，作为获取经济利益和推行政治、外交政策的有效手段。冷战结束以后，美苏两个超级大国之间的对抗结束，国家安全形势趋于缓和，大多数国家都把注意力转移到发展经济上来。超级大国竞争的减弱导致了世界许多地区军费预算的降低，世界各主要国家对军火的需求大幅减少。军品采购削减势必造成武器装备生产单位成本的上升。

竞争的压力也迫使一些国家取消国内武器生产计划，更加依赖进口。在这种情况下，许多国家的军工企业处于萎缩和闲置的状态。如，根据俄罗斯国家统计委员会统计，与1991年相比，俄罗斯1996年国防工业量下降了80%，且俄罗斯接到的国防订单越来越少。到1996年底，已有数百家军工企业破产，核心潜艇制造企业仅剩1家，舰艇制造企业只剩3家。一些国家被迫在较窄的武器出口范围内进行专业化生产，以提高竞争力。如以色列生产飞机和导弹防御设备，德国和瑞典生产海军装备等。如何在需求约束下保持较高层次的国防研发能力是政府必须考虑的问题。许多国家希望通过武器出口形成规模经济来加快生产的进程，降低单位成本及维持国防科技工业基础。其规模经济的效益可以通过图3-4中坦克生产的平均成本曲线（AC）反映出来。

图3-4说明了为什么规模经济是武器出口的一个有力动因。D表示对坦克完全无弹性的国内需求曲线，P_1为坦克买方政府确定的“控制价格”。武器生产者所获得的收益为$p_1 \cdot q_1$恰好等于总成本。如果武器生产者将其生产增加到q_2，由于规模经济的作用，武器生产者就将获得较低的单位成本（价格为P_3），这将加剧武器生产者的成本竞争，提高其出口武器的能力。图中q_2-q_1表示武器出口数量，如果p_2是国际市场坦克的价格，政府将其为国内需求所支付的价格降至p_2，则政府和武器生产商都能从武器出口中获益。政府购买坦克的防务负担从$p_1 \cdot q_1$降到$p_2 \cdot q_2$，武器生产者获得的利润为$p_2 \cdot q_2 - p_3 \cdot q_2$。

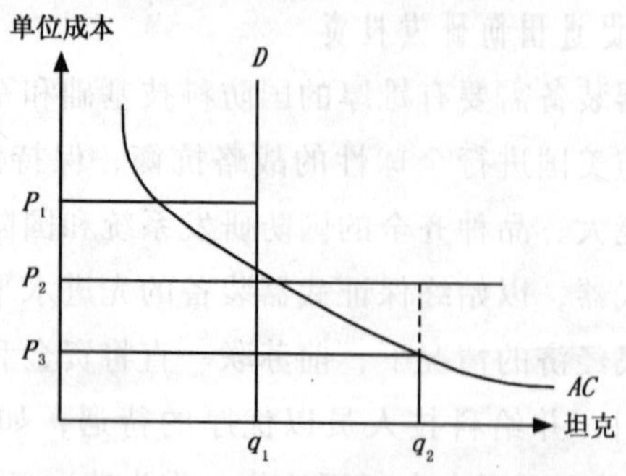

图3-4　武器出口的规模经济分析

俄罗斯长期保持着强大国防科技实力，政府强化军火贸易的措施功不可没。前苏联解体后，不景气的国内经济形势、动荡不安的政局以及北约东扩的国际压力，使俄罗斯国内发展举步维艰，国际政治空间日渐狭小。尤其是俄罗斯从苏联那里接管了70%的军队，同时也“继承”了1 500多家军工企业、500多万生产工人。国内军火需求的急剧减少，使俄罗斯军工企业面临倒闭。于是，俄罗斯开始采取“靠军企自己养活自己”的办法，增加武器出口。近年来，俄罗斯一方面在政策和体制上进行调整，另一方面加大了对军工企业的扶持力度。1999年6月，俄罗斯颁布了《关于积极加强俄联邦同国外进行军事技术合作的措施》的总统令；同年11月，俄政府又通过新规定，具体明确了军品贸易主管部门在计划、协调、监督和检查方面的职能。同时，在制定2000年预算时为军工企业增加了财政拨款，并相应提高了国防订货的数量。俄罗斯还在外贸体制上不断改革，除国营俄罗斯武器和军事技术装备进出口公司主要从事军品出口外，“苏霍伊”航空工业综合体也直接从事对外军品出口，以适应军事航空产品直接由企业出口的需要。2000年8月，俄罗斯又成立两家军贸公司，分别负责零部件、配套设备、售后服务、军工专利技术和许可证贸易等业务，扩大军品出口业务。

为了保持对现代化武器装备研制和有竞争力的新型武器装备开发能力，进一步发挥国防工业的生产潜力，1997年，俄罗斯国防部、经济部和财政部决定对于批准的国防科研项目给予20%～50%的财政支持。同时鼓励军工企业自己为科研项目寻找国内外银行的金融支持，且政府将出面分担一定的风险金。1997年4月，俄罗斯政府实行新的《税务法》，规定有关军事工业核心工艺技术、新型材料的研制和科研设计成果等不缴纳税金。从2001年开始，俄罗斯国防预算的分配结构与前几年相比有显著变化，用于研制和采购新式武器和军事技术装备的资金份额增加了。在总额为2 189亿卢布的2001年国防预算中，用于武器采购、研发的资金占26%，为570亿卢布。2002年又把新增加的700亿卢布中的280亿卢布划拨到武器装备研制费中，使其军费总额比例接近30%。通过这些措施的实行，俄罗斯在装备建设经费有限的情况下，保证了国防科技处于先进水平。

从以上分析可以看出，通过武器出口，出口国可以从中获得超额利润。为了使这种获利能持续发生，必须保持军贸市场的竞争力，出口国会加大先进武器装备的研发投入，武器出口的获利也为这种投入提供了可能，使国防研发进入良性循环。

二、“先发制人”军贸策略的效益分析

继美国提出“先发制人”的军事战略之后，越来越多的国家谋求“先发

制人”，给本已纷乱的世界增添了新的不稳定因素。从理论上讲，任何战略的制定，其原因不是单一的，而是多元的。国防研发投资实现国防科技创新，技术的领先可以使国家在军火贸易中获得垄断地位，实现“先发制人”。因为在安全意义上，那些有被威胁感的国家会产生对先进武器寻购的需求。

（一）构建施塔贝格军火贸易效益模型

1. 施塔贝格市场模型。古诺寡头模型分析了企业同时向市场提供产品的情形，而施塔贝格分析了两家企业的产品先后进入市场，其中一家企业处于支配地位的情形。这种市场条件下的产量竞争为施塔贝格竞争。

施塔贝格市场模型将企业在市场上的产量竞争分为两个阶段，在每个阶段里，企业先后决定其产量。拥有施塔贝格优势的企业可以在市场竞争的第一阶段确定产量，在第二阶段，第二家企业（产量跟随者）根据前一家企业的已知产量，确定能给它带来最大利润的产量。具有施塔贝格优势的企业能够预先确定产量，它要考虑竞争对手随后可能采取的策略，故在确定其最优产量时，应将对手的反应策略考虑在内。施塔贝格竞争的博弈形式如图3-5所示。

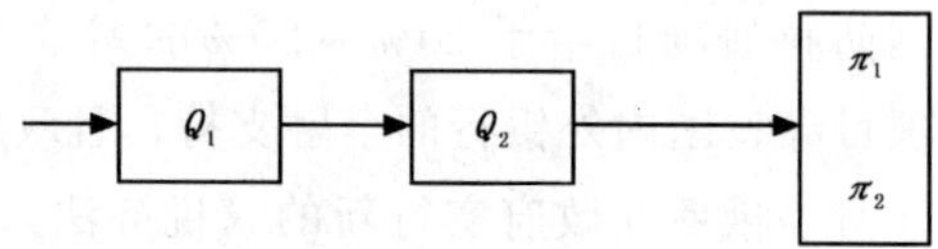

图 3-5 施塔贝格模型的博弈构成

假设市场的需求是线性的，有：

$$p = a - b\sum_{j=1}^{j} q^j$$

p 为产品市场价格，q 为某一企业产量。

如果 q_1、q_2 代表两家企业的产品决策产量，c_1、c_2 分别是两家企业的单位产品成本。则两家企业的利润分别为：

$$\pi_1(q_1,q_2) = p(q_1,q_2)q_1 - Tc_1(q_1) = [a - b(q_1 + q_2)]q_1 - c_1q_1 \tag{3-3-1}$$

$$\pi_2(q_1,q_2) = p(q_1,q_2)q_2 - Tc_2(q_2) = [a - b(q_1 + q_2)]q_2 - c_2q_2 \tag{3-3-2}$$

在施塔贝格产量竞争中，领先者宣布了自己的产量决策，追随者的反应函数与古诺竞争条件下企业的反应函数相同。

设企业 2 为施塔贝格追随者，其决策产量为 q_{2r}，根据古诺均衡反应函数子：

$$a - 2b\bar{q}_j - b\sum_{k\neq j}\bar{q}_k - c = 0$$

可得：$q_{2r} = \arg\max[\pi_2(q_1, q_2)] = \dfrac{a - c_2}{2b} - \dfrac{1}{2}q_1$ (3-3-3)

企业 1 在市场竞争中占有施塔贝格优势，在计算其市场最大利润时，应考虑到企业 2 会协从它的市场销售量，故其利润函数为：

$$\pi_1(q_1) = p[q_1 + q_{2r}(q_1)]q_1 - c_1q_1 = \{a - b[q_1 + q_{2r}(q_1)]\}q_1 - c_1q_1 \quad (3-3-4)$$

2. 施塔贝格军火贸易效益模型分析。武器装备是构成军事能力的重要组成部分，各国为了保持军事实力的平衡，必然参与国际军火贸易。

假设有两个国家，构成施塔贝格均衡的策略集合，集合由国家 1 的武器生产量和追随者国家 2 的反应函数值构成，结构式为 $[q_{1s}, q_{2s}(q_{1s})]$。设两个国家在此均衡条件下的军火贸易利润分别为 π_{1s}、π_{2s}，假设两个国家都是完全理性的。

国家 1 具备施塔贝格优势，会充分利用自己先走一步的优势，去诱使国家 2 做出对自己最有利的反应。国家 1 要达到利润最大化，须满足如下条件：

$$\frac{\partial\pi_1(q_1, q_2)}{\partial q_1} = 0$$

根据（3-3-1）式、（3-3-2）式可得：

$$a - bq_1 - \frac{b(a - c_2)}{2b} = c_1$$

由此可得国家 1 军火生产的施塔贝格最优产量：

$$q_{1s} = \frac{a - 2c_1 + c_2}{2b}$$

$$q_{2s} = \frac{a + 2c_1 - 3c_2}{4b}$$

在此基础上，可以构建武器生产总量、军火贸易价格及利润函数模型：

$$Q_s = q_{1s} + q_{2s} = \frac{3a - 2c_1 - c_2}{4b} \qquad p(Q_s) = \frac{1}{4}(a + 2c_1 + c_2)$$

$$\pi_{1s} = \frac{(a - 2c_1 + c_2)^2}{8b} \qquad \pi_{2s} = \frac{(a + 2c_1 - 3c_2)^2}{16b}$$

对此可通过图 3-6 分析国家 1 的施塔贝格的产量优势。从图 3-6 可以看出，施塔贝格优势是一种先发制人的时间优势，国家 2 在国家 1 的反应函数坐标线上确定自身的最优产量。国家 1 的最优产量高于古诺双寡头市场条件下的最优值，而国家 2 的最优产量低于古诺双寡头市场条件下的最优值。

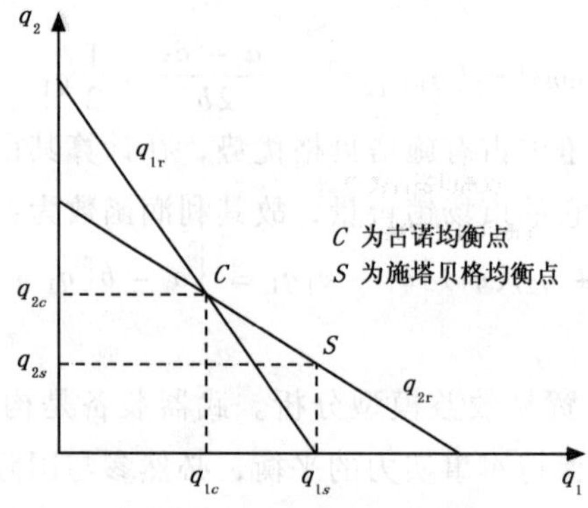

图 3-6 施塔贝格与古诺均衡点的比较

(二) 军火贸易策略分析

从以上模型可以看出，若两个国家投入的武器装备生产成本相同，具备施塔贝格优势的国家贸易利润总是优先于追随者（当 $c_1 = c_2$ 时，$\pi_{1s} > \pi_{2s}$），其策略意义是：具有先发制人的时间优势的国家，能够首先向军火市场提供新的、较多的武器装备，获得较高的经济利益。

1. 具备时间优势的国家即使不具备成本优势，能够通过先入为主的策略保持国际军火贸易竞争优势。

根据上述模型分析，我们可以得出国家 1 的武器生产量与在垄断条件下的最优产量相同，高于国家 2 的武器生产量。因此，同时具备施塔贝格时间优势和成本优势的国家，将获得较大的经济利益。在施塔贝格市场均衡状态下，市场领先者的产量总大于追随者的产量，这为领先者提供了充分积累生产经验，进一步降低成本，巩固市场领先地位的可能。更重要的是，国家一定程度的成本劣势可以通过先入为主的时间优势加以弥补，即使只具备施塔贝格优势而不具备成本优势的国家，仍有可能获得较大的国家军火贸易利润份额。

从技术和生产成本上，俄罗斯并不占有优势，但近几年军火贸易快速发展，与俄总统普京推行的政府扶持政策有很大的关系。因为俄军工产业过去是现在仍然是俄经济的支柱产业。俄出口军火有上千个品种，为了扩大出口，俄向国际市场推出了许多种“拳头”产品，甚至还把最为机密的战略核武器资料印成小册子披露出来，促进俄军火外销。通过抓住先机，抢占军火市场，俄罗斯的军火贸易取得了明显效果。

2. 具备施塔贝格优势的国家可以通过控制价格设置壁垒，阻止其他国家进入国际军火贸易市场。

假设国家 1 为市场垄断者，国家 1 在制定军贸价格决策时，如果国家 2 的产品成本 c_2 大于或等于国家 1 的古诺垄断价格，即 $c_2 \geqslant p_m(c_1) = \frac{1}{2}(a + c_1)$，在此情况下，则国家 2 将无法维持长期生产。所以，只要国家 1 向军火市场提供相等于古诺垄断条件下的产量，就可以保证市场的价格为垄断价格 $p_m(c_1)$。如果国家 2 也向市场提供产品，只会引起市场价格的下跌，在生产连续亏损的情况下，国家 2 的最优策略为止亏停产。

为了增强竞争力，俄罗斯采取很多措施，如采用低价销售、灵活的结算方式和加强售后服务等措施不断开拓世界军火市场的份额。例如，T－72 坦克只卖 180 万美元，而美国的 M1 系列坦克卖到 300 万美元；米格－29 只卖 1 100 万美元，而美国 F/A－18 战斗机卖到3 960 万美元；C－300 导弹系统以低于美国“爱国者”导弹一半的价格向以色列出售。在武器出口付账方式上，既可全部用硬通货美元结算，也可用软货币结算；既可全部易货交易，也可用某类产品部分冲抵美金，还可以给予 10～20 年低息信贷等。俄罗斯还积极为武器购买国提供人员培训、技术支持、合资建厂、供应零配件等多种优惠，以招揽买主。通过这些措施，提高了其军火贸易的竞争优势。

3. 一旦跟随者具备进入市场的能力，具备施塔贝格优势的国家可以采取胁迫手段阻止其进入。

有效手段是调整产品的产量，使该产量下的产品价格刚好降低至跟随者的单位成本。如果国家 2 向市场提供产品，必然使产品价格降低至其成本以下，出现亏损。当然，对于具备施塔贝格优势的国家来说，运用该策略须满足如下条件：一是独占垄断利润要高于施塔贝格双寡头竞争利润；二是要同时具备施塔贝格时间优势和成本优势。否则，当市场价格低于跟随者的产品成本时，也可能低于自己的成本，使自己也遭受亏损。

美国作为资金和技术雄厚的国家，为了保持其竞争优势，采取了很多方法对竞争对手进行遏制，增加自己的军火产量。比如：第一，通过预防外交迫使盟国停购他国产品。1997 年 4 月，美国防部长科恩访韩期间，迫使韩国放弃了购买俄制 C－300 地空导弹而改买美制“爱国者”导弹。第二，通过北约东扩创造军火需求，调整军火生产产量。1997年7月，美国副国务卿艾森施塔特公开宣称北约东扩不仅符合美国的安全利益，而且符合其商业利益，东扩将为美国投资商创造新的机遇，同时也为美国销售军火带来机会。因为加入北约的国家都必须按照北约标准改造军队，各国平均每年至少还要支出3亿~5亿美元来购买军火。第三，玩弄政治游戏，大搞“军事平衡”。美国为了牵制和防范中国的崛起，不断增加向台湾出售武器的数量；美国还炮制“中国威胁论”，刺激亚太地区军备竞赛，趁机向该地区大量军售。第四，不断放宽武器出口政策。1997年1月，美国为抢占东南亚市场将AIM-120中程空空导弹等先进武器（以前只卖给北约盟国）“解禁”。2000年，美国又放松了对北约盟国的武器销售限制。第五，为增强军工企业的国际竞争力，美国政府采取绕过反托拉斯审查的产业政策，支持国防工业超集团化发展。例如，1994年洛克希德公司与马丁-玛丽埃塔公司的合并和1996年波音公司与麦道公司的合并。由此也一直保持着其军火贸易大国的地位。

三、结论与对策

1.制定“先发制人”的军贸战略，提升国际军贸市场的影响力。国际军火贸易早已是公开的秘密，各军火生产大国为了本国利益而纷纷采取灵活的促销方式以增加其在国际军火市场中的份额，将国际军备控制的美好希望寄托于某个国家或一些简单的“防君子不防小人”的国际单边及多边协议都是一件危险的事情。从这一点来说，中国应该有自己明确的军贸战略和军贸政策。在军火贸易活动中，更多地应体现出主动、责任、理性，以加大国防研发投资力度为重点，促进军火贸易的发展，提升我国在国际军贸市场的影响力。

2.加强国防高科技研发，重点突破，提升军贸市场施塔贝格优势。在以信息为核心的新的世界军事变革背景下，战争形态由机械化向信息化方向发展。这种形态决定了武器装备新的市场需求由低价、常规的武器向信息化的武器装备转变。抓住这个历史发展契机，能促进高技术武器装备的发展。但是，作为发展中国家，中国要在国家军火贸易中全面领先是不现实的，也是不可能的。因此，应优先发展具有特色的“杀手锏”武器，在某些方面实现技术与成本的领先，不断提升我国国际军贸市场施塔贝格优势。

3.加大改革力度，加强国防科技工业基础建设，提升制造军贸施塔贝格优势的能力。信息化武器装备的产生与发展是以先进的国防工业体系为基础的。纵观世界各军事大国，其政府历来都是十分重视和扶持国防工业发展的。特别是冷战结束之后，国际安全局势发生了重大变化，导致军品需求发生变化。很多发达国家国内军火订货下降，军工企业生产任务严重不足。为了应对竞争激烈的国际军火贸易市场，保持武器装备的技术优势和军事优势，美、俄等国政府积极协助军工企业扩大军售，对私人部门国防研究与发展的投入实施奖励与补贴政策，帮助其寻求国际生存空间，使整个国防工业始终保持着较高的国际竞争力。中国的国防科技工业对军队未来的发展方向和战斗力的形成起着越来越核心的作用。我国国防科技工业相对落后，国防工业部门普遍依靠单一的市场，低效率、重叠现象和严重的相互隔绝，其生存与发展受到极大的挑战。最近几年，国家采取了国防科技工业整合与激励措施，国防科技工业市场化程度增大，生产与创新能力有了很大提高。最近，看到很令人欣喜的消息，中国自主研制的歼－10A战斗机横空出世引起世人瞩目，很多国家特别是来自亚洲地区国家对其优越性能产生了浓厚兴趣，并不断寻求购买的可能。但相对来讲，武器装备整体上还缺乏竞争力，难以产生军贸的施塔贝格优势，很多高精尖武器装备仍依赖进口。要改变这种局面，国防科技工业的改革与发展还任重而道远。

本章小结

1. 国防研发投资的一个重要特点就是：国防研发投资的收益是间接的，通过研发成果的转化促进国防科技进步，其最终成果的物化形式，例如，军事装备不是一般意义的商品，而是一种特殊的国防产品，其价值无法用货币形式来完全度量。其间接收益可以通过提高发展社会生产力、提高军队战斗力和促进军品贸易表现出来。

2. 国防科技发展源于社会生产力的发展，同时又促进社会生产力的提高。从区间性、相对性的角度看，在我国高技术产业迅猛发展过程中，国防研发投资通过促进技术进步及其扩散发挥着十分重要的作用，并由此推动社会生产力的发展。根据推算，国防R&D每增加1万元，可带动高技术产业增加0.16万元。

3. 国防研发投资能实现战斗力生成模式的转变，国防研发投资的直接产出是国防科技进步，而科技进步导致军队战斗力的增长。在战斗力生成过程中，知识存量是内生的投入品，其规模报酬是否递增、递减或不变，均取决于国防科技生产中知识的规模报酬。θ 取值反映了现有知识存量对研发成败的影响。

4. 国防研发投资和军品贸易之间是相互促进的。加强国防研发投入，可以提升军品市场施塔贝格优势，产生“先发制人”的竞争优势，促进国防工业的发展，扭转军品市场的被动局面。

第四章　国防研发投资的激励

国防研发活动是在信息不对称的条件下进行的。国防研发投资的激励就是以委托—代理理论为基础，通过对投资主体关系进行分析，从扩大竞争方面设计新的更为理想的制度安排，减少信息不对称带来的国防消耗，用激励机制导引众多投资主体参与国防研发投资，使投资规模与结构达到最优化。

委托—代理关系是社会经济生活中一种普遍存在的现象。假设一方要求另一方签订合约，以完成某种类型的行动或者做出某种类型的决策，就形成了委托—代理关系①。委托—代理是一种双边关系，我们把主动缔约方称为委托人，而把受邀缔约方称为代理人。一般来说，委托—代理关系的发生需要具备三项要素：一是理性的合约双方存在利益冲突，即代理人与委托人目标相冲突；二是行为主体间存在着信息不对称；三是在现代市场经济条件下，存在着经济活动的不确定性和风险性。在这三要素中，如果缺少任何一个，都不会产生委托代理问题。委托人代理人实质是，代理人利用信息不对称等条件，从自身利益出发，往往作出违背委托人利益的选择；而委托人则努力通过制度安排中的补偿系统来驱动代理人为委托人的利益而行动。因此，处理委托代理人关系，关键在于如何设计一个系统以实现委托人对代理人的有效激励机制。

军队与国防科研单位各有其私人信息，其行为无法完全使用合同条款进行约束。国防采购过程充满了不确定性，完整的长期合同一般是难以签订和执行的。国防研发活动是在双边垄断的情况下发生的，研发的投入产出衡量困难也给激励问题增加了难以想像的难度。因此，需要研究国防研发投资的

---

① 目前与委托—代理理论比较接近的名词还有信息经济学、激励理论、合同理论等术语。这些名称概指同一理论。信息经济学是不对称信息博弈论在经济学上的应用，研究不对称信息情况下最优交易合同问题，其所有模型都可以在委托人—代理人框架下分析。参见张维迎：《博弈论与信息经济学》，上海三联书店 1997 年版，第 398 页。

委托代理问题，以寻求各主体按委托人目标行动的对策。本章从委托代理关系的角度研究国防研发投资激励机制设计，主要研究三个问题：一是国防研发激励的一般分析，研究投资主体间的委托代理关系的形成以及道德风险和逆向选择问题的模型构建；二是国防研发投资激励机制的设计；三是国防研发投资的风险管理与激励问题。

第一节　国防研发投资激励一般分析

关于激励的理论问题，亚当·斯密在其《国富论》中对雇工工资确定的分析中有所提及，如他提出了激励理论中的激励约束："普通劳动工资的确定取决于双方经常性的契约，而双方的利益并不相同，工人希望得到的更多，而雇主则希望给付越少越好"，他也指出了激励理论中的参与约束："工人必须靠工作养家糊口，因而他的工资至少不能低于维持基本生活的水准。"研究国防研发激励问题，其目的就是在激励相容条件和参与性条件的限制下，寻求委托方的某个目标的最优化。前者是促使代理方采取希望行为的条件，后者是促使代理方接受激励与约束（监督）机制的条件。政府在国防采办过程中面临着一个特别复杂和多侧面的激励问题。许多采购过程是在双边垄断的情况下发生的，市场双方在特殊投资的决策方面相当谨慎。客观地衡量国防研发产出的质量具有相当的难度，这又为激励问题增加了难以想像的困难。除此之外，"政府"不是一个统一的理性行为人，而是一个复杂的多层次机构，政府内部经济活动者之间的激励问题也是很重要的，并且对政府与军工厂商合作的途径产生影响[①]，由此产生复杂的委托—代理关系。

一、特殊的委托—代理关系

在国防研发活动中，存在着引发委托—代理关系的三个要素。首先，行为主体的目标函数各不相同，各有各的特殊利益。比如在政府与企业之间，政府希望达到的目标是国家安全度最大化，而企业的目标是利润最大化，由此必然引致资源配置中的利益矛盾。在军队系统内部，总装备部与总部有关

① 哈特利等：《国防经济学手册》第1卷，姜鲁鸣等译，经济科学出版社2001年版，第306页。

装备部门和军兵种装备部门、总部有关装备部门和军兵种装备部门与军代表局或军代表室之间存在着业务上领导和被领导关系，尽管它们都是军事机构，理论上没有独自的利益，但实际上，由于这些机构的代理人也是具有一定机会主义行为倾向的“经济人”，客观上拥有可自由裁量的权力资源和各自的责任和利益边界，其行为动机常常混合国防公共利益、单位小集体收益、个人得益等，因此彼此间也存在着利益目标的不完全一致性。其次，在相关信息的占有上各方的地位各不相同，呈现出典型的非对称性。如上级代理人可能拥有比下级代理人更多的信息，但针对某一型号装备的具体研制，下级单位在其内部的细节方面，更具有信息优势。最后，政府与军队之间、军队内部各单位之间，均存在国防资源配置中经济关系和经济活动的不确定性和风险性，这就不可避免地在国防科研系统中形成委托—代理关系。

军方承担着为公众提供国防安全这一公共产品的职能，本质上受社会公众委托来实施有效供给，因而是国家或社会的代理机构。作为军队初始委托人的社会公众通过国家最高权力机构（全国人民代表大会）将安全事务委托给政府来代理，政府又将社会安全事务委托给军队及各级机构来具体执行，政府则起到一个监管的作用。由此形成了社会公众对最高权力机构、最高权力机构对政府、政府对军队的国家层面上的委托—代理关系。而军队为了完成使命，需要发展武器装备以提升国防安全供给能力，作为企业（承研单位）的委托人，通过科研机构进行国防 R&D 活动，形成复杂的委托—代理关系链（见图 4-1）。

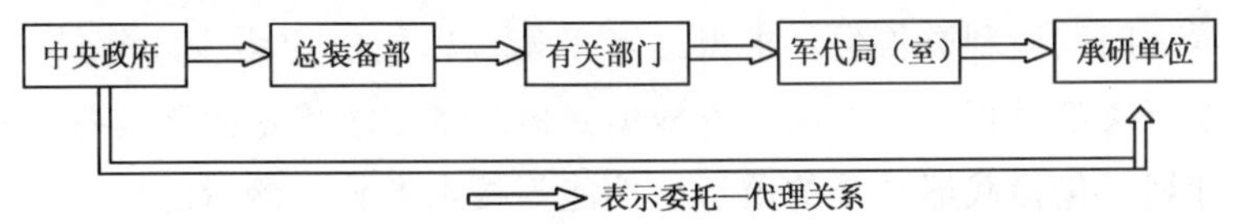

图 4-1　国防研发系统中的委托—代理链

二、委托—代理关系的博弈

根据博弈的定义[①] 及国防研发的概念描述，国防研发具备了博弈的四

① 博弈就是指一些个人、队组或其他组织，面对一定的环境条件，在一定的规则下，同时或先后一次或多次从各自允许选择的行为或策略中选择并加以实施，并从中各自取得相应结果的过程。博弈定义包含了四个要素：参与人、博弈方的行为集合、博弈的次序、博弈方的利益，确定了四个要素，就确定了一个博弈。见谢识予：《经济博弈论》，复旦大学出版社 1997 年版，第 3~5 页。

个要素，即委托方和代理方构成博弈的参加者、委托方和代理方在国防研发中的行为构成了博弈方的行为集合，研发过程中行为的先后构成了博弈的次序，委托方获得的技术创新和代理方获得的有限利润构成了博弈方的利益，如图 4－1 所示。从投资主体看，国防研发活动具有两层博弈关系，即政府与军方、军方与企业。

政府作为国防 R&D 活动的宏观控制与总投资方，其目标包括三个部分：一是投资目标，主要根据国家经济上的承受能力，确定国防 R&D 费用占国家财政支出的比重；二是战略目标，主要根据国家政治、军事、外交需求进行调整；三是社会效益，如国防科技工业的可持续发展、促进国家科技进步、实现社会福利。军方的目标包括四个部分：一是费用目标，以一定的投资规模，获取效能尽可能高的武器装备；二是武器装备质量最优化；三是进度目标，追求国防研发进度的计划性；四是风险目标，追求包括技术、计划、费用、进度风险在内的综合风险的最优化。企业的目标包括两个方面：一是效益目标；二是风险目标，追求包括利润、信誉等在内的综合风险的最优化。博弈三方根据各自目标形成策略。

（一）政府与军方的博弈

军方作为政府代理机构提供国防安全，关心的是武器系统的军事价值最大化，而政府感兴趣的是武器系统的军事价值的净值最大化①。

军方的需求最终是由政府代表国家做决定，正如史密斯所言："国家是个理性的行动者，它要在军队所带来的安全效益与由此而挤占的民用开支的机会成本之间权衡利弊得失，求得二者平衡，以便决定多少才算够。"在国防研发投资决策过程中，先由军方根据武器装备需求确定武器装备预研和型号研制计划，包括武器系统的质量、性能等技术参数，然后由政府确认，并选择一个投入水平。同时，由于军方在技术设计决策方面比政府拥有更多的信息，政府授权军方进行科研项目规模决策，军事代表机构或军队其他有关单位会同装备承研承制单位，向上级单位提出装备设计定型申请，通过审批，确定产出水平。这个阶段的博弈结构如图 4－2 所示。

博弈过程如下：

在军方决策过程中，最优解应符合下式：

① 姜鲁鸣：《现代国防经济学导论》，国防大学出版社 2002 年版，第 106 页。

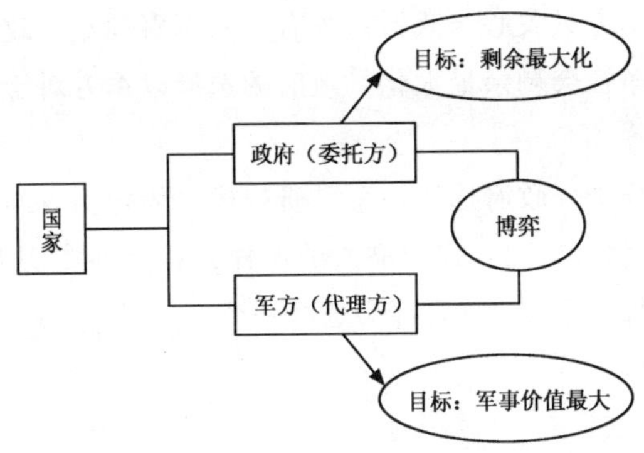

图 4-2 国防研发博弈结构图

$$\max_{x,s}\sum_{i=1}^{n}[V(x)-C(x,s)] \tag{4-1-1}$$

其中，x 是产出，s 是科研规模，$V(\cdot)$ 是武器装备的军事价值函数，$C(\cdot)$ 是成本函数。假定 $V'(\cdot)\geqslant 0$，$V''(\cdot)<0$，即价值函数是递增的凹函数，而 $C'(\cdot)>0$，$C''(\cdot)>0$，即成本函数是凸函数，随着规模与产量的增加而增加。我们假定，有一个最优科研规模 s^* 可以使成本最小化，x^* 为其对应最优产出水平，设 $x^*=\phi(s^*)$，有：

$$\min_{x}C(x^*,s^*)$$

当给定 s 时，政府决策由下式确定：

$$\max_{x}\sum_{i=1}^{n}[V(x)-C(x,s)] \tag{4-1-2}$$

(4-1-2) 式表示政府从国防科技溢出中获得的净社会剩余最大化。与 (4-1-2) 式有关的最优产出水平，用 $\phi(s)$ 表示。同时，假定存在一个规模能力水平 $\bar{s}$，会出现以下三种情况：

$$V(\phi(s))-C(\phi(s),s)\begin{cases}>0 & s<\bar{s}\\ =0 & s=\bar{s}\\ <0 & s>\bar{s}\end{cases} \tag{4-1-3}$$

(4-1-3) 式说明，当 $s>\bar{s}$ 时，就会产生负的净社会剩余，说明国防 R&D 投入规模受国民经济控制，如果科研投入的规模足够大，在各个产出水平上，成本都非常之大，远远超出它所带来的军事价值，这时，零产出水平是这种状况下的最佳值，就不可能有国防科技投资行为发生；当 $s<\bar{s}$ 时，存在着正的净社会剩余。

博弈的纳什均衡分析：军方先行一步，决定规模，以便使 $V(x)$ 最大化，也就是说，军方只关心与武器系统有关的军事利益。政府然后决定一个产出水平，以使净社会剩余最大化，政府的选择以军方对于规模的需求为条件。

再来作后向分析。政府选择一个科研规模，假定为 s，以便使净社会剩余最大化，正如（4－1－3）式所描绘的那样，$s \leqslant \bar{s}$ 时，政府将会选择一个正值产出。对于每一个 s，政府都会选择一个 x，用 $\varphi(s)$ 表示：

$$\varphi(s)=\begin{cases}\phi(s) & s<\bar{s}\\ \{0,X\} & s=\bar{s}\\ 0 & s>\bar{s}\end{cases} \tag{4－1－4}$$

然后，军方实现军事价值最大化：

$$\max_{s} V(\varphi(s)) \tag{4－1－5}$$

按照国防建设与经济建设协调发展原则，军方的选择对于政府的预期行为具有依赖关系，一个均衡的国防科研计划满足下式：

$$\begin{aligned}&\max_{x,s} V(x)\\ &s.t\quad x\in\varphi(s)\end{aligned} \tag{4－1－6}$$

两个行为主体的选择在某一均衡点达到相互协调，所以：

$x^{e}=\varphi(s^{e})$，这里上标 e 表示均衡值。

显然，军方试图选择一个规模使得 x 最大化，因为 V 随着 x 的增大而增大。通过选择 $s=\bar{s}$ 可以实现这一目的。这表明，政府的最优科研规模的选择提高到 $\bar{s}$，在这一点，净社会剩余消失了。军方通过选择 $\bar{s}$ 充分利用了其先行者的优势，便吸取了所有的社会剩余，使其在 $\bar{x}$ 点等于零。

按极值原理，在最优条件下：

$$V'(x)-C'_{x}(x,s)=0 \tag{4－1－7}$$

而在（$\bar{x}$，$\bar{s}$）点，$V'(\bar{x})-C'_{x}(\bar{x},\bar{s})<0$，因为，$V'(\bar{x})=0$，$C'_{x}(\bar{x},\bar{s})>0$，最优解不存在。所以（$\bar{x}$，$\bar{s}$）选择太大，高于最优水平（$\bar{x}$，$\bar{s}$），即有 $\bar{x}>x^{*}$，$\bar{s}>s^{*}$。

结果分析：

1. 军事战略要适应国家经济战略。国防 R&D 决策受经济承受力制约，军方需求过大，博弈所产生的最终结果偏离了最优目标，国防 R&D 行为不能产生。因此，国防科技创新要保持与国家科技创新协调发展。

2. 在现阶段，在国防研制费用有限的条件下，国防 R&D 要坚持非均衡思想，有所为有所不为，努力在瓶颈技术与“杀手锏”武器方面重点突破，努力实现武器装备跨越式发展。

3. 国防 R&D 投资主体多元化。政府作为单一投资主体，必然使国防 R&D 不具有完全的竞争性，这种均衡一般不是最优的。特别是这些分散化均衡可能造成资源在研发活动和传统产品生产之间的无效分配。因此，需要从扩大竞争方面设计新的更为理想的制度安排，用市场机制导引多投资主体参与国防研发投资，推进国防 R&D 市场化进程。

（二）军方与企业博弈

在竞争机制尚未健全的环境中，武器装备研制任务大部分是通过军方与企业（承研单位）进行谈判、签订合同来确定的，合同价格是双方谈判的重点。由于军方目标与研制单位目的的不一致，巨大的交易成本致使军方很难得到研制单位内部的价格信息，造成合同价格的扭曲。问题是通过以下步骤获得解决的：第一，对于一个确定的分摊比例和投标价格，代理人作出一个努力水平的选择，其目的在于使企业预期利润效用最大化；第二，对于每一个分摊比例，代理人确定一个最佳投标价格，在这个阶段努力水平的选择受到第一步的约束；第三，委托人选择一个分摊比例以使预期价格最小化，同时它受到前两步最优投标价格和努力选择的约束，这是一个非合作博弈，其博弈结构见图 4－3。

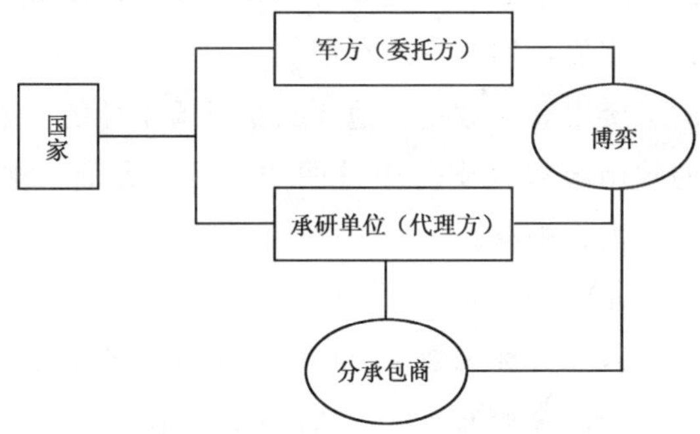

图 4－3　国防研发博弈结构图

1. 国防研发投资中的道德风险模型及其分析。现代经济学已广泛使用“道德风险”这个概念来表示在偶发事件中的不可观察性。国防科技市场的买方独家垄断，战略和技术对需求、成本和绩效固有的不确定性，都会引起道德风险。道德风险是信息显示机制问题的一种特殊形式。这种特殊性从买卖双方产生道德风险的事前假定可以看出。这种假定可以归结为：第一，道德风险认定交易双方在签订合同之前对武器装备合同的信息都是了解的，但是对合同签订后所发生的情况了解是不对称的。第二，由于武器装备研发合同的签订和履行有成本，这就导致军方、企业无法掌握自己所需要的全部信息，道德风险也因此而产生[①]。由于道德风险所涉及的因素复杂，本书通过构建模型对其进行分析。

（1）模型的描述：在国防研发活动中，总装备部的效用依赖于企业（承研单位）提供的科研服务（质量与数量）。我们假设参与人的效用函数属于冯·诺依曼－摩根斯坦效用函数[②] 的类型。从委托人开始，军方代表政府作为委托人设计合约，他是主动缔约方，他获得产出（国防科技创新成果），但他必须支付报酬给作为关系一方的代理人。

用 B（·）作为表示军方偏好的效用函数。军方的行为取决于以下函数：B（$x-w$），其中 w 表示对代理人的支付。假设该函数为凹性递增：$B'>0$，$B''\leqslant 0$。函数 B（·）的凹性表明，委托人是风险中性的，或是风险规避的。另一方面，代理人因其参与这一关系而获得一笔报酬支付。他提供努力，这对他来说意味着一定的成本。形式化，假设代理人的效用函数为：

$$U(w,e) = u(w) - v(e)$$

其中元素 w（工资或支付）和 e（努力）是可加可分的。假设代理人偏好由可加可分的函数来描述，这一假设意味着，他的风险规避态度不随他的努力而变化，这是对将要使用模型的约束。

代理人从他的工资中获得效用，他要么是风险中性的，要么是风险规避的。表示他偏好的效用函数在支付中是凹的，另一方面，他提供的努力越多，意味着负效用越大，则有：

$$u'(w) > 0,\ u''(w) \leqslant 0;\ v'(e) > 0,\ v''(e) \geqslant 0$$

从委托人和代理人的目标函数中，可以看出模型的基本组成部分来自于双方的利益冲突。这一冲突归根于三方面因素：第一，当委托人关心结果时，代理人却不直接关心这方面。第二，委托人不直接对努力有兴趣，而代理人却有，因为努力对他是一种成本。第三，即更多的付出更可能造成更好的结果。因而，存在双方目标之间的利益冲突，而合约是使双方目标兼容的

① 军品采办过程中的道德风险模型一般可以分为隐蔽信息的道德风险模型、隐蔽行为的道德风险模型。见李鸣著：《军品采办理论研究》，国防工业出版社 2002 年版，第 87 页。

② 指假定参与者最大化其“期望”支付。

方法，以这样的方法，委托人支付给代理人的工资 w 就补偿了代理人提供委托人所需的努力。

假设在竞争条件之下，委托人向代理人提供合约，合约的条款不经由双方的讨价还价。代理人只能选择是接受或者拒绝，如果他拒绝，那么他会转向市场提供给他的其他机会。外部机会提供给代理人的预期效用，记为$\underline{U}$。只有合约让代理人获得的预期效用不低于他的保留效用，他才会接受它。在此情况下，双方因合法的联盟而联系在一起直到合约中止。

在该博弈的第一阶段，委托人设计合约，预期代理人的行为。设：

$p_i(e) = \text{pro } b[x = x_i \mid e]$,对于 $i \in \{1,2,\cdots,n\}$

形式化，则委托人推出的合约就是以下问题的解：

$$\max_{e,\{w(x_i)\}} \sum_{i=1}^{n} p_i(e) B(x_i - w(x_i)) \tag{4-1-8}$$

$$s.t \quad \sum_{i=1}^{n} p_i(e) u(w(x_i)) - v(e) \geqslant \underline{U} \tag{4-1-9}$$

$$e \in \arg\max_{e} \Big\{ \sum_{i=1}^{n} p_i(e) u(w(x_i)) - v(e) \Big\} \tag{4-1-10}$$

其中的第一个约束是参与约束（4-1-9），给定代理人将付出的努力和合约的条款，代理人决定是否接受委托人提出的合约。而第二个约束就是激励相容约束（4-1-10），这一约束反映了道德风险问题：一旦合约被接受，由于努力是不可证实的，代理人会选择最大化的目标函数的努力水平。(4-1-10)式反映的事实是，如果代理人通过签约的所得，并不大于等于他从市场中其他选择中的所得，那么他总会拒绝这一合约。

假设条件：军方是风险中性，而代理人（承研单位）是风险规避的不对称性问题①。为了简化分析，假设承研单位的努力只能取两种可能值：$e \in \{e^H, e^L\}$。努力水平 e^H 表示代理人努力工作的情况，而付出 e^L 意味着他懈怠。代理人努力工作时努力的负效用将大于一个懈怠的代理人努力的负效用：$v(e^H) > v(e^L)$。对结果的组合 X 从差到好排序：经 $x_1 < x_2 < \cdots < x_n$,对于所有的 $i \in \{1,2,\cdots,n\}$，令 $p_i^H = p_i(e^H)$ 表示当代理人提供高努力时，获得的结果为 x_i 的概率。同样地，用表示 $p_i^L = p_i(e^L)$ 当代理人提供低努力时获得的结果为 x_i 的概率。相比低努力，委托人更偏好高努力。

---

① 因为在对称信息下，最优合约是对代理人的固定支付。任何对这一合约形式的偏离，都归因于道德风险问题的存在，而如果代理人是风险中性的，一个特许合约，就可以解决这个问题。

一旦当 p^H 一阶随机占优于 p^L 时，给定高努力的生产率就大于给定低努力的生产率，即：

$$\sum_{i=1}^{k} p_i^H < \sum_{i=1}^{k} p_i^L \quad \text{对于所有 } k = 1,2,\cdots,n-1$$

这一不等式反映了当代理人懈怠时坏的结果比他勤奋工作时更为可能的现实，有 $\sum_{i=1}^{n} p_i^H = \sum_{i=1}^{n} p_i^L = 1$。如果委托人需要低努力，那么无疑道德风险问题不存在，支付给代理人一个定额就足够了，这与在对称信息下为了保证代理人的保留效用水平而对他支付是一样的，于是代理人会选择 e^L。为了使代理人选择 e^H，军方需要寻求一个合约，在此合约下对承研单位的支付将取决于获得的最终结果。在这种情况下，激励相容约束可以写成下式：

$$\sum_{i=1}^{n} p_i^H u(w(x_i)) - v(e^H) \geqslant \sum_{i=1}^{n} p_i^L u(w(x_i)) - v(e^L) \qquad (4-1-11)$$

转化为：

$$\sum_{i=1}^{n} [p_i^H - p_i^L] u(w(x_i)) \geqslant v(e^H) - v(e^L) \qquad (4-1-12)$$

条件（4－1－12）有一个非常直观的解释，即如果与努力相关的获得预期效用大于所蕴含的成本增加（负效用），代理人会选择努力水平 e^H。

为了计算出代理人选择高努力的最优合约，委托人必须解以下问题：

$$\max_{\{u(xi)\}\, i=1,\cdots,n} \sum_{i=1}^{n} p_i^H [x_i - w(x_i)] \qquad (4-1-13)$$

$$s.t \quad \sum_{i=1}^{n} p_i^H u(w(x_i)) - v(e^H) \geqslant \underline{U} \qquad (4-1-14)$$

$$\sum_{i=1}^{n} [p_i^H - p_i^L] u(w(x_i)) \geqslant v(e^H) - v(e^L) \qquad (4-1-15)$$

寻求作为问题（4－1－13）解的候选合约，需要找出满足这一问题的库恩－塔克条件的那些点。该体系的拉格朗日方程为：

$$L(\{w(x_i)\},\lambda,\mu) = \sum_{i=1}^{n} p_i^H [x_i - w(x_i)] + \lambda\Big[\sum_{i=1}^{n} p_i^H u(w(x_i)) - v(e^H) - \underline{U}\Big] + \mu\Big[\sum_{i=1}^{n} [p_i^H - p_i^L] u(w(x_i)) - v(e^H) + v(e^L)\Big]$$

将上式对工资 $w(x_i)$ 求导，对于所有 $i=1,\cdots,n$，其一阶条件为：

$$-p_i^H + \lambda p_i^H u'(w(x_i)) + \mu[p_i^H - p_i^L] u'(w(x_i)) = 0 \quad \text{对所有 } i = 1,\cdots,n$$

化简为：

$$\frac{p_i^H}{u'(w(x_i))} = \lambda p_i^H + \mu[p_i^H - p_i^L] \qquad (4-1-16)$$

将（4－1－16）式从 $i=1$ 加到 $i=n$，因为 $\sum_{i=1}^{n} p_i^H = \sum_{i=1}^{n} p_i^L = 1$

由此得出：

$$\lambda = \sum_{i=1}^{n} \frac{1}{u'(w(x_i))} > 0 \qquad (4-1-17)$$

因此，关于参与约束乘数的库恩－塔克条件（即要求 $\lambda \geqslant 0$）得到满足，而且参与约束成立（取等号时成立）。

由（4－1－16）式可得：

$$\frac{1}{u'(w(x_i))} = \lambda + \mu\left[1 - \frac{p_i^L}{p_i^H}\right]，对所有\ i = 1,\cdots,n \qquad (4-1-18)$$

从这一等式可推导出最优合约的特性。$\mu \neq 0$，因为如果 $\mu = 0$，那么（4－1－18）式表明，w（x_i）就必须保持不变，这就如同对称信息的境况。但这样的情况发生，激励相容约束便不能得到满足：等式左边等于零，而等式右边则严格为正。可以看出，不变的工资将只能买到代理人最低的努力水平。

（2）模型分析：

第一，在竞争性条件下，要充分考虑承研单位的机会成本问题，特别是国防科技创新能力不足的情况下，要积极鼓励承研单位参与国防 R&D 活动。无视其独立主体地位和独立利益，国防 R&D 活动很难扩展。

第二，承研单位可能利用其某些信息优势有意或无意干扰军方的监控信号，军方在装备审价过程中难以获取真实的成本信息，导致价格控制困难。军方需要补偿由于采用这些监控措施而引起的代理人效用损失，通过增加最低保留效用来增加对承研单位的激励是一种有效办法。军方通过修改最低保留效用作额外补贴可能使得代理人有动机来揭示有关他努力的信息，以证明他该得到某个最低保留效用或额外补贴。

第三，固定支付对代理人不具有激励诱导作用，而分享所获得利益和加强监督却能激励代理人的努力。我国传统的武器装备成本加成定价制度是一种典型的固定支付，对承研单位的激励作用很小。代理人的努力程度与代理人所得固定支付无关，很难改变“拖进度、降质量、涨价格”的现象。说明在缺乏激励机制引导下，固定的研制经费不具有激励作用。因此，尽管研制所消耗的固定研制经费总额并不少，但效益不高。

2. 国防研发投资中的逆向选择模型。阿罗认为不对称信息包括两种形式，隐蔽行为和隐蔽知识。隐蔽行为导致道德风险，而隐蔽知识导致逆向选择。逆向选择与道德风险还有一个差异，即委托人对代理人的私人信息由于验证信息成本的昂贵而放弃对这种信息的披露。在国防研发活动中，由于代理制存在的事实，我们可以推知企业作为代理人有可能得到军方作为委托人所无法获得的信息，例如，一个项目真实的机会成本，所使用的技术要求，以及与技术相适应的代理人能力要求等都属于这类信息的范围，而这可能是代理人的私人知识，这种情形就会导致逆向选择问题。如果不能妥善解决，就无法控制国防研发的质量和产品价格。在道德风险中，存在着努力引致和风险分摊的问题，在这个意义上，最优合同是成本分摊合同。而对于逆向选择问题，租金获取代替了成本分摊，最优合同是租金分配合同。

(1) 模型的描述：假定企业（承研单位）努力的发挥 e 与向军方的预期支付 $\Pi(e)$ 相联系，并且企业的努力是可证实的，委托人是风险中性的，有 $\Pi(e)=\sum_{i=1}^{n}p_i(e)x_i$。为了简化，假设 $\Pi'(e)>0$ 和 $\Pi''(e)<0$。

代理人可以是两种类型中的任何一种，委托人不能区别他们。这两种类型的不同仅仅涉及努力函数的负效用，即类型 1 的 $v(e)$ 和类型 2 的 $kv(e), k>1$。因此，任何特定努力的负效用对于类型 2 的代理人都更大。在此把第一种类型叫做“好的”类型（以 G 表示），把第二种类型叫做“差的”类型（以 B 表示）。这是因为对于同样的努力，委托人不得不向第二种类型比向第一种类型支付得更多。则代理人的效用分别为：

$U^G(w,e)=u(w)-v(e)$ 和 $U^B(w,e)=u(w)-kv(e)$

如果不存在逆向选择问题，而且委托人与 G 型代理人签约，那么他解下面的问题

$$\max_{[e,w]}\Pi(e)-w$$

$$s.t\quad u(w)-v(e)\geqslant \underline{U}$$

其中，给定初始假设，关于（w，e）是凹的。G 型代理人的最优合约（e^{G^*}，w^{G^*}）由下面的方程描述：

$$u(w^{G^*})-v(e^{G^*})=\underline{U}$$

$$\Pi'(e^{G^*})=\frac{v'(e^{G^*})}{u'(w^{G^*})}$$

第一个方程是参与约束，第二个方程是效率条件，它要求 G 型代理人与委托人的努力与工资的边际替代率相等。

如果代理人是 B 型的，则最优合约（e^{B^*}，w^{B^*}）由下面的方程确定：

$$u(w^{B^*}) - kv(e^{B^*}) = \underline{U}$$

$$\Pi'(e^{B^*}) = \frac{kv'(e^{B^*})}{u(w^{B^*})}$$

可以看出，军方要求承研单位付出更多的努力是最优的，对军方来说，努力就是更低的成本，即 $e^{G^*} > e^{B^*}$。不过，并不能确保他们的报酬之间具有这样的关系，因为存在着相反的两种效应。一方面，任何特定的努力水平给 B 带来的成本都大于 G，这样一来对于给定的努力水平，为了加入合约，B 就要求比 G 更高的报酬。另一方面，军方要求 B 型企业的努力小于要求 G 型企业的努力，这样在相等的努力成本上，后者将要求得到高的报酬。

如果存在不对称信息问题，即承研单位知道他们的类型，但委托人不知道其类型，则合约 $(e^{G^*}, w^{G^*}), (e^{B^*}, w^{B^*})$ 对于军方就不利。如果军方向任何承研单位提供这两种合约，以允许承研单位自由选择他最喜欢的合约（因为委托人不能识别他正在交往的代理人的类型），那么 B 型企业将选择为他设计的那种合约。但 G 型企业却会偏好（e^{B^*}，w^{B^*}）甚于（e^{G^*}，w^{G^*}）。因为 G 型企业从第二种合约得到$\underline{U}$，但是在前一种合约的条件下，他的效用更大：

$$U^G(w^{B^*}, e^{B^*}) = u(w^{B^*}) - v(e^{B^*}) > u(w^{B^*}) - kv(e^{B^*}) = \underline{U} \tag{4-1-19}$$

为了计算在这种境况中委托人能够提供的最佳合约，假设军方将承研单位是 G 型的概率看作 q，在这里，$0 < q < 1$。

由于军方不能观察到承研单位的类型，所以合约的菜单必须使每一个企业如实地披露他的类型所得到的效用大于他欺骗委托人所得到的效用。军方的问题是在所受约束之下最大化他的预期效益。其约束为，在考虑到委托人提供的各种合约之后，代理人决定向委托人表明，他选择为他这种特定代理人类型设计的合约，即：

$$\max_{[(e^G, w^G), (e^B, w^B)]} q[\Pi(e^G) - w^G] + (1-q)[\Pi(e^B) - w^B] \tag{4-1-20}$$

$$s.t \quad u(w^G) - v(e^G) \geqslant \underline{U} \tag{4-1-21}$$

$$u(w^B) - kv(e^B) \geqslant \underline{U} \tag{4-1-22}$$

$$u(w^G) - v(e^G) \geqslant u(w^B) - v(e^B) \tag{4-1-23}$$

$$u(w^B) - kv(e^B) \geqslant u(w^G) - kv(e^G) \tag{4-1-24}$$

前两个约束保证这两种代理人类型将接受他们各自的合约（参与约束），而后两个约束是确保每一种代理人类型个人有兴趣接受为他那种类型设计的合约，而不是为其他的代理人类型设计的合约。

为了满足这些约束，最优合约必须要求最有效率的代理人付出更大的努力，也即，$e^G \geqslant e^B$，因为（4-1-23）式和（4-1-24）式表明：

$$v(e^G) - v(e^B) \leqslant u(w^G) - u(w^B) \leqslant k[v(e^G) - v(e^B)] \tag{4-1-25}$$

其中，由于 $k>1$，这蕴含着 $v(e^G) \geqslant v(e^B)$。

对上述模型建立拉格朗日方程，可推出如下结果[①]：

$$u(w^G) - v(e^G) = \underline{U} + (k-1)v(e^B) \tag{4-1-26}$$

$$u(w^B) - kv(e^B) = \underline{U} \tag{4-1-27}$$

$$\Pi'(e^G) = \frac{v'(e^G)}{u'(w^G)} \tag{4-1-28}$$

$$\Pi'(e^B) = \frac{kv'(e^B)}{u'(w^B)} + \frac{q(k-1)}{(1-q)}\frac{v'(e^B)}{u'(w^G)} \tag{4-1-29}$$

从模型结果可以看出：假设军方的最优合约菜单为 $\{(e^G, w^G), (e^B, w^B)\}$，如果军方愿意，他能提供一份多个合约的菜单 $\{(e^G, w^G), (e^{B^*}, w^{B^*})\}$[②]，以使 $e^G > e^{B^*}$，$w^G > w^{B^*}$，进而使得它是自我选择的，即：$U^G(w^G, e^G) > U^B(w^{B^*}, e^{B^*})$ 以及 $U^B(w^{B^*}, e^{B^*}) > U^B(w^G, e^G)$。从根本上讲，军方更为关心要求 G 付出比 B 付出较多的努力，改进初始合约的一种办法，是要求最有效率的企业付出更大的努力，并及时地以更高的工资补偿他（正好足以使他不去选择适于最低效率的代理人的合约）。例如，为了能够要求有效率的努力水平，而支付比对称信息条件下更高的工资。然而，对于委托人来说，力图通过仅仅改变 G 的合约，而不改变 B 的合约来改进这一境况，不是最好的办法。为 B 设计的合约对于 G 是“诱惑”。因此，在逆向选择条件下为 B 提供的合约也被修改为：$e^B < e^{B^*}$ 和 $w^B < w^{B^*}$。

① 推导过程从略。

② 对 B 型代理人的合约进行扭曲，以实现 G 型代理人的效率。

这样修改的理由是，通过提供给 B 的合约扭曲（从而造成效率损失），这个合约对于 G 变得不大有利，而且必须付给他的信息租金（现在支付的报酬与信息对称条件下对于同样的努力要支持的报酬之差）因此而降低。这样在提供给 B 的合约上创造的效率，与减少支付给 G 的信息租金之间，就存在着一个替换。由于修改 B 的努力水平仅仅引致了委托人福利的二阶效应，而 G 的信息租金减少则是一个一阶效应，所以这一替换有利于上述扭曲，并且启动该扭曲对军方总是有利的。委托人对这一合约最优扭曲的程度取决于代理人是 G 型的概率。如果企业是 B 型的概率越大，改变提供给 B 型企业的合约就越不那么有利，而当企业呈现为 G 型概率大的时候（这是相当少有的情况），更可取的是支付租金。在极限处，当 $q \to 0$ 时，为 B 设计的合约就集结为对称信息合约。另一方面，如果企业几乎都是 G 型的，军方则宁愿设计一个合约，最低效率的代理人（他们是稀缺的）合约中引入大的扭曲，而不愿将低的信息租金给予最有效率的企业。因此，如果 $q \to 1$，则合约的扭曲是最大化的。

(2) 模型分析：国防研发中存在着逆向选择问题，军方作为委托方并不知道承研单位的类型，最优激励方式是针对不同的承研单位设计不同的合约，最优合约菜单 $\{(e^G, w^G), (e^B, w^B)\}$ 具有下列特征：

第一，参与条件仅仅对 G 型承研单位成立，而其他单位则得到 $(k-1)v(e^B)$ 的信息租金。这就是说，最有效率的国防科研单位，由于其私人信息，得到了超过他的保留效用水平的效用。这个特征表明：给定逆向选择问题，唯一有效率的合约是给不想伪装自己的承研单位的合约。在当前条件下，国防科技工业打破垄断格局，保证与 G 型单位订立合约是提高国防 R&D 投资效益的前提。

第二，高效率单位激励条件解有效，而相应的低效率单位激励条件解无效。增加高效率的国防科研单位数量是实施激励机制的有效条件（增加 q 的值）。我国国防科技发展首先调整国防科技工业结构，规范企业准入制度，完善企业目录修订机制，引导具有创新力的企业加入到国防科技领域，是提高国防 R&D 投资效率的根本途径。

第三，扭曲被引入最低效率（B 型）承研单位的效率条件。由于扭曲，军方相对于 B 型企业损失了效率，但其向 G 型企业支付的信息租金少了。这两种效应之间的替换有利于扭曲。由于信息的缺乏，军方必然会向低效率的代理方支付信息租金。我们国家目前实施军工企业改革，“小核心、大协作”的市场化进程将会引导越来越多的私营企业加入到研制军品的行列之中，如何判断企业品质也是关系到研发效率的重要问题，强化监督机制，实行优胜劣汰是降低信息租金的有效办法。

第二节 国防研发投资的激励机制设计

在所有的国防科技领域占有比较优势，是国防研发目标。激烈的竞争使得国防科技的生命周期缩短，创新产品的生命周期也在不断缩短，这种技术的动态性决定了国防研发活动是一个持续的过程，而国防研发投入是保证研发活动不断进行的基础。庞大的国防 R&D 活动，高额的 R&D 支出，需要有高效而有序的运行机制。由于以美国为首的西方发达国家具有市场经济条件下比较成熟的采办机制，所以本节首先分析西方国防研发投入激励机制，然后分析我国的国防研发投资激励机制的形成。

一、西方国防研发投入激励机制

目前，西方发达国家，在较成熟的市场经济环境中形成了较有效的国防 R&D 投资激励机制。主要有这样几种形式：国家实验室进行的国防 R&D 活动；国防 R&D 的设计竞争；独立的 R&D 补贴机制等。

（一）国家实验室进行的国防研发活动

二战结束后，西方国家政府投资的国家实验室快速发展，国家实验室是国家 R&D 活动及国防 R&D 活动的主要承担者，并且一些大的国家实验室往往从事的都是国防 R&D 活动。美国作为全球唯一一个超级大国，为了保持军事优势和霸主地位，多年来，国防 R&D 经费一直占美国政府 R&D 总经费的 40%以上，且随着国际局势的变化和政府的战略取向的变迁有所波动。如冷战期间，国防 R&D 经费一度高达 65%以上，冷战结束后逐步下降，但是在“9·11”事件后，国防 R&D 经费再度攀升，2004 年达到 51.3%[①]。到 20 世纪 90 年代，美国大大小小的国家实验室约有 700 多家，这些实验室的资金需求约占美国联邦 R&D 投资的 32%～35%左右。2001 财年美国联邦 R&D 初步预算为 815.26 亿美元，实验室投资为 93.3 亿美元，占国防部 R&D 投资

① 《国外社会公益研究状况比较》[OL]，http://www.ahinfo.gov.cn/xinwen/kjwz/kjwz2005。

的 25.64%[①]。

美国政府研究机构的主要形式是联邦实验室，以政府直接管理的联邦实验室居多，也有一些委托大学、企业和非盈利研究机构代管的联邦实验室。非盈利研究机构在美国的社会公益研究中发挥越来越重要的作用。在德国，大学和政府研究机构是财政科技预算最主要的执行机构。其中，隶属于马普研究会等四大研究会的政府研究机构不仅数量众多，而且实力强大，在德国社会公益研究中作用较为突出。英国的政府研究机构原来较多，但经过私有化取向的机构改革后，相当一部分应用型研究机构成为私营公司，还有一些基础型研究机构成为非盈利机构或公司，按领域分别隶属于不同的研究理事会，如著名的罗林研究所就属于生物技术和生物学研究理事会，只有少数研究机构保留在政府机构中，成为政府的下属执行机构。长期以来，法国政府非常支持政府科研机构的发展，约有 3/4 的科技预算都投向了政府研究机构。在政府的大力支持下，法国政府研究机构不仅数量较多，而且在社会公益研究领域实力也较为雄厚。在日本，政府研究机构（主要指国立科研机构）和特殊法人研究机构是社会公益研究的中坚力量。

国家实验室作为政府研究机构和半官方研究机构的代表性组织，这些国家目前主要存在着三种管理机制：(1)政府所有、政府管理的实验室(GOGO，Government Owned，Government Operated)。GOGO 模式中的实验室建筑用地及资产设施通常为国家所有，R&D 活动的管理也由政府行政部门负责并雇佣职员，美国国防部绝大多数实验室以及美国国家标准和技术学会的实验室都是以该种模式进行运作和管理的。(2) 政府所有、委托管理的实验室（GOCO，Government Owned，Contractor Operated)。GOCO 模式的实验室地产、设施为国家所有，或由国家直接租借给合同商，而大学、公司或非营利性机构以合同商的形式与政府签订合同，充当承包人负责为政府服务的实验室的运作和管理。这类模式管理的实验室主要是美国能源部的一些全国性的超大型实验室和美国国家宇航局（NAFA）最大的实验室——喷气推进实验室等。(3) 联邦资助的研发中心模式（FFRDC，Federally Funded Research and Development Centers)。FFRDC 运作模式是，应政府的要求，一些大学、公司或非营利性机构以合同商的形式与政府相关机构签订长期研发合同，投资建

① National Science Foundation，2001，Federal Funds for Research and Development：Fiscal Years 1999，2000，and 2001 [R]，NDF 99－333，Arlington，VA.

立为政府特定需求服务的研发机构。这种模式以合同的形式由合同商对R&D活动进行管理运作，资产和设施主要为合同商所有，或合同商根据合同用政府提供的资金采购和建造实施设施，政府只是为合同商提供长期的研究资金，FFRDC的管理者并非政府雇员。一般来说，政府与合同商签订的一次性合同维持在5年左右，能提供研究所需的资金。目前美国联邦政府以FFRDC模式资助36个研发中心，其中，与国防研发相关的有26个（包括国防部及能源部的FFRDC），占FFRDC运作的72%。如空军资助的麻省理工学院的林肯实验室、国防部资助的兰德公司的国家防务研究会、国防部部长办公室资助的卡内基·梅隆大学的软件工程学会及能源部的9个大型综合项目实验室等。不同类型实验室的管理方法和研究取向有很大的不同。在美国，以基础研究为主的国家实验室一般采用GOGO模式；以应用研究和试验发展为主的实验室多采取GOCO模式，如能源部所属的国家实验室都由大学或私有组织代管；而一些跨领域高精尖的技术进行研究和开发多采用FFRDC模式。2001年美国国防部投入实验室的国防R&D资金有93.30亿美元，其中，有85.79亿美元是按GOGO模式运作的，另有7.51亿美元是按FFRDC模式运作的。在英国，由于财政和管理问题，国家实验室大多实施了体制改革。由于私有化改革进行的比较彻底，国家实验室中极少采用GOGO模式。在法国，国家实验室基本上都采用的是GOGO模式，具体管理方式为合同管理，即政府与国家实验室每四年签订一次研究合同，并在合同中约定国家实验室的研究方向、研究目标和相应的资金保障。

与GOGO模式相比，FFRDC模式和GOCO模式有如下优越性：一是能实施有效管理，由于非联邦私营机构在管理知识和风格上的优势，因此，对国防R&D机构进行成本效率管理成为可能，FFRDC和GOCO模式的合同商从成本控制出发，可根据环境的变化调整采购和人事方面的政策，从而降低国防研发成本；二是加快技术转移和扩散。通过合同商的桥梁作用和GOCO模式的运行体制有利于国防高技术向民用经济的快速转移和扩散；三是有利于政府机构和私营部门的资源整合，使政府资源得到充分有效的利用。

（二）国防R&D项目的设计竞争机制

为了促进国防研发投资，减少信息不对称带来的国防消耗，西方国家政府通过采办的办法对主要承包合同给予奖励，这种办法称为“通过设计和技术竞争来采购”。这种方法的本质在于，直接公布政府需要某种类型的技术创新，鼓励私人厂商进行必要的研发投资，其投资所需要的成本通过产品的销售利润来获得补偿，通过合同管理实现国防 R&D 项目的市场化运作。具体做法是：政府机构（如国防部）将其国防 R&D 项目需求计划公布，企业组织力量对该计划进行研究，之后，一些有代表性的大公司会向国防部提交项目竞标计划。国防部在收到这些竞标计划后，对这些计划作出详细的评估，根据竞标质量进行评级。如果某个公司的项目竞标计划得到国防部的最高“评级”，这意味着他很可能被选为该项目的合同商。国防部通过综合评价后，一般与评级最高的企业签订研发合同。作为竞争获胜者，中标公司在随后的几年肯定会得到国防部一系列的资金和订单（除非有关方面取消了该项目），如 R&D 研发资金，产品、备用零件的采购和维修合同及人员培训合同等。这些在“设计竞争”中胜出的合同商通常被官方确定为“竞争性”合同商，其真实的收益并不依靠先前中标的国防 R&D 项目合同，而实际上是来自于随后官方指定的一系列的“非竞争性”合同，如前述的产品、备用零件的采购和维修合同及人员培训合同等。据统计，在 1994 财年，美国设计竞争合同商的非竞争性伴随合同的金额是“设计竞争”合同的 27.2 倍[①]。通过“设计竞争”进行的国防 R&D 研发活动，在政府支出国防 R&D 费用的同时，也鼓励了私人企业进行必要的 R&D 投资，而投资商的成本将从产品的销售及一系列的非竞争性伴随合同而得到回收。

美国具有世界上最具实力的国防科研和军工企业，许多企业均具有军民多种产品科研生产能力，仅就军用飞机和导弹的科研和生产而言，就有波音、洛克希德·马丁、麦道、休斯和诺斯罗普等世界知名公司，其特点是各家均有自己独特的本领，但都有组织成套装备的国防研发和生产能力，为美国军方进行装备科研生产的竞标奠定了可供选择的物质技术基础。鉴于此，美军在选择装备的承研商时便有了足够的自由度，也便于通过设计竞争来降低装备的费用和信息成本，从而提高武器装备的性价比。比如，在第四代战机的研制过程中，洛克希德公司在 F/A－22 投入小批量生产前，研制了 2 架 YF－22A 原形机，参与美国空军“先进战术战斗机”的竞标，结果击败了诺思罗普公司研制的 YF－23 原形机，当选为美国下一代战斗机的原形。他们各自按照自己的科研实力和对未来军方需求的理解判断，研制出两种不同风格的第四代战斗机的过程，就充分体制了竞争所代表的意义。虽然世界上许

① Lichtenberg，Frank．R．Economics of Defense R&D［A］．Hartley K and Sandler T，1995，Handbook of Defense Economics［C］，Elsevier，pp.431～459．

多国家由于实力所限做不到这一点，但美军鼓励竞争的做法仍具有借鉴意义，即当科研企业发展到一定水平和阶段后，国家鼓励一定形式和范围的竞争将是必然的趋势，竞争是企业成熟和实力的体现，通过竞争，也提供了装备发展的不同实现途径，最终为军方的武器装备发展提供了更多的选择。而中标的企业，从竞争性合同和非竞争性合同中所获得的利润也会是相当可观的，而且国家也会通过一定的形式对参与竞标的企业给予一定的补偿，从而实现政府与企业在国防 R&D 投资活动中激励与参与约束的融合。

（三）独立的国防 R&D 补贴机制

在西方主要军事大国，政府不仅大量投入国防研发资金开展国防研发活动，而且鼓励私人企业或机构投资国防 R&D，以弥补国家投资的不足。在鼓励私人企业或机构开展国防 R&D 的活动中，这些国家不仅在设计竞争方面给予奖励，而且还对用于赢得这种奖励的开支实施补贴。这种对私人投资国防 R&D 实施的补贴政府也称为独立的 R&D 补贴政策，是指国防合同商在没有得到国防部门资助、获得合同或拨款的情况下，利用自有资金，自主地开发国防技术的一种活动。

国防 R&D 补贴的运作是这样的：军方和企业对某个国防项目的研发或论证都是独立的，或者双方之间没有任何 R&D 开发合同或协议，换句话说，尽管国防合同商与军方签订了某项国防合同，但为了提高公司在军方的合同竞争力，国防合同商会在未与军方签约的情况下，利用公司自有资金从事其他国防 R&D 活动。为了弥补国防合同商在国防 R&D 活动中所消耗的费用，军方会对其 R&D 支出成本进行一定程度的补助，即在国防采购条例中，认定这些独立的 R&D 成本是“合理的”，它们可以企业管理费的形式间接计入合同商的合同成本之中。一般来说，合同商国防 R&D 补贴额的确定是根据双方协商的最高限额所决定的。因此，如何与合同商商谈国防研发实际资助的最高限定决定着独立的国防 R&D 补贴机制的效率。例如美国国防部对美国计算技术领域基础研究长达 30 年的革命性资助和长期孵化，使信息技术、网络技术成为美国经济发展的主要趋动力，美国成为世界经济信息化时代的火车头，实现了从机械化向信息化的成功转型。

二、国防研发投资激励机制分析

目前，我国国防研发投资体制只是初步完成了由武器装备采办计划经济体制下完成指令任务，向社会主义市场经济体制下签订合同、完成军事订货的过渡。军方武器装备建设管理部门、国防工业管理部门、军工企业集团及所属企业之间的关系还没有理顺①，武器装备采办还没有形成高效的运行机制，导致出现武器装备特别是高新技术武器装备研制中的“拖、降、涨”的问题。其中一个重要原因是因合同双方严重的信息不对称而导致的委托方与代表方的道德风险问题和逆向选择问题②。

信息不对称的主要表现是：在国防研发契约达成之前，代理方（承研单位）关于自身的设计、科研能力和保障能力、管理水平、行为偏好等比委托方（军方）更清楚，在代理契约达成之后，代理方对于其将要承担任务的困难性、产品质量、研发成本以及环境状态等会有比委托人更多的认识；而对于军方而言，也有优于承研单位的私人信息。如签约是军方比承研单位更清楚关于研发产品的未来需求情况及使用效益信息等等。

解决信息不对称产生危害的方法就是激励机制设计。其目的是引导和迫使代理方在委托方目标方向上努力工作，是对目标方向上行为的激励与约束。其实质是将对代理方的剩余分配和委托方可观测到的一个反映代理方努力的指标相联系，从而诱导代理方在追求期望价值最大的过程中实现委托方收益最大化问题。

（一）设计竞争机制分析

政府具有投资主导作用，通过引导不断地诱使企业从事政府导向型的研发投资活动，设计竞争是形成这种导向作用的机制之一。其机制形成的原因可以从不完全信息的角度来分析，“竞赛”博弈可以作为这一机制形成的最好例证。

设：有两个厂商参与国防研发项目竞标。厂商 i（$i=1,\ 2$）的产出函数为 $y_i=e_i+\varepsilon_i$，其中 e_i 为厂商 i 的努力，而 ε_i 则是随机扰动项。进一步假设：(1) 两厂商在本博弈中同时独立选择自己的努力程度 e_i；(2) 扰动项 ε_i 相当于是从分布密度为 $f(\varepsilon)$，均值为零的概率分布中独立抽取；(3) 厂商的产出看得见而他们的努力程度却看不见，因此无法根据厂商的努力程度给分配，只能根据产量给报酬。在此假定条件下，军方宣布产出高的厂商（即竞赛的获胜者）将得到较高的报酬 w_h，而产出低的厂商就只能得到一定的

① 现行《国防科研项目计价管理办法》规定：国防科研项目价款由计价成本、收益和不可预见费三部分组成。其中收益按计价成本扣除外购成品附件费、外购样品样机费、专用设备仪器购置费后的5%计算。可见，国防科研项目仍然没有摆脱成本加成定价方式的束缚。

② 张维迎：《博弈论与信息经济学》，上海人民出版社1996年版，第397~399页。

补偿 w_l。

对厂商来说，利益可以从得到的报酬 w 减去付出努力 e 的负效用 $v(e)$ 来表示。即 $U(w, e) = u(w) - v(e)$，其中 $v(e) > 0$，并且我们进一步假设 $v'(e) > 0$ 和 $v''(e) > 0$，即 $v(e)$ 是上升的凸曲线，其经济意义是负效用随努力程度提高而增大，并且增大的速度不断加快，这是符合实际的心理效用规律的。军方的得益函数就是产出减去付出的报酬，即：$y_1 + y_2 - w_h - w_l$。这也是一个有同时选择的动态博弈问题，军方可看作博弈方1，他的行为即决定付给竞赛中胜方和负方的报酬。该博弈可看作没有博弈方2。两厂商是博弈方3和4，即在第二阶段同时选择行为的两博弈方，他们的行为即决定各自的努力程度 e_1 和 e_2。

用逆推归纳法来分析该博弈。首先需要注意的是由于厂商的产出，从而使双方利益中有一个扰动因素，因此双方利益在任何策略组合下都是不确定的，我们只能算出各种情况下的期望收益，并根据期望利益进行判断。

假设军方已经选择了报酬 w_h，w_l，意味着 w_h 和 w_l 是既定常数，不是 e_i 的函数。如果两厂商所选择的努力程度（e_1^*，e_2^*）是第二阶段博弈的一个纳什均衡，则对任意的 i，e_i^* 必须满足：

$$\max_{e_i \geqslant 0}[w_h \cdot P_i\{y_i(e_i) > y_j(e_j^*)\} + w_l \cdot P_i\{y_i(e_i) \leqslant y_j(e_j^*)\} - v(e_i)] \tag{4-2-1}$$

转换为

$$\max_{e_i \geqslant 0}[w_h \cdot P_i\{y_i(e_i) > y_j(e_j^*)\} + w_l \cdot (1 - P_i\{y_i(e_i) > y_j(e_j^*)\}) - v(e_i)] \tag{4-2-2}$$

其中 $y_i(e_i) = e_i + \varepsilon_i$，$i = 1, 2$。对（4-2-2）式 e_i 求偏导并令其为零，有：

$$(w_h - w_l)\frac{\partial P\{y_i(e_i) > y_j(e_j^*)\}}{\partial e_i} = v'(e_i) \tag{4-2-3}$$

（4-2-3）式的经济意义为厂商效用最大化的条件是边际收入必须等于所付出努力的边际负效用。

在对称的纳什均衡条件下（即 $e_1^* = e_2^* = e^*$）的情况下，有：

$$(w_h - w_l)\int_{\varepsilon_j} f^2(\varepsilon_j)\,d\varepsilon_j = v'(e^*)\text{①} \qquad (4-2-4)$$

由于 $v(e)$ 是凸曲线，因此对胜方较大的奖励（即较大的 $w_h - w_l$）会提高厂商的努力程度（e_i^* 较大）。另一方面如果奖励不变（$w_h - w_l$ 固定），而使产出的扰动因素的影响扩大，也即竞赛胜负更多地取决于运气而非厂商的努力，则厂商就会觉得努力工作不值得（e_i^* 较小）。

现在回到第一阶段。首先我们假设两厂商都是愿意参加竞赛，当军方宣布 w_h 和 w_l 后，两厂商对此所作的反应是具有（4-2-4）特征的纳什均衡。假设厂商的保留效用为$\underline{U}$，因为在对称纳什均衡中每个厂商赢得竞赛的机会都是1/2，如果军方想要诱使厂商参加竞赛，则必须选择满足下式的报酬：

$$\frac{1}{2}w_h + \frac{1}{2}w_l - v(e^*) \geqslant \underline{U} \qquad (4-2-5)$$

假设$\underline{U}$足够低，以至于军方愿意诱使厂商参加竞赛，然后需要选择能实现自己的最大期望利润 $2e^* - w_h - w_l$ 的工资水平 w_h 和 w_l。由于在最大值处，（4-2-5）式等价于

$$w_h = 2\underline{U} + 2v(e^*) - w_l \qquad (4-2-6)$$

因此期望值利润变为 $2e^* - 2\underline{U} - 2v(e^*)$。因为该式中$\underline{U}$是外来参数，只有 e^* 取决于军方所出的报酬，因此军方愿意选择的报酬水平是诱使努力 e^* 能实现 $e^* - v(e^*)$ 的最大值的决定因素，则有 $1 - v'(e^*) = 0$，可在此基础上解出 w_h 和 w_l 值。

有关结论：

1. 当委托人（这里指军方）不能直接地或者无成本地观察到企业（承包商）的投入（努力）时，以相对产出为基础支付报酬比以个人产出为基础给予报酬要合理（w_h 相对于 w_l 不同）。竞争性的补偿计划与其他补偿形式相比，能够适应环境的变化，表现出很强的灵活性和很强的适用性，所以，当与公共环境变量（如某一特定的领域取得的技术进步的困难）有关的风险较大时，竞赛是比较好的选择。更为重要的是，将竞赛作为一种激励机制，可以刺激企业放弃自然存在的厌恶风险观念，采用风险更大同时也是利润更高的生产技术。

2. 委托人不能事先了解各类厂商的能力和生产效率，这是不完全信息

① 根据贝叶斯法则推出，过程从略。

的第二种形式。按照逆向选择的假定，政府的各种合同是各不相同的，其潜在的承包商能力也是各不相同的。对于某一特定的合同，某一个厂商可能是最合适的人选，但是，政府却不能确切地知道谁是最合适的厂商。将设计竞争解释为政府发送信号，引导代理人提高研发能力，降低研发成本是有效的。政府所依据的关于承包人能力方面的信号就是其技术投标的评分。

3. 竞争是促进国防研发投资效率提高的有效方法。竞争性采购可引致大量的企业研发投资，竞争性合同对企业研发投资具有较大的正效应，而非竞争性的研发合同具有较大的负效应（挤出效应）。对非竞争性研发合同的激励标志着设计和技术竞争的终结。因此，竞争是激励承包商付出努力，提高国防研发能力的有效方法。

（二）政府补贴机制分析

建立激励机制的另一种做法是建立政府补贴机制，通过提供补贴，政府实际上与承包商分摊了投资风险。根据厂商理论，这种风险分摊，从委托人（政府）的观点来看，常常是最佳的。

假设有一个垄断厂商 *A* 研制著名的运输飞机，另一国家政府厂商 *B* 欲改变这种非竞争状态，进入这种飞机的研制行业，并且使得生产战略占据一定支配地位。

如果没有政府补贴，*B* 进行研制将产生损失（－10），从理性的角度看，*B* 会退出。如果政府给予资助（50），*B* 自己研制这种飞机与不生产相比，就显得好一些。不管 *A* 怎么做，*B* 都将进入这一市场。其结果是，*A* 将遭受损失，并可能终止这种飞机的研制。同时，因为有了 50 的资助，*B* 将获得 175 的租金（见图 4－4）。这种垄断的研发方式可以打破，而且会有更多的企业进入这一研制领域。

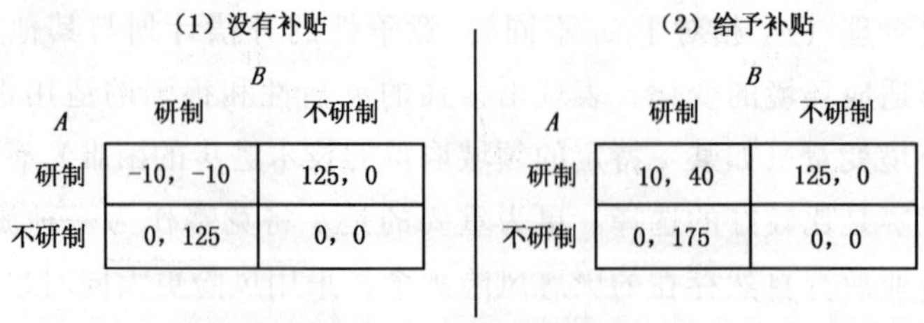

（1）没有补贴

A ＼ B	研制	不研制
研制	-10，-10	125，0
不研制	0，125	0，0

（2）给予补贴

A ＼ B	研制	不研制
研制	10，40	125，0
不研制	0，175	0，0

图 4－4　独立的国防 R&D 补贴博弈

从以上博弈分析中可以看出，政府补贴能够从一定程度上实现政府的目标，但是对厂商补贴数额需要进行准确的评估，否则也会造成成本上的损失。

为了建立军方可承认的成本决定的模型，我们可以建立以下数学模型：

$$R = \frac{D}{S}\min(X, C) \tag{4-2-7}$$

其中，C 为允许补贴的最高限额，X 为已发生的总成本，R 为从军方收回的成本，S 为承包商总销售额，D 为承包商的军品销售额。

事实上，对所有厂商来说，$X \geqslant C$，C/X 比值的最大值等于 1。因此，X、C 中最小值等于 C。假定 $\varphi = \frac{D}{S}$，它是军品销售占总销售的份额，（4－2－7）式可简化为：

$$R = \varphi \cdot C \tag{4-2-8}$$

从中可以看出，厂商经过谈判形成的最高限额与对独立研发资金的需求程度成正比①。

虽然独立研发政策的主要目标是通过支持企业国防研发投资增强国防技术基础，但因为政治方面的原因，军方至少需要通过设置最高限额，以便控制成本。政府不仅对鼓励企业创新感兴趣，而且对将独立研发过程中所开发的技术和知识转移给政府也很感兴趣。

有关结论：

实施独立的国防 R&D 补贴政策有如下作用：一是可强化国防技术基础，推动私营企业参与国防 R&D 活动，而通过利用独立的 R&D 补贴政策，显示政府需要对私营企业参加国防 R&D 成本进行控制；二是推动私营企业的技术创新，并促使私营企业将开发出的技术和知识向政府转化（商业 R&D 向国防部门的溢入效应），有利于培育一大批具有自主创新能力、拥有自主知识产权的国防科技企业；三是可以加强国防研发投入，促进竞争机制的形成。政府通过补贴，引导企业将自有资金投资于国防科技项目开发，从宏观上增加了投入规模，有利于投资结构的优化。

三、国防研发投资激励机制的形成

在计划经济体制下，我国自行建立了一套游离于国家科技创新体系之外

① 利希腾贝格（1990）运用 275 个独立研究与发展组织的具有代表性的资料来评估。评估表明，政府支付了独立研发边际成本的 41.3%。揭示了提供给私人国防研究与发展的资助总量。见哈特利等：《国防经济学手册》第 1 卷，姜鲁鸣等译，经济科学出版社 2001 年版，第 444 页。

的庞大的国防研发体系。事实证明，这种体系是低效的。党的十六大以后，我国通过建立“军民结合，寓军于民”的经济、科技创新体系和军民一体化的国防科技创新体系，引入商业化投资与合作，不断培育按市场化方式运作的投资激励机制。但由于国防研发投资的巨大风险，在没有政府鼓励与支持的情况下，企业不大可能将自有资金投入到国防科技创新，军民一体化体系难以形成。要实现政府与企业在国防 R&D 投资活动中激励与约束的融合，就必须实行有政府参与的管理模式。我国政府已经在这个方面做了很多工作，特别是 2007 年 3 月出台的《关于非公有制经济参与国防科技工业建设的指导意见》[①]，对于鼓励和引导非公有资本进入国防科技工业领域能起到积极作用，说明政府正在采取积极有效的政策措施促进国防科技领域激励机制的形成。但由于政策刚刚出台，在具体实施过程中还需要有相关的制度和配套措施作保障。

（一）创新国防科技管理体制，为建立激励机制创造条件

面对世界新军事革命和高新技术发展的挑战，我国的国防科研要在相对较低的资金投入、技术水平和落后的管理条件下实现历史的跨越，首先必须要跨越“自身”，改革管理体制。政府的管理职能转变到鼓励和引导上来，既要鼓励和引导具有创新能力的企业投入到国防研发活动之中，又要采取积极的办法约束企业的投资行为，使其符合政府的目标和利益。在具体做法上，要逐步扩大非公有资本对国防科技工业投资的领域，形成规范、有序的开放性国防科技工业发展格局。在国家政策允许范围内，取消歧视政策，将非公有制企业在军品市场准入、任务竞争及参与军工企业改组改制等方面与国有军工企业一视同仁。允许非公有资本对军品科研生产项目和基础设施进行投资，具体投资领域及方式按国家有关规定执行。鼓励和引导非公有制企业参与军工企业改组改制，通过产学研结合等方式，参与国防科技创新活动。除从事战略武器装备生产、关系国家战略安全和涉及国家核心机密的核心重点保护企业外，允许其参与其他军工企业的股份制改造。鼓励非公有制企业通过参股、控股、兼并和收购等多种形式，参与以民为主或从事军民两用产品、一般武器装备及配套产品生产的军工企业改组改制。

① 国防科工委《关于非公有制经济参与国防科技工业建设的指导意见》指出：鼓励和引导非公有资本进入国防科技工业建设领域；要逐步扩大非公有资本对国防科技工业投资的领域，形成规范、有序的开放性国防科技工业发展格局；允许非公有资本对军品科研生产项目和基础设施进行投资，具体投资领域及方式按国家有关规定执行等。

（二）采取适当的补贴政策，引导企业自有资金的投入

创造利润是企业发展的基本目标，既要鼓励和引导国有军工企业的自有资金投入到军品特别是高科技武器装备的研制中，也要鼓励非公有资本进入国防科技工业建设领域，提高整个行业的投资能力和竞争能力。在当前国家总体投资不足的情况下，引导企业非公有资本投入能有效的弥补政府投入不足，补贴机制是有效的方法。对企业而言，补贴政策能在一定程度上化解风险，在利益的驱动下加大科技创新力度。在具体做法上，可根据非公有制企业承担军品科研生产任务的性质和特点，通过成本分析，给予一定的风险补贴，也可以通过贷款贴息、资本金注入以及租赁、借用、调配等多种方式，为非公有制企业完成重要军品科研生产任务提供必要的保障条件。按有关规定协调落实非公有制企业在投资、税收、土地使用等方面应享受的政策。对于承担军品科研生产任务的非公有制企业，可按有关规定使用由国家投资建设的实验室、军工专用测试和试验设施等，既有效利用了现有科技资源条件，也能降低企业研制成本，提高非公有制企业从事国防研发的积极性，国防科研管理部门的计划与协调是实现这种补贴政策的有力保证。

（三）发挥竞争机制作用，推进国防研发市场化运作

我国国防研发体制存在着双边垄断，缺乏竞争是这种体制上的主要缺陷。虽然某些国防新科技项目也由地方高校院所参与，但由于严格的军事保密制度使国防 R&D 创新很难向民用经济转移和扩散。因此，加快市场化进程，实行国防科技社会化发展，充分发挥国家教育科研机构技术、设施优势，采取合作、委托、智力引进和民用技术直接转化等多种形式[①]，促进激励机制的形成，是提高国防科研水平和效益的根本出路。

1. 政府与国防科研单位要完全剥离，政府要推进资本运作，鼓励各类社会资本通过收购、资产置换、合资等方式，进入国防科技企业，推动优质资产集中。要面向行业内外，加大龙头企业兼并重组，推进强强联合，在民用船舶、汽车、摩托车等领域形成一批具有国际竞争力的产业集团。鼓励跨集团重组整合，采取兼并、收购、资产划转等方式，在船用配套设备、航空机载设备、卫星地面应用、光电信息等具有一定规模的配套产品领域造就一批专业化“小巨人”，面向军民两用市场发展。壮大军民结合高技术产业，加快发展与军品结构相似、技术相通、工艺相近、设备设施通用的军民结合

① 中央军委：《“十一五”期间推进军队后勤保障和其他保障社会化的意见》。

高技术产业，增强军民转换能力。

2. 完善信息发布制度，解决民营企业信息不畅、任务不明的问题，搭建适合非公有制经济发展特点的信息交流和共享平台，使政府所需的能力和承包商予以响应的条件透明化，为非公有制企业参与国防科技领域竞争创新条件。

3. 及时定向发布相关政策法规、武器装备科研生产许可目录、社会投资领域指导目录、军工企业股份制改造指导目录、军工产品和技术需求、技术标准等信息，指导非公有制企业加强与军工科研生产单位的信息沟通。

4. 设立中介服务机构，创新服务方式，规范服务行为，为非公有制经济参与国防科技行业建设开展政策咨询、管理咨询、科技成果交流、人才培训、科技创新、技术支持、信息交流与共享、筹资融资、认证认可等方面服务。

（四）采用军民通用的规范和标准，引入非公企业投资与合作

长期以来，由于国防经济和民用经济长期分离，军事部门出于国家安全和质量需求，为军品制定了一系列军事规范和标准，专门开发和生产不同于民用经济的非常昂贵的专用部件，在这一体制下，军用科技的溢出和军转民需要投入大量资金并承担转换风险，而民用科技因进入壁垒和非经济性，难以涉足国防经济，造成国防科技资源的大量浪费。因此，亟须采用军民通用的商业化规范和标准，引入商业化投资与合作，以国防装备的商业化采购改革为基础，打破国防科技和民用科技的分隔壁垒，努力形成国防研发兼容机制，实现国家科技资源的有效节约。

1. 大量减少军事规范和标准，采用商业化规范和标准，逐步取消不必要的专用标准，积极推行军民通用的标准，促进军民兼容。

2. 鼓励商业化投资，具有放开能力企业整体上市，承担关键分系统和特殊专用配套的保留能力企业，在国家控股的情况下可国内上市，承担总体和系统集成的保留能力企业，其中的放开能力企业在剥离后可国内上市。

3. 鼓励非公有制企业参与军民两用高技术开发及其产业化，按照加大自主创新、发展高新技术、推进产业化、提升产业规模的要求，鼓励非公有制企业研究开发科技含量高、市场前景好的军民两用高新技术产品，参与民用核能、民用航天、民用飞机、民用船舶等军民结合高技术产业的发展。

4. 加强对非公有企业对军品研发活动的监管，使非要公有企业充分认识承担军品科研生产任务的特殊性，严格执行国家保密制度、军品科研质量

管理规定、技术标准和军工设备设施管理规定等，建立健全企业内部相关制度，严格履行合同，保质、保量、按时完成军品科研生产任务。

第三节　国防研发投资的风险管理与激励

国防研发投资是理性投资，投资主体也是利益的偏好者，风险的厌恶者。投资主体一方面希望获取最大的投资收益，另一方面又希望不承担风险，回避风险，或者说风险越小越好，甚至将风险转嫁出去。但收益和风险之间的关系是紧密相连的，在装备研发活动中，没有风险就没有技术进步，也就失去了国防研发的意义。因此，设计基于风险管理的激励机制，是对风险进行控制的有效途径。

一、风险偏好与风险处理方式

（一）风险的态度

如何确定方案的收益与风险匹配呢？只能依赖于投资者个人的主观态度。投资者的主观态度可以用效用函数来描述：

$u=f(x)$，式中 u 表示效用，x 表示收益。

投资者的效用函数分为三类：一是凹性效用函数；二是凸性效用函数；三是线性效用函数。这三种效用函数分别表示投资者对于风险的不同态度。

1. 凹性效用函数。此类投资者的效用随收益增加而增加，但收益的效用递减，表明投资者对风险持规避态度。只有一个很大的收益增加，才能给该类投资者带来效用的满足，使投资者愿意去冒较大的风险。

2. 凸性效用函数。此类投资者收益的边际效用递增，收益较小的增加，效用会有更大比例的增加。此类投资者是风险的偏好者，愿意承担较大风险追求高收益。

3. 线性效用函数。此类投资者收益的边际效用是常数，表明投资者对风险持中性态度。

以上三种类型的函数曲线描述如图 4－5 所示。

（二）风险处理方式

一般而言，风险处理是对经过分析而得到辨识和评价的风险问题采取相应的措施，对项目的风险进行管理的最终目的是为了对风险进行处理并使其

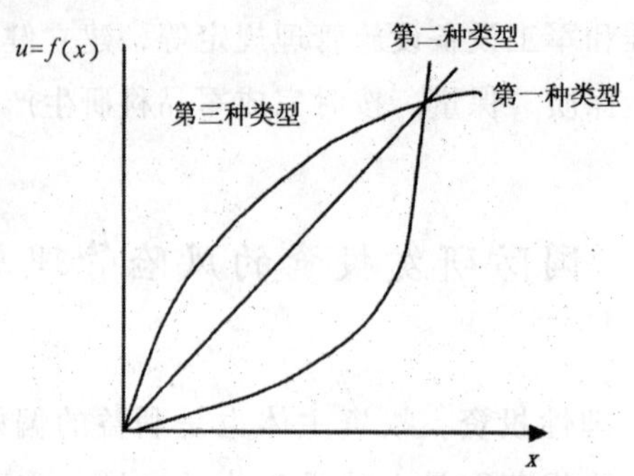

图 4－5　反映风险态度的效用函数曲线

得到适当的控制。不同的风险态度类型会产生不同的风险处理方式。

1. 风险规避。这实际上是一种风险厌恶的态度，可以表述为“我不接受这个选择，因为它有潜在的不利后果。”在许多情况下，都可以从若干备选方案中作出较低风险的选择，而作出低风险选择就是作出了风险规避的决策。

2. 风险控制。用于装备的研制方案已定，研制展开阶段。这是所有风险处理技术中最通用的一种，它可以形象地表述为：“我承认有风险，但我将尽力减少其发生，减轻其影响”。风险控制是对工程项目进行连续的监控和纠正的过程。

3. 风险承担。是有意识地决定接受项目研制的不利事件发生的后果。在装备研发中，不论怎样去规避和控制风险，总有一定数量的风险是需要承担的。在某种意义上，它是风险避免和风险控制的基础上，可以退守的最后一道防线，项目主管人员必须针对具体情况设定一个适当的、可以安全接受的水平或最低可以接受的立场，其中包括：性能降低、费用超支、进度拖延等。

4. 风险转移。是在风险规避、风险控制和风险承担的基础上发展起来的一类做法，它的指导思想是风险共担，即委托方和研制方共同承担风险，也可视为委托方和研制单位向对方转移风险。一般来说，这种转移合同研发委托与承研双方对待风险的策略博弈的结果，对双方都是有利的[①]。

① 谢进城：《投资学导论》，中国财政经济出版社 2002 年版，第 29 页。

二、风险管理与激励合同

针对研发投资风险的客观性，投资决策和管理的本质不是尽可能消除风险，而是尽力防范与控制风险。当前，我国国防研发实行的是指令性计划指导下的市场经济行为，科研单位为自主经营、自负盈亏的经济主体，军队与科研单位的关系逐步转变为合同契约关系。为适应这种关系的转变，需要加强国防研发合同管理来协调军队与承研单位的关系，合同的制定需要通过对风险和收益进行权衡，体现的是军队与承研单位之间的利益分配。从风险管理的角度看，不同的合同类型，实际上反映了军方和承研单位分别承担风险的相对大小，制定有效的研发激励合同是风险管理的有效方式。

（一）美军国防研发合同管理分析

美军针对新研制复杂武器系统的具体情况发展出了多种类型的合同，其合同形式分为固定价格合同和成本补偿合同两大类。在合同实际签订过程中，除极少数采用固定价格合同外，绝大多数都是采用合同双方共同承担风险，共同负担最终成本的方法，随着风险的大小不同，军方和企业（承包商）的分摊比例可以依次选择为75/25、60/40、50/50等等。这样，降低合同成本对军方和企业来说都是有利的，有利于调动企业的积极性。对美军武器装备研发合同进行深入解剖和分析，对我们的国防研发合同管理能起到借鉴作用。

1. 固定价格合同。为了适应不同条件下使用，固定价格合同又分为以下几种形式：

(1) 稳定的固定价格合同。这类合同简称固定价格合同，是一种比较简单的合同，价格一经确定，在合同执行过程中价格始终固定不变。当成本降低时，研制单位的盈利增加，当成本超过原定目标数时，盈利减少，当成本太高时研制单位就会亏损。而对用户来说，由于支出的费用是固定的价格，风险仅与研制单位有关，对用户没有影响。这类合同适用于一些研制周期较短、易于定价的产品，其采用的主要条件是：签订合同时就能准确定价；产品的战术技术性能要求和设计质量要求易于达到，无明显的不确定因素，或估算其成本的风险很小。

(2) 随经济波动进行调整的定价合同。采用这种合同的做法是，在签订合同时确定价格并估计到合同执行期间可能出现的一些偶然事件，允许对价格进行上下调整。这样做可以保护政府和承包商避免因劳动工资和原材料的经济波动而造成损失；同时便于在承包商确定的价格发生变化时调整价格。

(3) 固定价格加奖励合同。这种合同又分为固定价格加奖励合同和暂定指标加奖励合同。

固定价格加奖励合同：在进行合同签订时首先确定成本指标、利润指标、成本增减双方应承担的比例和价格上限。合同执行完成后，由双方核定最终耗用的实际成本。计算出实际成本与确定指标的差额，利用分配比例通过利润指标计算出应得的实际利润。若实际成本低于成本指标，实际利润便大于利润指标，反之就小于利润指标，将这一差额作为奖励或惩罚承包商指标，能够有效激励承包商控制成本。

暂定指标加奖励合同：在进行合同谈判时首先要确定初步成本指标、初步利润指标、分配比例、价格上限、固定利润指标上限和固定利润指标下限。这类合同适用于新研制项目的首批或二批产品，以及周期长的产品设计和生产达到稳定状态之间的情况。因为这类产品在开始时往往难以定出固定价格加奖励合同的成本和利润指标，只能提出初步指标，并可在合同执行初期确定成本指标和利润指标，从而为签订固定价格合同或固定价格加奖励合同打下基础。

(4) 逐段定价合同。这种合同是在谈判初期确定一个固定价格，并确定一个或几个再议价的日期，以便对价格进行重议后再定。这种合同适用于采购大量生产的产品，或获得长期劳务的情况。在合同初期定一个公平合理的价格但此价格不长期固定，需要逐段再行确定，再定价的日期和时间间隔视情况而定。

2. 成本补偿合同。与固定价格合同不同，成本补偿合同不是按照价格，而是按照承包商执行合同所消耗的成本，再加上一定形式的补偿费计算。这种合同适用于补丁因素较多，不能充分全责估计成本，因而难以确定价格，不能使用定价合同的情况。具体分为以下几种形式。

(1) 纯成本合同。采用这种合同，采办部门只付给承担项目单位的工作成本，不付给酬金和利润。这种形式的合同适用于研究与开发项目，特别是委托给非赢利教育或科研机构进行了的研究开发项目，也适用于承包商提供的设备与器材项目。

(2) 成本分担合同。采用这种合同，采办部门只补偿费用的一部分而不是全部，通过谈判商定政府承担成本的比例。在与承包商签订基础研究和应用研究项目时，一般采用此种合同。承包商为从科研工作中得到某些利益，以加强自身的技术能力，提高专业水平，增强竞争能力等，也愿意承担一部分成本。

(3) 成本加奖励合同。成本加奖励合同是一种成本补偿形式合同。在使用这种合同时，它要规定一笔议定的酬金，而这笔酬金在合同执行后，按照成本增减情况加以调整。通过谈判议定成本指标、奖励金指标、奖励金上限、奖励金下限以及分配比例等5项指标。合同结束时计算实际成本，按照上述指标计算实际奖励金额。

(4) 成本加定酬合同。这种合同是付给承包商固定的酬金，相当于利润。酬金数额通过双方谈判确定，一旦确定下来就不随消耗成本进行调整变化。承包商耗用成本如实由政府支付，这种合同对承包商控制成本没有激励作用，风险完全由政府承担。

(5) 成本加定酬加奖励合同。这类合同除计算成本外，补偿金由两部分组成：固定酬金，它不随合同执行情况而变化；奖励酬金，它根据承包商执行合同情况给予鼓励性奖励，奖励标准视具体情况而定。

(二) 国防研发合同选择中的激励分析

国防研发产品的价格取决于研制成本，成本越高，价格也就越高。选择合同类型由于关系到委托与代理方（军方和承研单位）的利益和风险权衡，是双方都极为关注的问题，因为合同类型通过对价格的安排决定了代理人需要付出的努力，也确定了双方所承担的风险。

假定委托人向代理人提供成本补偿合同，从代理人的观点来看，通过降低生产成本是不能获取任何利益的。所以，它将把自己的努力水平降低到最低限度。由于对努力水平难以用专门的合同来规定，因而促使承研方努力降低成本的唯一办法是使其付出的努力能获得经济上的激励。也就是说，如果承研方成功地降低1元人民币的成本，那么支付给他的价格将不可能等比例地也下降1元人民币，极端的情况是与代理人签订固定价格合同。在这种情况下，代理人将会获取其努力所带来的所有收益。但是，固定价格合同又产生另外一个问题，在固定价格合同下，由于不确定性的存在，代理人承担了成本过高或成本过低的风险，如果代理人是风险规避者，从保险的角度来看，优化的合同还是成本补偿合同，在这种情况下委托人承担所有风险。由此可以看出，由于信息不对称而产生道德风险，使得军方制定研发合同要试图同时实现激励和保险这两个方面的平衡。

令 $F(c, e)$ 表示成本 c 的分布函数，e 为代理人的努力，则：

$F(c,e) = \text{Pro}\ \{\tau(e,\varepsilon) \leqslant c\}$，$\varepsilon$ 为随机扰动项。

令 $f(c, e)$ 为密度函数，委托人选择一个合同，并且预测代理人关于努力的选择。描述这一问题的最简单的途径是，将委托人表示为，既选择合同也选择承研方的努力水平，这种选择受到附加制约条件的限制，即代理人确实愿意选择委托人所详细指定的努力水平。因此，最佳合同可由下式解出：

$$\min_{p0,e} \int p(c) f(c,e)\, dc \qquad (4-3-1)$$

$$s.t \int u(p(c) - c) f(c,e)\, dc - \Phi(e) \geqslant 0 \qquad (4-3-2)$$

$$e \in \arg\max_{\hat{e}} \int u(p(c) - c) f(c,e)\, dc - \Phi(e) \qquad (4-3-3)$$

（4-3-1）式是委托人向代理人的支付额，委托人选择合同 p 和努力水平 e，其制约条件是代理人接受以预期效用的保留水平，如（4-3-2）式所描述，其中 $\Phi(e)$ 是代理方的努力函数，并且代理人将选择委托人指定的努力水平（（4-3-3）式）。

上面这个模型简明地描述了激励合同可能涉及的一个基本问题，即努力的诱导与风险的分布之间的平衡问题，由此提供了激励合同的理论。但用此模型进行规范分析时，难以分析最优合同签订的环境特点，而进行实证分析时，理论上又没有作出可验证的预见。因此，该模型的使用有一定的局限性。

从美国武器装备采办合同的实践可知，绝大多数合同是与成本呈线性相关的。即有：

$p = \alpha + \beta c$

这里 α 是一个常量，符号为正，β 是0到1之间。如果 β 等于0这便是一个固定价格合同。如果 β 等于1，这是一个成本补偿合同。如果 β 在0到1之间，这是一个成本分摊合同。β 通常被称为承担风险的比例；$1-\beta$ 则为承研方的风险比例。

模型分析：从以上模型可知，成本的不确定性在计划的生命周期内呈下降的趋势，它表现为 β 值的递减。从整个寿命周期看，早期的研发阶段不确定性最大（此时武器装备可能只是一个概念，在技术、性能等方面上的信息是发散的），对加快武器装备发展而言，研发投资所面临的风险远远大于委托双方之间的信息不对称产生的信息优势，为了激励代理人进行开发，采用成本偿还合同可能有利武器装备的发展，使承研单位承担的风险份额相对减小，此时通常采用的成本补偿合同。如果这时签订固定价格合同，则只能刺激承研单位降低所提供的研发成果质量；而在生产阶段，由于企业有信息优势，所以企业要承担更多的风险，此时采用固定价格合同更能把风险分担与利益分配结合起来。

（三）我国国防研发合同管理的优化

1. 我国国防研发合同管理缺陷分析。

（1）缺乏系统性导致寿命周期的脱节。一项大型武器装备实现全过程往往需要几年、十几年甚至几十年的时间，周期长、风险大，因而国防研发合同管理要贯彻全系统的原则。研发阶段的合同成功与否，往往决定着武器装备在技术上是否成熟、能否改进并及时进行生产等问题。因而研发合同在整个采办合同中占有极重要的地位，决定着整个武器装备全过程的走向。从整个武器装备费用开支方面考虑，如果研发合同能够引入足够数量的竞争者参与，经验数据表明，仅生产费用就可节约50%～70%[①]。因此，研发合同作为武器装备采办先期活动，其内容要考虑到生产和使用维修的全过程。在我国，研发与使用维护分属不同的系统，导致研发合同存在着与生产和维修合同脱节的现象，不能体现全寿命管理的要求，降低了投资效率。

（2）合同类型单一导致定价不合理。我国现行的武器装备价格体系，是20世纪50年代初军工企业从供给制向企业化的经济核算制转变后确立的，执行“低利无税”的价格政策，其定价办法是以产品的计划成本为基数加5%的利润形成结算价格。这种单一的合同定价制度体现了国家“保本、低利、免税”政策，是按照《军品价格定理办法而构成的》，属于计划经济体制的产物，在计划经济模式中，曾经发挥过积极作用。但随着经济体制改革的进行，军品的商品属性不断加强，这种制度严重阻碍了武器装备市场的形成和发展。武器装备是商品，其价格要以价值为依据。而这种单一的定价合同是一种不完全的核算指标，违背了价值规律。主要表现：第一，在现有的定价制度下，即使研制同一种产品，由于各企业（承研单位）的技术水平不同，成本也会不同，会出现“一厂一价”的现象；第二，生产的成本不同，其价格也不相同，而且成本越高，价格越高，利润也就越大，这不但不能起到鼓励企业改善经营，降低成本，反而成为企业提高经济效益的障碍，严重

---

① 魏刚：《武器装备采办合同理论研究与实证分析》，国防大学出版社2003年版，第60页。

挫伤科研单位的积极性；第三，利润与成本挂钩的定价方法也会使企业把通过非价格竞争以争取订货和高报成本作为提高利润的主要手段，形成了成本上升的激励。从以上分析可以看出，这种传统的单一定价制度对武器装备承研单位既无约束作用也无激励作用，只能增加费用，降低效率。

（3）合同管理不规范导致研发效率低下。由于传统计划体制下的管理模式在国防科技企业市场化的过程中还发挥着重要的作用，按市场化要求签订的合同难以得到严格的履行。出于行业保护的原因，对合同的管理也存在弹性。

以上缺陷也是武器装备研发过程中的“拖、涨、降”现象的成因之一，致使军品成本居高不下，同时抑制技术创新与技术改造的动力，削弱代理方综合发展的实力，造成合同中比价关系的现实误区①。

2. 国防研发合同的优化设计与管理。大型复杂武器装备的研发，通常参与的研制单位遍及全国各地，牵涉到各集团公司、全国各大科研院所和重点大专院校。为保证按进度、不超支地研制出达到军方所要求的各项战术、技术指标的武器装备，就要签订各类分合同，并且保证每类分合同都得到严格执行。武器装备各系统的战术、技术、经费、研制进度的指标要满足武器装备总体的要求，各系统关键部件的战术、技术、研制进度的指标要满足该系统性能要求。同时，武器装备各系统之间的接口，各关键部件之间的接口，以及所研制的原材料及元器件均能在质量、进度上相互衔接，并最终达到满足武器装备总体性能要求，也都要依靠签订各类分合同，并且每类分合同都要如期履行。管理协调如此种类繁多、层次复杂的各类合同，是一项复杂的系统工程。对现行的合同管理进行优化，是完成这一系统工程的有效措施。

优化合同管理的原则是：实行合同制管理的科研项目，合同双方应根据规定的成本项目内容，本着互利有偿的原则，以合同项目的计划成本为依据定价，合同乙方要用本单位已完成的同类或相关产品的主要成本资料说明本项目合同价款的合理性。实行成本补偿合同的，在执行过程中，乙方应向甲方提供实际成本开支的说明和根据。完成国防研发合同管理的优化，需要考虑的内容包括：在限费设计前提下，实现合同类型设计的系统化、法律化、规范化，尽量减少武器装备研发合同不完全性所引发的各种不良后果，并且

① 李鸣：《军品采办理论研究》，国防工业出版社 2002 年版，第 176 页。

要保证合同的履行。为达到这一目的，应从以下几方面着手：

(1) 合同设计体现风险共担机制。为了降低国防研发过程的风险，减少不确定性，在合同条款设计时应体现风险共担机制。在合同拟订阶段的风险共担条款设计，实质是事前的不确定性风险转换机制，它是以不同的保险条件来实现的。在合同的设计中，应有规定事件发生后的支付损失的补偿条款，补偿金额应是合同中规定装备采办价格的函数，这样合同的不确定性在事前转换为研究履行概率。要研究实用性较强的风险共担条款设计方法，只有通过对大量采办项目的实例研究，才能归纳出研发项目的各种不确定性，以及针对这些不确定性的事前保险条款。

(2) 合同类型多样化，与科研项目的特点相适应。第一，总（主）承包合同与分承包合同。对技术、配套关系不复杂的装备研发项目，军方可与多个企业分别签订单项承包合同。对技术、配套关系复杂的国防研发项目，一般应签订总（主）承包合同。对于总（主）承包企业与其他企业订立的分承包合同，合同价格应经军方认可，军方可作用合同的第三方。第二，单阶段合同与多阶段合同。武器装备采办存在众多不确定性，时间跨度长的研发项目不应设计一次性的长期合同，而应按研制阶段签订多阶段合同，如：论证阶段、方案阶段、工程研制阶段、初样研制阶段、正样研制阶段、设计定型阶段、设计和工艺定型阶段、生产定型阶段等合同。分阶段签订合同，在不同阶段都有一家以上的企业投标，保持一定的竞争态势。如果某阶段只剩一家企业投资，也要在上一研制阶段合同约定任务完成并通过评审后，再签订下一研发阶段的合同。如果做到本期合同执行绩效影响下一期的项目投标，也可以在一定程度地调动企业的积极性。第三，固定价格合同与成本补偿合同。在合同签订过程中，对于合同定价方式的选择是非常重要的，因为这将直接影响到合同双方所承担风险的大小。对于不确定性因素，企业在制定价格时，为了降低履约风险往往会高估价格。因此，研发合同定价或招标制定价格时，要研究科学、合理的定价方法，一方面要考虑到双方的履约风险，尤其是企业科研超概算给军方带来的风险，另一方面还要考虑对企业的激励，对按照合同完成任务的企业给予奖励。

(3) 合同内容尽可能完全。研发合同的基本条款是合同的重要部分，合同的基础条款明确当事人的基本权利和义务，同时也是当事人履行合约的基本依据。为保证研发质量和完成时间，经双方同意，在合同条款中应加入质量、期限及与奖惩相联系的条件，以利益机制约束企业行为。为了便于履行合同和避免引起争议，国防研发合同中的基本条款应是明确具体的、可证实的。

(4) 合同履行的规范管理。第一，合同监督。签订国防研发合同后，并不意味着这一阶段的运作过程结束。虽然进入了研发的合同履行阶段，但委托方还要对合同进行监督，确保代理方能够有效的履行合同。合同的监督是指委托方随时关注双方合同履行的进展情况，当出现某些特殊情况特别是当风险发生时，应及时进行协调处理。对合同进行处理包括修改、暂停、取消和终止。应本着双方充分协商达成共识基础上进行的原则，以保护双方的利益。第二，依据合同进行验收和结算。研发阶段完成后，企业（承研单位）应提供装备定型试制的样品。委托方根据合同规定进行验收，从而确定研制的产品是否符合合同规定的技术要求、性能、适用性。依据产品数量规模，可以选取全数检验法和抽样检验法，依据技术标准、产品图样和技术文件和合同的相关规定，进行成品检验。应当指出的是，合同的验收不仅仅对装备样品进行，在原材料的购进、生产工序进行中，也有必要进行合同检验。委托方和代理方应该根据合同规定一起进行产品的验收，并共同处理各项事宜。验收合格后，委托方依据合同的规定进行研发产品的结算。以上两项都需要组成专门小组来进行，验收和结算完成后，小组须作验收记录和结算记录，并分别在验收证明书和结算说明书上签字或盖章。第三，效果评估。委托方和相关的监督部门必须对已完成的研发项目的运作和成效、企业的资信和履约效果进行综合评估。通过评估，总结经验，发现问题，将结果和评估信息反馈给有关部门和单位。一方面对科研机构名单进行动态考评、更新，另一方面为下一阶段的研发活动提供更多可借鉴的经验和教训。

三、个案研究：国防研发许可证最优合约分析

博弈论作为一种关于决策和策略的理论，来源于一切通过策略进行对抗或合作的人类活动和行为，也适用于一切人类活动和行为。实际上，政府与军方，军方与承研单位之间的博弈贯穿于装备研发活动的整个过程。本节以武器装备科研许可证合同作为个案进行合同激励分析。

为允许国外厂商生产本国某些军品或军品部件需要进行军品贸易。而军品贸易除购买武器装备外，实际上还要购买装备的技术，研制许可证制度是国际上通用的管理制度。许可证可以覆盖整个项目，产生大量的军事、预算、工业和更为广泛的经济收益；生产现有装备，避免了失败的风险，能产

生大量的技术外溢，提高购买者的技术水平，还可以节约大量的研发投资资源。如果由国内企业独立研制这种装备，其消耗将是巨大的。更为主要的是，科研许可证对国内的国防工业基础能起到支持作用，还提供了某些技术转移，并且对就业和支出的平衡也有积极的意义。

但是，研制许可证并不是免费的礼物：与直接向原生产商购买现货相比，它常常有着成本上的风险。据估算，这种成本风险的损失可以高达50%[①]。2005年6月，政府根据《中华人民共和国行政许可法》和《国务院对确需保留的行政审批项目设定行政许可的决定》，颁布了《武器装备科研生产许可实施办法》，明确规定：为了加强武器装备科研生产许可管理，维护武器装备科研生产市场秩序，必须依照《武器装备科研生产许可实施办法》来进行管理。

（一）国防科研最优许可证合约模型构建

现代武器装备系统涉及的技术范围广、学科多、研发费用昂贵。第二次世界大战后，军品国际研制贸易已成为全球军品贸易的重要组成部分，其贸易额不断扩大。我国是发展中国家，不可能完全依靠自己的力量发展先进武器装备。我国实行改革开放以来发展，非常注重开发必要的国际军品研制协作贸易，利用国内国外资源，加强国际间的军品研制合作，不断提高武器装备现代化水平，以满足我国国防建设的需要，研发许可合约是我们必须要分析的一个重要环节。分析国防研发最优许可证合约，即分析在专利所有人（卖方）与想利用专利的军方（买方）之间，可能确立的最优交易方式，能够帮助我们节约国防研发成本，提高资金使用效率。我们假设最简单的可能情况：卖方是一个拥有专利的研究实验室，除了通过许可证合约，它不可能获得任何利润。军方（买方）是一个垄断者。其平均生产成本为常数 C^0，如果用此专利生产国防产品数量 Q，他的总成本就是 C^0Q。用此研发成果进行创新具有将平均成本从 C^0 降低为 C 的效应，其中 $C<C^0$。假设军方产品的市场需求函数以 $D(p)$ 表示。

此许可证合约规定，签署合约时军方必须支付固定金额 F；再加上为每单位产量的支付 ε，ε 是每次运用许可证技术生产时对每单位产品支付的费用，合约对子用（F，ε）表示。如果军方购买该专利，然后生产数量 Q，

① 哈特利等：《国防经济学手册》第1卷，姜鲁鸣等译，经济科学出版社2001年版，第431页。

他的总成本将是 $F+(c+\varepsilon)Q$。令 $\prod^{m}(x)$ 为军方在平均成本为 x 时的效用，有：

$$\Pi^{m}(x)=[p^{m}(x)-x]D(p^{m}(x)) \tag{4-3-4}$$

其中，$p^{m}(x)$ 是成本为 x 时的垄断价格：

$$p^{m}(x)\in \arg\max_{p}[p-x]D(p)$$

这里仅从经济上分析，令 $D^{m}(x)=D(p^{m}(x))$ 为价格是 $p^{m}(x)$ 时军方的需求。许可行为的发生需要在军方没有许可证时的效用 $\Pi^{m}(c^{0})$ 与他在购买许可证后可获得的利润 $\Pi^{m}(c+\varepsilon)-F$ 进行比较。

卖方（委托人）的问题是，考虑到买方必定准备在 $F\geqslant 0$，$\varepsilon\geqslant 0$ 时接受合约，要最大化其得自许可证的利润，此问题可通过模型表示：

$$\max_{(F,e)} F+\varepsilon(c+\varepsilon)$$

$$s.t\quad F\leqslant \Pi^{m}(c+\varepsilon)-\Pi^{m}(c^{0})$$

$$F\geqslant 0,\ \varepsilon\geqslant 0$$

参与约束有效，且问题的解 (F^{*},ε^{*}) 由下式给定：

$$\varepsilon^{*}=0 \text{ 和 } F^{*}=\Pi^{m}(c)-\Pi^{m}(c^{0}) \tag{4-3-5}$$

因此，最优许可证合约只包含固定支付。如果买方和卖方能够分享对称信息，(4-3-5) 式成立。

当买方比卖方拥有更多信息时将发生什么？换句话说，军方存在着私人信息，也即存在一个逆向选择问题，私人信息可能涉及若干变量中的任何一个。例如，在有关国防科技产品的需求函数，买方可能知情更多；或者军方拥有有关创新如何最好地应用于特定的武器装备生产过程方面更多的信息。将这种情况模型化，假定创新是两种可能类型，好的 (G) 和差的 (B) 中的一种。一项好的创新使平均成本降至某一水平 c^{G}，而如果创新是差的，平均成本将是 c^{B}，这里 $c^{G}<c^{B}<c^{0}$。军方知道创新的价值而卖方不知情，在对称信息条件下，最优合约将是：

$$\varepsilon^{G^{*}}=0\quad F^{G^{*}}=\Pi^{m}(c^{G})-\Pi^{m}(c^{0})$$

$$\varepsilon^{B^{*}}=0\quad F^{B^{*}}=\Pi^{m}(c^{B})-\Pi^{m}(c^{0})$$

对给定逆向选择问题，所提出的合约必须更改。我们可以证明①，卖方提出的最优合约菜单是分离的，并具有以下特征：

---

① 证明过程见附录 1。

$$\varepsilon^{G} = \varepsilon^{G^{*}} = 0 \quad \varepsilon^{B} > 0 \quad F^{G} < F^{G^{*}} \quad F^{B} < F^{B^{*}} \tag{4-3-6}$$

(二) 结论与启示

1. 当军方（买方）拥有关于国防科技创新价值的私人信息时，激励相容约束与事前参与约束之间的冲突就不再可能无代价地解决，于是次优的交易不可避免，而这种交易扭曲的方式取决于代理人的评价。类似于逆向选择的分离合约，卖方（许可专利者）的分段支付可以分离出低质量的创新。军方为了激励卖方进行技术开发，采用成本偿还合同有利于武器装备的发展，也就是说，企业（科研院所）承担的风险份额小些。

2. 当军方（买方）对创新评价高时，他将被提供一个完全基于固定支付的合约。然而，该固定支付低于相应的对称信息支付，原因是对创新评价高的买方会获得信息收入。因此，对分段支付的观察，其原因就在于买方特定的私人信息的存在。

3. 合约的产生便于分离出对于创新的不良应用。拥有技术专利的卖方通过扭曲 B 型创新的最优合约，可以向对创新评价最高的买方索取更高的固定溢价，这就是军品贸易中出现漫天要价的原因。在图形上，这两个合约的相对位置示于图 4-6 中。

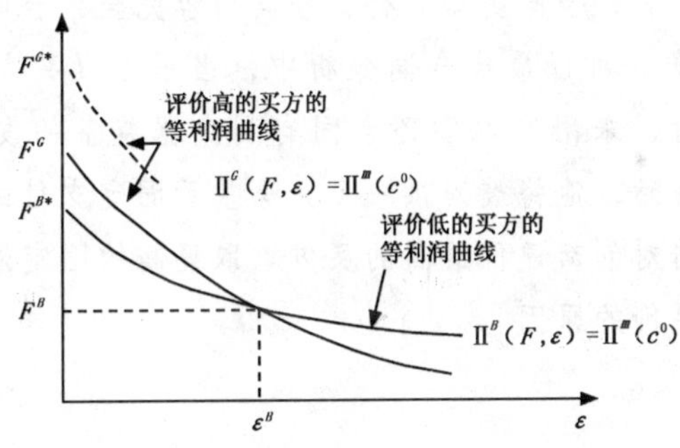

图 4-6　最优许可证合约示意图

4. 建立我国国防研发最优许可证合约。市场化发展是国防科研投资的必然趋势，市场化的投资决定模式要求国防研发合约的最优化。许可证管理是市场化条件下研发投资的有效管理方法之一，如何在信息不对称的条件下确定研发最优许可证合约，关系到国防研发投资的效率问题。

本章小结

1. 政府、军队和承研单位之间由于目标函数不同、信息不对称以及各主体的经济活动存在着不确定性和风险性，形成了特殊的委托代理关系。

2. 军队与企业的博弈存在着道德风险和逆向选择；政府与军队的博弈可能造成资源在研发活动和传统产品生产之间的无效分配，需要从扩大竞争方面设计新的更为理想的制度安排，从而更好的提高装备采办效率。

3. 建立我国国防研发投资激励机制对策。制定国防科技战略，加大国防 R&D 投入，形成国防科技的引导机制；采用军民通用的商业化规范和标准，促进联合，形成国防研发一体化机制；推行国防 R&D 运行市场化，鼓励参与，形成国防研发竞争机制。

4. 国防研发投资的风险是客观存在，国防研发投资决策本质不是尽可能消除风险，而是尽力做到收益与风险的匹配，把项目风险确定在一个可控制的适当水平上。通过国防研发投资激励机制设计，制订不同的研发合同是风险管理的有效方式。合同管理的优化，主要体现在以下几个方面：合同设计体现风险共担机制，合同类型多样，合同内容完全，合同履行规范。

5. 在国防研发许可证最优合同分析中，当军方（买方）拥有关于创新价值的私人信息时，采用成本偿还合同有利武器装备的发展，而军方（买方）对创新评价高时，他将被提供一个完全基于固定支付的合约。拥有技术专利的卖方可以向对创新评价最高的买方索取更高的固定溢价，这就是军品贸易中出现漫天要价的原因。

第五章　国防研发投资战略与国防科技创新模式

“创新是一个民族进步的灵魂，是一个国家兴旺发达的不竭动力。科技创新越来越成为当今社会生产力解放和发展的重要基础和标志，越来越决定着一个国家、一个民族的发展进程。如果不能创新，一个民族就难以兴盛，难以屹立于世界民族之林。”① 同样，国防科技创新也越来越成为决定军队战斗力生成的重要基础和标志，是实现武器装备跨越式发展的源泉，也是制造信息武器装备②、打赢信息化战争的条件。当前，国防研发投资的低效限制着国防科技发展速度，国防研发投资制度缺陷制约着国防科技的发展水平，非均衡的投入现状拉大了与发达国家国防科技水平的差距，影响着国防现代化建设。新时期的军事变革呼唤国防科技创新！国防研发活动既是国防科技创新的一个最基本的条件，也是创新活动的主要推动力。国防研发投资是实现国防科技创新的保证，国防研发投资战略必须为国防科技创新战略服务。

本章从国防科技创新的角度研究国防研发投资战略：一是分析国防研发投资战略与国防科技创新的关系；二是分析国防研发投资战略对实现国防科技创新模式演化的作用；三是分析国防研发投资战略的选择与实施。

---

① 《江泽民文选》第 2 卷，人民出版社 2006 年版，第 392 页。

② 信息武器装备，是指在争夺信息的获取权、控制权和使用权的对抗与斗争中，所使用的以现代信息技术为核心的武器装备及其系统。见叶恩发、叶向东：《蓝色军事》，中国经济出版社 2005 年版，第 178 页。

第一节 国防研发投资战略与国防科技创新的描述

一、国防研发投资战略

（一）概念界定

战略是国家（集团）关于军事问题的最高决策，是对重大问题的全局性或决定性的谋划①。1997年出版的《中国军事百科全书》和《中国人民解放军军语》称战略是“筹划和指导战争全局的方略”。将战略应用于投资活动，就形成投资战略。“必须制定正确的武器装备发展战略，从国防和军事发展战略出发，有计划、有步骤地发展技术比较先进、与我国国情、军情及我军军事战略思想相适应的武器装备。”② 可以认为：国防研发投资战略是武器装备发展战略的组成部分，是国家（集团）从全局上对国防研发投资活动进行的谋划和运筹。

（二）主要特征

任何国防研发投资都必须在明确的投资战略的指导下进行。如果没有一个清晰的投资战略，国防科技创新过程中任何重大的决策都难以保证是正确和有效的。国防研发投资战略发挥着总体战略不可替代的特殊作用。其基本特征表现在以下方面。

1. 全局性。国防研发投资战略是根据国防科技发展的要求，在技术预测和环境分析的基础上，对国防研发投资方向、投资规模、投资结构、投资的重点目标和投资模式等进行的总体谋划，带有兼顾各方面各部分和各阶段的性质，对国防科技创新的整体规划和发展会产生重要影响。

2. 对抗性。任何战略都是为一定的阶段、民族、国家、政治集团的利益服务的，而这种服务往往又是在充满矛盾和冲突的斗争中实现的，具有鲜明的政治性和对抗性。国防研发投资战略的对抗性，在实践中主要表现为针对国防科技安全所面临的威胁，全面筹划和运用国家的科技能力和资源，争

① 王文荣：《战略学》，国防大学出版社1999年版，第25页。

② 刘化绵：《新时期中国军事经济研究荟萃》，军事科学出版社2000年版。

取在对抗中取得主动。

3. 长远性。国防研发投资战略是对国防研发投资进行的长期性安排，它以军事战略方针为牵引，对国防科技长期竞争力的形成和长期的投资效益起决定性的作用。

4. 方向性。国防科技创新是一个永无止境的过程。国防科技面对着宽广的技术创新领域，可供选择发展的方向很多。漫无目标的创新活动既耗费资源、扰乱秩序又会使国防科技的发展无所适从。通过战略的制定确立国防研发投资目标和规划，可以把有限资源按明确的规划进行投入，有计划、按步骤实现创新目标。

5. 层次性。投资战略可分为宏观、中观和微观三个层次。宏观层次的投资战略是指国防科技总体投资战略，是站在国家层面上以打赢未来信息化战争为目标予以制定的；中观层次的投资战略是军队以宏观战略为指导，按照不同军兵种的军事战略目标为牵引予以制定；微观层次的投资战略主要是国防科技企业的研发投资战略。企业根据创新战略的要求，选择正确的创新方向和途径，确定切实可行的实施计划，指导企业技术创新的全过程。

二、国防科技创新及其战略

创新理论的创始人熊彼特认为：所谓创新就是“建立一种新的生产函数”，也就是说把一种从来没有过的关于生产要素和生产条件的“新组合”引入生产系统。在他看来，创新、新组合或经济发展包括五种情况：一是采用一种新的产品（消费者还不熟悉的产品，或一种产品的新特性）；二是采用一种新的生产方法；三是开辟一个新的市场，即有关国家的某一制造部门不曾进入的市场；四是控制原材料或半成品的新供应来源；五是实现任何一种工业的新组织[①]。美国经济学家弗里德曼认为：工业创新是指“第一次引进一个新产品或新工艺中所包含的技术、设计、生产、财政、管理和市场的步骤”[②]。美国学者纳雷安使用的定义为：创新是指在技术机会或顾客需求驱动下，获得可行的技术成果解决方法的产出和过程[③]。国内学者对创新的定义主要集中在技术方面。傅家骥认为：技术创新是企业家抓住市场信息的

① 约瑟夫·熊彼特：《经济发展理论》，商务印书馆2000年版，第73页。

② C. Ferrman. The Economics of Industrial Innovation [M]. London and Washington, 1997: 57～59.

③ V.K. 纳雷安安：《技术战略与创新》，程源等译，电子工业出版社2002年版，第57页。

潜在赢利机会，以获取商业利益为目标，重新组织生产条件和要素，建立起效能更强、效率更高和费用更低的生产经济系统，从而推出新的产品、新的工艺，开辟新的市场获得新的原材料来源或建立企业新的组织的过程[①]。柳卸林认为：创新有广义和狭义之分，R&D 活动会引起新的科技发明[②]，新的科技发明一旦进入某一生产经营过程、体系之中，即会完成狭义的技术创新。任何狭义的技术创新，一旦进入市场都有可能被其他企业吸纳和模仿，即创新扩散。任何 R&D 成果，只有通过狭义的技术创新，才能转化为直接的、现实的、物质的生产力；通过狭义技术创新的扩散，才能提高宏观的技术水平。因此，又可以将"研究开发→狭义技术创新→技术扩散"的全过程称之为"广义的技术创新"[③]。可以看出，国家从宏观层面上提出的技术创新都是广义的技术创新。

国防科技创新是一个使用广泛的概念。从狭义上讲，只要对国防研发的产出实现成果转化[④]，就实现了国防科技创新。从广义的角度看，国防科技创新是指在国防科技需求驱动下，通过国防研发及其成果转化，获得可行的国防科技产品，并由此推动国防科技进步的活动。这个概念有以下含义：一是目的性，即国防科技创新是为了满足国防科技发展需要。二是有效性，即科技发明在国防领域得到首次应用。三是全程性，即创新活动是从研发构思开始，以新装备的产出为终结的过程。四是相关性，即国防科技创新必然会推动国防科技进步。需要指出的是，国防科技创新的技术来源一般是国防研

① 傅家骥：《技术创新学》，清华大学出版社 1998 年版，第 54 页。

② 科技创新、科技进步和科技发明的联系与区别：技术创新与技术进步都表现出技术的变动性。在宏观层面上，技术变动称为技术进步；在微观层面上，技术变动称为技术创新。技术创新的主体是企业，是企业家抓住潜在的市场盈利机会，将发明引入市场的活动；而技术进步并无具体的行为主体，它是全社会共同完成的。技术进步的程度决定了技术创新的水平，而技术创新又会促使技术进步。技术创新过程中存在诸多不确定性，因而存在风险；而技术进步只反映成功的技术变动，那些在竞争中失败的技术，不能反映到经济中来。技术创新可以引起技术进步，但技术进步并非只是技术创新所致，技术改造、技术引进等都会引起技术进步。科技研发的成果通常称为技术发明，技术发明通过技术创新实现商业化应用。技术发明如果没有实现商业化应用的发展，不可能转化为直接的、现实的、物质的生产力，这种状况下的技术发明只是一个新观念、新设想、新知识。见赵玉林：《创新经济学》，中国经济出版社 2006 年版，第 15 页。

③ 柳卸林：《技术创新经济学》，中国经济出版社 1993 年版，第 1 页。

④ 成果转化是指国防研发成果产生之后，装备项目定型生产之前（或者预研成果应用于型号项目之前），以中间试验为主的一系列科研活动。因为不包括批量生产的过程，所以成果转化仍然属于国防科研的一个阶段。其主要包括两种类型的转化：一是预研成果向型号研制的转化；二是型号研制成果向生产部署的转化。

发活动产生，但非国防研发活动产生的技术也可以作为国防科技创新的来源。

在此基础上，可以将国防科技创新战略表述为：是国家科技创新战略的组成部分，是国家为了满足军事战略的需要，从全局上对国防科技创新活动进行的谋划和运筹。

三、国防研发投资战略与国防科技创新战略的关系

国防研发投资推动国防科技创新，国防研发投资战略是实现国防科技创新战略的基础，国防科技创新战略对国防研发投资战略的制定起着牵引作用。

1. 国防研发推动国防科技创新。从狭义上讲，国防研发投资的产出是创新的投入。国防研发对技术创新的推动作用通过技术不平衡表现出来。国防科技某一环节的技术进步打破了原有的技术平衡，产生一个“瓶颈”，使国防科技创新主体把研发集中在消除这个“瓶颈”的方法上，而这一方法又会造成新的瓶颈和新的解决方法。这样，国防研发作用的直接结果，是不断产生新的不平衡，在国防系统中产生新的知识和新的不确定性。这种新的不确定性，不仅可能带来新的“瓶颈”，还可能带来创新过程中的飞跃性突破，体现出创新过程是一种逻辑相关且非线性连续的特征。在这里，系统原有平衡受到创新性破坏并达到新的有序，而引发创造性破坏契机的主要原因就是国防研发。当然，国防研发的成果并不一定导致创新，创新的实现还要受技术可靠性和潜在需求大小的影响。

2. 国防研发投资战略是国防科技创新战略的基础。国防研发投资战略决定着投资规模、投资增长的强度、投资方向以及投资结构，对国防科技的发展水平与创新能力的强弱影响极大。国防科技创新战略的选择要以国防研发投资战略为基础，任何脱离实际的创新战略都难以实现。

3. 国防研发投资战略受国防科技创新战略的牵引。从系统论的角度看，由于国防科技创新贯穿于国防研发活动全过程，国防研发是国防科技创新的一个子系统，局部战略要服从整体目标，因此，国防研发投资战略受到国防科技创新战略的牵引（见图 5－1）。

在现实中，对于国防研发投资主体而言，国防研发成果转化为现实武器装备的可能性大小决定着创新成果的多少。这种可能性越大，投资主体作出研发投资决策的可能性越大，而国防科技创新战略的制定是以实现军事战略

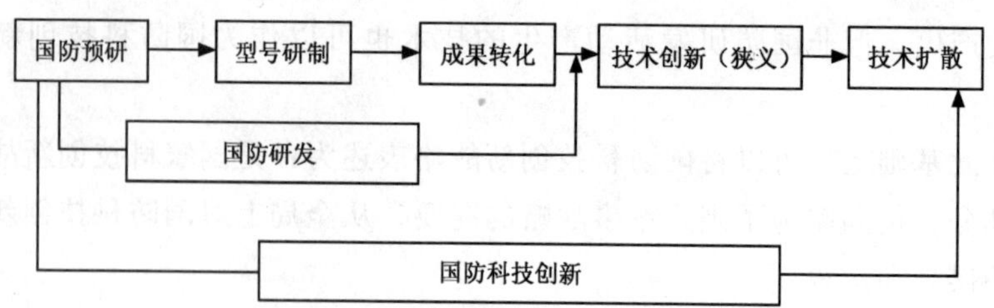

图 5-1 国防科技创新与国防研发关系示意图

为目标的，国防科技创新战略将研发投资战略与军事战略连接在一起。因此，国防研发投资战略的制定既要满足军事战略的需要，又要遵循经济规律，“选择顺应时代要求、符合我国实际的发展道路”①。

第二节 国防研发投资战略与国防科技创新模式的演化

“创新作为国防部门的产品与包含新观念的实物产品至少是同等重要的，创新在本质上是难以采购的产品”②。按照我军新时期军事战略方针，制定国防研发投资战略，提升高新技术武器装备的自主研发和快速供给能力，是推动中国特色军事变革，满足军队机械化、信息化复合发展的战略需求③。国防科技创新是创造性劳动，“自主创新，就是从增强国家创新能力出发，加强原始创新、集成创新和在引进先进技术基础上的消化吸收再创新”④。温家宝总理的讲话为我国的国防科技创新指出了三种模式，即原始创新、集成创新和消化创新。这三种模式各有特点，如何选择是关系到国防研发投资规模、结构及投资效率的战略问题。

一、国防科技创新模式的描述

这里所讨论的“创新模式”是从国家层面来加以审视的，它指以获取国

① 胡锦涛：《坚持走中国特色自主创新道路，为建设创新型国家而努力奋斗》，在全国科学技术大会上的讲话，2006 年 1 月 9 日，《解放军报》2006 年 1 月 10 日。

② Williamson, O. E. The economic institutions of capitalism [M]. The Free Press, New York. 1985.

③ 《国防科技工业中长期科学和技术发展规划纲要（2006～2020 年）》。

④ 温家宝：《认真实施科技发展规划纲要，开创我国科技发展的新局面》，在全国科学技术大会上的讲话，2006 年 1 月 9 日，《科技日报》2006 年 1 月 10 日。

防科技自主知识产权、掌握高技术武器装备核心技术为宗旨，以我为主发展与整合创新资源，进行创新活动提高创新能力的国防科技战略方针。

（一）国防科技创新模式的内涵

1. 国防科技原始创新。国防科技原始创新是指国防科技创新主体通过自身的努力和探索产生核心技术或概念的突破，并在此基础上依靠自身的能力推动和完成创新的后续环节，向国防市场推出全新的武器装备或率先使用新工艺，完成国防研发成果向国防实力的转化，以取得军事竞争力，从而达到预期目标的一种技术创新战略。实施国防科技原始创新战略的主体通常在国防科技领域竞争中处于领先地位，具有强有力的竞争实力，其创新所需的核心技术来源于主体内部的技术积累和突破。

2. 国防科技集成创新。国防科技集成创新是指根据国防科技发展的目标设计，整合多个国防科技创新主体资源，并经过优化配置，形成一个由各主体间适宜要素组成的优势互补、相互匹配、具有独特功能优势有机体的行为过程。集成创新通常以合作伙伴的共同利益为基础，以资源共享或优势互补为前提，有明确的集成目标、集成期限和集成规则，集成各方在技术创新的全过程或某些环节共同投入，共同参与，共享成果，共担风险。

3. 国防科技消化创新。国防科技消化创新是指国防科技创新主体通过学习模仿先进国家进行国防科技创新的思路和行为，吸取率先创新者成功经验和失败的教训，采用技术引进等手段吸收和掌握率先者的核心技术和技术秘密，并在此基础上改进完善并进一步开发出具有竞争力的武器装备，以此确立本国先进的国防科技地位，获取国防利益和竞争优势的技术创新战略。

（二）国防科技创新模式优劣

1. 国防科技原始创新。原始创新模式的主要优势：一是技术优势。原始创新能获取更多的科学发现和技术发明，并运用于武器装备的发展，产生军事优势和政治优势。在技术上有助于创新主体形成技术标准和较强的技术壁垒，对跟进者进行技术锁定，稳固其在国防技术领域的核心地位。二是产业优势。国防科技原始创新常常在全新技术领域实现技术突破，从而引致一系列的技术创新，形成创新的“簇群现象”。在军事战略中，能起到“先发制人”的作用，引领军事理论和作战方式的改变。在技术扩散方面，由于技术知识正的外部性，能带动一批在技术上与之相关的新技术的产生，并扩散到民用科技中，引发全社会的技术创新。三是竞争优势。由于国防装备生产中的成本优势和军贸市场上的垄断优势，能使创新主体获得超额利益。

原始创新模式的主要缺陷：一是高投入。由于原始创新强调技术与市场开发的率先性，为了获得有效的技术突破，创新主体必须具备雄厚的研究开发实力，技术研发费用大。二是高风险。国防科技领域的探索本身具有较高的不确定性，这种不确定性表现为内部不确定性和外部不确定性。内部不确定性是由技术上的未知数所引发的，关于成本和设计的大量不确定性决定着武器装备的生产和整个使用寿命周期；外部不确定性是关于武器装备需求的不确定性，这种不确定性是外部威胁的变化、获取替代性武器的可能性变化，甚至是由国际国内政治经济形势所引起的，这种高风险性使得原始创新的成功率较低。由于原始创新完全依靠自己的力量进行技术的研发和技术成果的转化，因此一旦失败，国家将承担较大的经济损失。

2. 国防科技集成创新。集成创新的主要优势：一是互利性。国防科技的综合性和研发的风险性使单一主体取得技术创新越来越难，不同的创新主体通过分工合作的方式进行技术创新，实现资源共享，优势互补，成为新形势下实现技术创新的必然趋势。二是分散性。国防科技创新活动的高风险性通过集成形式得到分散，为创新的进行提供更大的可能性。

集成创新的主要缺陷：一是产权不清。国防科技创新的成果是为国防服务的，创新产权必然归国家所有。但由于集成创新涉及多个主体，每个创新主体的资源投入不能获得明确的产权收益，必然会降低创新激励，影响创新效果。二是主次不分。集成创新的主体多，优势各异。这种创新主体的非独立性，会影响到创新内容、目标、时间的选择，影响着创新的成败。

3. 国防科技消化创新。消化创新的主要优势：一是开发风险低。消化创新具有高度的方向性、集中性和针对性，能够免费获得的公开技术或能够以合理价格引进购买到的技术不再重复研究。这种研发模式具有投入少、效率高的特点，这是消化创新的突出优势。二是后发优势。消化创新可以向率先创新者学习，总结经验和教训，产生“干中学”效应。通过消化吸收再创新，能够具有较率先创新者更高的竞争力。三是节约成本。新的武器装备质量与效能有一个逐渐显现的过程，消化创新可以节约这个过程中的试错成本，提高创新效率。

消化创新的主要缺陷：一是时滞性。由于引进消化创新的技术在时间上有一定的延迟性，这期间可能有大量新的技术产生，导致引进技术相对落后。二是被动性。在模仿学习中，只能是被动的适应率先创新者的技术。在技术积累方面难以进行长远规划，消化过程中易受制于人，甚至会陷入技术追赶陷阱。三是引进壁垒多。要获得一项效益显著的国防科技并不是一件很容易的事情，其一是自然壁垒，如核心技术的信息被封锁，消化难以进行；其二是法律保护壁垒，率先创新者为了自身的利益而通过法律保护，阻碍消化创新的发生；其三就是政治壁垒，如某些国家出于政治与军事利益的考虑，而限制本国或他国的国防技术转让，限制消化创新的产生。

二、国防科技创新模式的演化分析

国防科技创新的三种模式构成了国防科技创新战略体系。现代技术的高度融合性，使得每一种创新模式都或多或少带有模仿的成分，其区别只是其模仿的比例大小。消化创新也有“自有成分”，否则不能称之为创新。因此，本书首先对以技术引进为主要手段的消化创新进行经济性分析，然后寻求创新模式演化的规律。

（一）国防科技创新模型的构建与分析

1. 基本假设。

(1) 发达国家向发展中国家提供技术转移，排除政治和军事因素，只有当其技术转移产生经济效益最大化时，这种行为才有可能。对发展中国家而言，选择引进方式的主要依据也表现在成本和利益两个方面。

(2) 考虑人力资本积累因素，实际上考察发展中国家消化吸收、技术提高的能力。

(3) 发达国家向发展中国家进行技术转移，其中间产品按成本加成原则定价。

2. 模型构建与分析。

(1) 国防科技引进模型。我们在柯布－道格拉斯生产函数的基础上构建国防科技引进生产模型。

设甲国为发达国家，乙国为发展中国家，在生产模型中，所引进的技术是由作为技术输出方的甲国发明创造的。模型包括两种类型的产品：中间产品与最终产品——先进武器装备，使用要素有二种：劳动 L 和引进先进技术在内的各种中间产品的投入 $x(i)$，假设劳动仅用于最终产品的生产（不考虑技术引进的外部性），则 L 就是固定的，生产出最终产品 Y。根据两要素的生产函数 $Y = F(L, X) = X^{\alpha}L^{1-\alpha}$，可推导出其生产函数如下：

$$Y = L^{1-\alpha}\int_0^{N_{LDC}} x(i)^{\alpha}di \tag{5-2-1}$$

其中 N_{LDC}为在乙国生产的所有中间产品的总数量，$x(i)$ 是中间产品的投入，α 是介于 0 与 1 之间的参数。最终产品——先进武器装备通过下式表示收益模型：

$$\pi_Y = L^{1-\alpha}\int_0^{N_{LDC}} x(i)^{\alpha} di - \int_0^{N_{LDC}} x(i) di - \omega L \qquad (5-2-2)$$

其中 $p(i)$ 是中间产品 i 的价格。如果生产技术是可行的，那么在乙国，一个单位的最终产品都能由一个单位的中间产品生产出来，这种技术可以通过技术许可或联合生产从甲国引进。

（2）模型分析。

第一，成本分析：不论采用什么样的投资方式进行技术引进，乙国要求一次性的成本能够引进一种中间产品。如果是技术许可，除了要支付给进行技术创新和拥有专利的甲国许可费以外，还有学习这项技术的初始成本。具体地说，技术许可一次性的最初成本可以表达为：

$$C = \lambda_L\left[\frac{N_{LDC}}{N_D}\frac{N_{LDC}}{N_W}\right]^{\gamma} \qquad (5-2-3)$$

其中 λ_L 代表技术许可的参数，N_D 和 N_W 分别代表乙国和世界各国可以利用中间产品的数量。假定 γ 是介于 0 和 1 之间的参数。其中 $\left[\frac{N_{LDC}}{N_W}\right]^{\gamma}$ 意味着随着乙国所使用的中间产品数量在世界市场上份额的增加，初始成本也随之上升。其内在的假设是：技术引进的最初成本因不同的中间产品而不同，以及技术是按最初成本的大小顺序来引进的。也就是说，先有成本最低的技术被引进，随后才引进比较昂贵的中间产品的技术。$\left[\frac{N_{LDC}}{N_D}\right]^{\gamma}$ 部分说明当乙国本国企业的市场份额因为许可产生的技术外溢而增大时，这就增加了其知识资本。即通过许可引进的技术，要求国内努力学习技术因而使未来的技术许可成本降低。这一假设就提出了“从许可中学”，其最简单的情形是，学习成为生产的副产品。

国防科技是一种特殊产品，在引进的目标上，要引进“打得赢”急需的关键武器和技术，加强其技术使用与创新的力度，意味着 $\left[\frac{N_{LDC}}{N_W}\right]^{\gamma}$ 的值不应该是最小的，而应是最有效的。通过使用，增强技术引进效益，增加学习附加值，使 $\left[\frac{N_{LDC}}{N_D}\right]^{\gamma}$ 的值不断减小成为降低成本的主要手段。

第二，利益最大化分析：从国家利益来讲，国防科学技术引进的根本目的是遏制侵略、维护国家安全。因此，其利益最大化不仅体现在其经济利益上，更重要的是体现在由国家安全需求产生的军事利益上。既然我们假设知识产权是受国际保护的，乙国在没有许可的情况下，不能通过模仿或"逆向工程"引进技术。一旦国家获得了 j 型中间产品的生产许可，那么就获得了这项产品的专有权。成本利益分析为政府决策分析提供了框架，国家需要知道与国防科技进步有关的利益，以及它对所有更广泛的经济利益所作出的贡献。假设国家从经济主体的角度来考虑经济效益最大化，因为 L 是固定的，可构建如下模型：

$$\max \pi_t i = p(i)x(i) - C(x(i)) \tag{5-2-4}$$

这个模型反映了决策者对产出 y 与生产中间产品的投入 $x(i)$ 的最优选择组合。首先，给每种可能的产出水平计算其最小的生产成本；其次，选择可最大化收益与成本之间的差额的产出。比如生产战斗机，是选择技术许可还是进口，或者是独立生产，在掌握采办和生命周期成本方面的信息，以及了解其军事和战略特点以及更广泛的经济利益之后综合权衡。

（二）国防科技创新与人力资本积累模型

假设乙国与甲国的人力资本技术差为 θ，甲国一个单位的人力资本生产一个单位的中间产品，生产第 i 种中间投入品的成本函数和边际成本分别为：

$$C(X(i)) = WX(i) \tag{5-2-5}$$

$$MC(i) = W \tag{5-2-6}$$

乙国一个单位第 i 种中间产品需要投入 $(1+\theta i)$ 个单位的人力资本。则乙国生产第 i 种中间产品的成本函数和边际成本分别为：

$$c(x(i)) = w(1+\theta i)x(i) \tag{5-2-7}$$

$$mc(i) = w(1+\theta i) \tag{5-2-8}$$

其中 W 和 w 分别为甲国和乙国人力资本的工资率。

很明显，随着 i 的增加，乙国中间产品生产需要投入的人力资本越来越多，边际成本逐步增加，这意味着，引进的技术难度是不一样的，i 越大，技术越先进，则生产的技术难度越大，生产的边际成本越高。

从效益最大化假设出发，甲国向乙国进行技术转移，既不会把所有的先进技术都转移到乙国，也不会把低于乙国技术水平的产品转移到乙国。假设其中间产品按成本加成原则定价，利润率为 ε $(0<\varepsilon<1)$，并且不考虑技术转移的外部性定价因素，则可用图 5-2 对两国的技术交易行为进行分析：

从图5-2中可看出，甲国进行技术转移的策略是（N，N_D），可计算出：

$$N_D = (W/(w\varepsilon) - 1)/\theta \quad (5-2-9)$$

$$N = (W/w - 1)/\theta \quad (5-2-10)$$

令 $\eta = W/w$，则乙国引进中间产品的总量为：

$$N_{LDC} = N_D - N = \eta(1-\varepsilon)\cdot\varepsilon^{-1}\cdot\theta^{-1} \quad (5-2-11)$$

令 $\Delta = \theta^{-1}$，代表乙国的技术能力，由于 η、ε 是常数，Δ 越大，N_{LDC} 值越大，表明乙国的技术能力越高，生产中间产品的成本越低，引进的技术更先进。

可进一步推出，（5-2-3）式中 λ_L 代表技术引进的参数，也是决定技术引进最优化的关键，那么，它的值由什么决定呢？一个主要的因素是通过正规教育积累的人力资本。其主要原因：一是当人力资本在发展中国家和技术输出国之间差距小时，技术消化的成本就低；二是由于存在大量的人力资本，研究部门的生产率比较高，人力资本对研究部门的生产率的影响更重要，会使许可的成本 λ_L 降低；三是人力资本积累形成威胁发达国家垄断利益的竞争压力之后，（N，N_D）区间右移，发达国家才能将更多、更先进的技术转移到发展中国家。这一结果表明，一个拥有高水平人力资本的发展中国家可以通过技术引进促进国防科技整体水平的提升，并带动国家科技的发展。

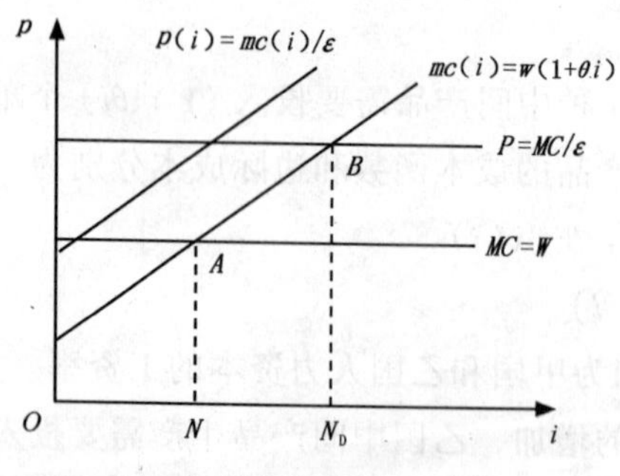

图5-2 两国技术交易分析

（三）人力资本积累与创新模式演化的机制分析

“干中学”是国防科技创新的源泉，技术进步率引起的国防科技跨越式发展并非取决于经济资源用于国防研发的比例，而是取决于传统研发活动带来了多少新技术，产生了多少附加值。

因为技术引进，资本和劳动全部用于国防科技产品生产，而不必用一部分于研发，其生产函数不同于普通生产函数模型。增加技术要素 A，可用幂函数转化为资本投入函数：

$$A = Bx(i)^{\varphi} \qquad B、\varphi > 0$$

φ 的大小反映了“从许可中学”的效果，即反映出资本增长与技术增长之间的关系。由此得出国防研发产出函数：

$$Y = L^{1-\alpha}\int_0^{N_{LDC}} x(i)^{\alpha}B^{1-\alpha}x(i)^{\varphi(1-\alpha)}di \tag{5-2-12}$$

在（5-2-12）式中，技术创新的决定因素是 $\alpha + \varphi(1-\alpha)$ 与 1 比较的结果，这等价于 φ 与 1 的比较。

若 φ 小于 1，人力资本积累水平较低，则国防科技发展速度是有条件的，这个阶段应以消化创新为主；若 φ 大于 1，则有大的发展，它的出现是由于人力资本积累较高，导致资本的贡献大于其传统贡献：增加的资本不仅通过其对生产的直接贡献（（5-2-12）式中的 $x(i)^{\alpha}$ 项）来提高产出，而且通过对新技术开发的间接贡献使所有其他资本更有效率来提高产出（（5-2-12)式中的 $x(i)^{\varphi(1-\alpha)}$ 项），这个阶段应以原始创新作为主要发展战略。由此可知，人力资本的积累水平是影响国防科技创新模式的演化的重要因素。

（四）人力资本的积累影响创新模式演化的经验分析

国际学术界将美国、日本、芬兰、韩国等 20 个左右的国家称为创新型国家，他们的共同特征是：创新综合指数明显高于其他国家，科技进步率在 70%左右，R&D 强度（R&D/GDP）指标大多在 2%以上。表 5-1 列出了几个典型创新型国家的科技研发人力资本状况与 R&D 投入状况表，用来考证人力资本积累水平与创新模式之间的关联。

在表 5-1 中，美、英、法、德、日、韩等六个国家人力资本积累平均数为 3 491 人每百万人，R&D 投入占 GDP 的比例达到 2.45。

表 5-1　　创新型国家人力资本积累与 R&D 投入简况表

国家	年份	1996	1997	1998	1999	2000	2001	2002	2003	2004	平均值
美国	R&D/GDP	2.55	2.58	2.62	2.66	2.74	2.76	2.65	2.67	2.74	2.66
	研发人员/（每百万人）		4 211		4 483	4 537	4 599	4 605	4 689		4 493

续表

国家	年份	1996	1997	1998	1999	2000	2001	2002	2003	2004	平均值
英国	R&D/GDP	1.88	1.85	1.79	1.87	1.86	1.87	1.89	1.89		1.863
	研发人员/（每百万人）	2 501	2 508	2 705	2 834	2 921	2 993	3 115	3 520		2 887
法国	R&D/GDP	2.29	2.22	2.17	2.79	2.18	2.23	2.26	2.22	2.16	2.28
	研发人员/（每百万人）	2 649	2 638	2 645	2 716	2 902	2 980	3 120	3 213		2 857
德国	R&D/GDP	2.24	2.29	2.31	2.44	2.49	2.51	2.53	2.56	2.49	2.43
	研发人员/（每百万人）	2 810	2 872	2 892	3 095	3 131	3 207	3 221	3 257	3 261	3 083
日本	R&D/GDP	2.77	2.84	2.95	2.96	2.99	3.07	3.12	3.15		2.98
	研发人员/（每百万人）	4 907	4 958	5 163	5 198	5 098	5 309	5 069	5 287		5 124
韩国	R&D/GDP	2.42	2.48	2.34	2.25	2.39	2.59	2.53	2.64		2.46
	研发人员/（每百万人）	2 190	2 242	2 045	2 156	2 316	2 898	3 002	3 187		2 504

资料来源：World Development Indicators database Online.

以表 5－1 所列六国的人力资本积累和 R&D 投入强度平均值作评价参考值，按照公式（5－2－13）求偏差距，对包括中国在内的 14 个国家和 3 个类别进行偏差分析，得出偏差结果如表 5－2 所示。

偏差距 ＝（平均值 － 参考值）/ 参考值　　（5－2－13）

从表 5－2 中可以看出：人力资本积累偏差在 25% 以内，其 R&D 投入强度偏差也在 25% 以内，高收入国家都在这个区间，说明以自主研发形成的原始创新对经济增长起着持续高效的推动作用；人力资本积累偏差在50%～60%，R&D 投入强度偏差也在 50%～60%，高中收入国家在此区间；人力资本积累偏差在 70% 以上，R&D 投入强度偏差也在 70% 以上，中等收入国家在此区间。

数据分析：

1. 创新型国家以原始创新模式为主。创新型国家都具有较强的科技研发人力资本存量和较强的国防科技研发投入。正是因为这些国家具有较强的科技研发人力资本作保证，才能把原始创新作为基本创新模式选择，以自主研发为主要手段，通过加大科技研发投资力度，占领高技术领域前沿。

表 5－2　　人力资本积累与 R&D 投资强度偏差测算

国　家	研发人数均值（研发人数/每百万人）	偏差（%）	R&D/GDP 均值（%）	偏差（%）
比利时	2 635	－25	1.93	－21
巴西	344	－90	0.9	－61
中国	462	－87	0.95	－61
法国	2 857	－18	2.28	－6.9
德国	3 083	－11	2.43	－1
印度	138	－96	0.72	－70
印度尼西亚	210	－94	0.63	－74
意大利	1 185	－66	1.08	－56
日本	5 124	47	2.98	21
韩国	2 504	－28	2.46	0
俄罗斯	3 458	－1	1.09	－55
英国	2 887	－17	1.86	－24
美国	4 493	1	2.66	2
高收入国家	3 644	4.3	2.4	－1
高中收入国家	1 500	－57	1.16	－53
中等收入国家	707	－80	0.64	－73

数据来源：第二列和第四列根据 World Development Indicators database Online 数据测算，第三列和第五列根据（5－2－13）式测算。

在国防科技研发领域，科技研发人力资本的积累为高技术武器装备研制打下了基础。冷战结束后，全球军工科研生产在国家和公司层次上都呈现出更加集中的趋势。这些创新型国家都不惜将科技精英、巨额资金和其他大量的资源用于国防科学研究，以求占领高技术武器装备的制高点，达到“先发制人”的目的。据斯德哥尔摩国际和平研究所统计：近些年，世界武器装备年产值都在 2 000 亿美元左右，10 个最大的武器生产国占到世界武器生产的 90%以上，美国几乎占世界一半，英国、法国次之，各约占 10%；其次，德国、日本、俄罗斯各约占 4%，意大利、加拿大、韩国、以色列各约占 2%，其他国家约占 10%。全球军事 R&D 年开支在 500 亿美元以上，而其中北约占到近90%，美国则占到全球的几乎2/3。

2. 创新型国家建设关乎国防科技发展。我国作为发展中国家，科技研发人力资本积累的速度增长很快，但与创新型国家的要求还有很大距离。从1996~2004年，我国人力资本积累偏差达到-87%，与创新型国家的科技研发人力资本积累有较大差距。较低的人力资本积累形成了本国与创新型国家的技术势差，这种技术势差决定当前国家科技进步还主要依靠技术引进后的消化创新。我国对外技术依存度高达50%，而美国、日本仅为5%左右，这种现状正是低层次创新模式的反应，由此影响到国家R&D的投入。从1996~2004年，我国R&D占GDP的比例平均为0.95，与创新型国家的投入差距较大，凸显各投资主体研发投资价值取向，反映出人力资本积累与科技创新模式的关联效应。

国防科技的发展必须以国家创新能力为基础。胡锦涛总书记在党的十七大报告中指出："提高自主创新能力，建设创新型国家。这是国家发展战略的核心，是提高综合国力的关键。"[①] 把建设创新型国家作为国家发展的战略目标确立下来，并提出了"注重培养一线的创新人才"的要求，为国防科技的发展指明了方向。科技人才队伍的快速增加，必然为创新模式的演化提供智力支持，加速国防科技的发展。

三、结论：国防研发投资战略决定创新模式的演化

国防科技创新模式的演化与国防研发投资战略是密不可分的。

（一）国防科技创新模式随着创新能力的提高而发生演化

每种创新模式都不是独立的，而是一种互动的关系，并且在优缺点和适用条件等方面具有极强的互补性。消化创新是创新的初级形式，原始创新是自主创新的高级形式，集成创新则贯穿于创新的全过程。我国作为发展中国家，技术水平和国防科研投入还存在很大不足。技术引进是消化创新的重要来源，但不是终结，而只是一个开端，对引进技术的消化也不是一次性的工作，而是一个复杂、动态的演化过程。在技术引进消化过程中产生了大量的技术外溢，促进技术创新，当技术引进对新技术开发的间接贡献率足够大时，可以促进创新模式的演化。"要继续把对引进技术的消化吸收再创新，

① 《中国共产党第十七次全国代表大会文件汇编》，人民出版社2007年版，第21页。

作为增加国家创新能力的重要方面”①，充分借鉴发达国家工业化的经验得失，节约相应资源的投入，降低生产成本，形成后发优势。发达国家工业化进程中在结构、组织变迁、资源利用及社会保障等方面的成功经验和失败教训，无疑为我国国防科技发展提供了难得的前车之鉴，降低了试错成本，且有助于我国制定具有整体性和前瞻性的发展战略和发展规划，提高国防科研水平。

（二）人力资本积累是形成国防科技创新模式演化机制的核心

在技术引进消化过程中产生了大量的模仿和学习机会，并形成了“干中学”效应，其中一个有效的途径是加快人力资本积累。当人力资本的积累使我国和技术输出国之间差距足够小时，可以降低技术改进的成本，增加对研究部门的生产率影响，促进更先进技术的引进。在核心技术的引进受到阻碍时，引进次核心技术也具备有效性。在有效的制度环境下，我们即使不具备内生的技术创新机制，也可以通过建立内生的学习机制，提高技术模仿和应用的总体效益。

经过几十年改革开放与经济建设，我国的综合国力有了较大增长，国防研发的投资能力不断增长，人力资本积累不断增加，为国防科技自主创新打下了坚实的基础。但与发达国家相比，国防科技研发人才在数量和质量上都存在着较大差距。信息化武器装备发展对人才建设提出了新的更高的要求，而人才队伍建设需要长期的积累，这个积累过程是难以跨越的。因此，发展国防科技，要将人力资本投资作为重点，形成稳定的增长机制，不断缩小与西方发达国家差距，使人力资本规模不断加大，存量和流量有较大幅度的增加。

（三）国防科技创新战略是实现创新模式演化的决定因素

技术引进需要投资，但核心技术特别是国防科技的核心技术是“买不来”的，消化吸收过程中的人力资本积累与“干中学”更需要投资，后进国家实现赶超，原始创新所需要的投入更大。因此，国防科技创新战略引导着投资主体的价值取向，对优化创新规模与结构起着引领的作用。发展国防科技，首先就要确立国防科技创新战略，促进消化创新向原始创新的演化。

---

① 温家宝：《认真实施科技发展规划纲要，开创我国科技发展的新局面》，在全国科学技术大会上的讲话，2006年1月9日。

第三节　国防研发投资战略的选择与实施

依据国家总体规划，我国国防和军队现代化建设实行三步走的发展战略，在2010年前打下坚实基础，2020年前后有一个较大的发展，到21世纪中叶基本实现建设信息化军队、打赢信息化战争的战略目标①。要实现这个目标，必须努力完成机械化和信息化建设的双重历史任务，实现我军现代化的跨越式发展。新时期军事战略方针的确立，为国防科技发展确定了目标，也为制定国防研发投资战略指明了方向。

一、以消化创新作为发展国防科技不可或缺的手段

（一）消化创新与实现武器装备跨越式发展

当今社会，创新浪潮席卷，科学技术的重大发现发明和广泛应用，给整个世界的发展模式带来了前所未有的深刻变化，自主创新已成为中国当前推动科技发展，调整经济结构、创造新经济增长点、解决经济深层次矛盾、提高核心竞争力的根本之策。自主创新并不等于不学习别国的长处，关起门来自己搞。邓小平同志指出："认识落后，才能去改变落后。学习先进，才有可能赶超先进。提高我国的科学技术水平，当然必须依靠我们自己努力，必须发展我们自己的创造，必须坚持独立自主、自力更生的方针。但是，独立自主并不是闭关自守，自力更生不是盲目排外。科学技术是人类共同创造的财富。任何一个民族、一个国家，都需要学习别的民族、别的国家的长处，学习人家的先进科学技术。"②

党的十六届五中全会把增强自主创新能力作为科学技术发展的战略基点和调整产业结构、转变增长方式的中心环节。胡锦涛总书记在全国科学技术大会上提出："动员全党全社会力量，为建设创新型国家而奋斗。用15年的时间使我国进入创新型国家行列"③。建设创新型国家，国防科技工业是重要力量之一。我国国防科技工业已经取得了举世瞩目的成就，但新的形势对

① 《2006年中国的国防》白皮书，2006年12月。

② 《邓小平文选》第2卷，人民出版社1994年版，第91页。

③ 胡锦涛：《坚持走中国特色自主创新道路，为建设创新型国家而努力奋斗》，在全国科学技术大会上的讲话，2006年1月9日，《解放军报》2006年1月10日。

国防科技工业提出了更高的要求，即不断适应武器装备建设需要和市场经济要求，推动科技创新和体制机制创新，推进国防科技工业转型升级，完成巩固国防科技基础，发展中国先进制造业，拉动国民经济优化升级的光荣使命。

后发优势既是发展中国家工业化可以依赖的一个基础因素，也是其经济发展的一个先天条件。“以信息化带动机械化，最大限度地发挥后发优势，努力争取我军现代化建设的跨越式发展。”[①] 然而，后发优势并不是自动生效的，而是其技术、资金、劳动、制度等多方面共同作用，才能产生“大突进”式的工业化发展。新中国成立以来，中国国防科技工业虽然已经具备了规模化、系统化的武器装备科研生产能力，但军工基础仍然比较薄弱，自主创新能力不强，许多关键技术、元器件和重要材料仍受制于人，离国防和军队信息化建设的需要还有很大的差距。而这种自主发展是国防科技系统[②]在对外开放中实现的，它不应当排斥对外军事经济技术交流，技术引进是消化创新的起点。发展信息化武器装备，对中国来说，由于受军费总量的限制，投入大量的研发、建设经费和人力是很难做到的。而武器装备又具有特殊性，由于非经济因素限制，其核心技术引进受到局限。关于如何引进国外的先进技术，邓小平同志也提出了一些重要原则。第一，要分轻重缓急。“国防工业引进什么，引进多少，占多大比重，要分轻重缓急。有的买产品，有的引进技术，要平衡一下”。第二，技术引进要全面。“技术引进应该是全面的，包括管理在内”。“引进产品要考虑周到，要配套、搞全，同时要和我们的制造结合起来，还可以派人出国，进行技术培训。”[③] 由此可知，武器装备技术引进不是目的，其着眼点在于学习，通过人力资本积累，最终的根本之道在于逼近先进的核心技术并一步步掌握和消化这些关键性核心技术，提高自主创新能力，力求通过技术创新促进技术进步，实现武器装备的跨越式发展。

（二）消化创新的现实困难与策略

1. 政治壁垒是提高技术进步效率的现实阻碍。消化创新是技术进步的

① 江泽民：《论国防和军队建设》，解放军出版社 2003 年版，第 473 页。

② 国防科技系统是由国防科技发展战略决策系统、国防科技研究系统、国防科技教育培训系统和国防科技工业系统组成，以提升国家国防科技实力为战略目标，将人力资源、财力资源、物力资源和科学资源在各机构或组织中配置所形成的动态系统。朱启超：《我国国防科技系统的供给缺口与对策思考》，《中国国防经济》2005 年第 1 期。

③ 《邓小平关于新时期军队建设论述选编》，八一出版社 1993 年版，第 154 页。

重要来源之一。后发国家的地位决定了我国的国防工业需要技术引进。但由于政治因素，其引进渠道受到种种限制。

(1) 技术的限制。由于美国的制约和欧盟的禁售令，当前我国的武器装备的先进技术主要依靠从俄罗斯进口。实际上，俄罗斯对各国的军售都有相当的保留。主要表现：一是俄军售基本上只限成品不售技术，以避免未来的市场受到“潜在威胁”。二是俄对外出售的武器在关键性作战系统方面往往被“精简”。如俄在向印度出售“卡卢加”号潜艇前，曾对该潜艇进行过“翻新”，“敏感”或者机密的武器系统都被拆除了。三是俄出口型的武器装备与自用型的质量有较大差别。以俄售给印度的米格－29为例，在俄飞得非常出色，到了印度却“严重水土不服”，发动机问题尤其大。

(2) 政策的打压。美国一直在紧盯俄罗斯对华武器贸易和采取各种打压政策。据报道：美国国防部在向国会提交的2006年《中国军力报告》中，再度对中俄军事合作表示严重担心。该报告称，从2000～2005年，中国的武器进口花费达130亿美元，其中95%的军事进口都来自俄罗斯。为此，美国采取多种手段阻止我国先进技术的引进。美国的打压行动可分为以下几类：一是亲施外交强压。这种形式以美国成功阻止以色列对华军售和干扰欧盟解除对华武器禁运最为典型。几年前，以色列曾同意向中国出售预警机。但现在，在美国的重压之下，以色列的态度发生了逆转。二是怂恿“打手”上阵帮忙。在这一策略中，日本的行动尤为典型。日本政府派外相奔波于欧盟各国之间，前首相小泉也亲自出马，在多个公开的外交场合要求欧盟不要解除对华军售禁令。三是挥舞经济制裁大棒。从2001年1月～2005年4月，美国国务院共对外国公司实施了115次制裁，其中80次针对中国公司或“涉嫌对中国售武”的公司。此次美国国会众议院就2006年度的《国防授权法案》草案，就属此列。四是用法律大棒收拾“违法者”。如美国加利福尼亚州的司法人员发表声明称，家住加州帕萨迪纳市的华人楚约翰和来自中国深圳的朱兆新被正式逮捕，理由是他们“涉嫌向中国出售被美国政府严格控制的国防装备”。

2. 消化创新的策略分析。科学技术创新能力是国家竞争力的本质要素，是界定发达和不发达的基本标志。当代发达国家科技革命带动了全球经济结构加速调整与重组。我国国防科技实力与发达国家之间存在巨大差距，这是我们在21世纪必须正面回应的挑战。

(1) 采取主动的外交突围。国务院总理温家宝曾表示，中国要求欧盟解除对华武器禁售，绝非急于购买欧洲的武器，而是反对这一歧视性政策。因为互尊互信、平等互利是中欧关系的基础。中国领导人的表态获得不少外交分，包括英国在内的多数欧盟国家此后转变态度，转而支持解除对华军售禁令。

(2) 灵活运用采购制衡战略。军购是有丰厚利润的贸易，以欧洲军售为例，解除对华军售禁令符合欧盟特别是欧盟成员国军工企业的利益。事实上，如果欧盟能够解除禁令，俄罗斯售华武器的态度和质量将全面提升。这就是灵活运用采购制衡战略能得到的最大回报。

(3) 以提升独立研发武器装备的能力为目标。研发活动不仅是科技知识的源泉，也是技术创新和技术进步的核心环节。一个国家发展武器装备，最终还是要走自主研发的道路。我国在相当长的时间内，还是要把技术引进作为先进技术的主要来源。但由于现实问题的存在，我们要正确处理技术引进与原始创新的关系，既不能过于依赖国外的先进技术，也不能走自我封闭独自研发的道路，而应坚持采用自主研发为主、技术引进为辅的“两条腿走路”的方针，认真落实党中央提出的科学发展观，鼓励国防科研机构和企业在开放引进的过程中，积极主动地吸收消化先进技术，加大自身创新能力建设的投入。

二、以原始创新作为国防研发投资战略的根本

依据国家总体规划，我国国防建设的长期目标是到21世纪中叶基本实现建设信息化军队、打赢信息化战争。实现这个目标，我国国防科技必须通过创新模式的演化实现自主创新，达到世界先进研发水平，原始创新是国防科技自主创新的根本。

（一）原始创新与国防科技可持续发展

在国防科技自主创新过程中，技术引进与消化创新战略为提高我国的国防科技创新能力打下了基础，但随之而来的是国防科技可持续发展问题。“高技术是买不来的”，从表3-8可以看出，从1999年开始，我国的武器进口大幅增加，国防科技工业的发展对国外技术依赖越来越重。其主要表现在以下几个方面：

1. 我国在国际分工中处于技术环节的低端。改革开放几十年来，我国充分发挥丰富而廉价的劳动力优势，大力发展了服装、纺织品、鞋类等劳动密集产品，在国际上建立了一定的比较优势。而在高技术领域则主要依靠外

资的带动。从目前情况看，中国的高技术产品几乎被外资所垄断。2005 年，我国高新技术产品进出口额达到 4159.6 亿美元，在我国高技术产品进出口的各类企业中，三资企业的进、出口额均在 1500 亿美元以上，所占比重分别达到 88.0%和 79.9%，其中外商独资企业的进出口在全部高技术产品的比重均超过了 60%以上。而国有企业和其他内资企业的出口占我国高技术产品出口总额的比重分别为 7.4%和 4.6%，进口比重分别为 14.3%和 5.8%[①]。不难看出，中国在高技术领域并没有得到多大的实惠，按照价值链[②] 所处的环节来划分国际分工，中国在国际分工中则处于技术环节的低端。国防科技工业是以高技术产业为主的战略性产业，目前处于低端技术环节，势必会影响到国防科技自主创新能力。一旦技术上受到外国的限制，武器装备的发展会受到影响，进而影响到国家科技可持续发展。

2.“民参军”加大了对国外高技术的依赖。在市场化进程中，民营企业进军国防科技领域是必然趋势，政府也先后出台了一系列政策鼓励、支持民营企业参与国防研发投资。但是，民营企业与外资企业在发展中的地位是不同的。改革开放以来，中国政府对外资引入高度重视，给予外资企业一系列超国民待遇，如减免各种税收、优惠使用土地以及其他各种优惠政策，使得外资企业发展迅速，也获得丰厚的回报，吸引了国内的大批顶尖的研发人才。相对来说，处于不利竞争条件下的中国民营企业的研发能力越来越弱，企业更多的是从事劳动密集型产品、低端产品的研发生产，对于高新技术产品的获得还主要依靠西方。在这种情况下，缺乏自主创新能力的民营企业参与高技术军品的研发投资，难免把自身的缺陷带到国防科技行业内，加大国防科技对国外高技术的依赖程度。当前，高技术武器装备的进口额不断增加是这种依赖的一种具体表现。

从以上分析可以看出，中国国防科技的发展对国外高技术的依赖程度有不断加深的可能。当前的新军事革命，信息化建设的重要性更加突出，一个国家的国防建设对国外高技术产生严重依赖是很危险的。中国要避免国防科技陷入对国外高技术的严重依赖，实现全面协调可持续发展，就必须走自主创新之路。

---

① 2005 年我国高科技产品进出口情况。

② 价值链是指产品的设计、生产、销售、服务等一系列相互关联的增值活动，一般被分为三大环节：一是技术环节，二是生产环节，三是营销环节。

（二）选择原始创新模式，走自主发展道路

国防科技不仅是保障国家安全和促进国民经济发展的重要基础，也是带动国家科技进步与发展的原动力。无论是美国的“曼哈顿计划”、“星球大战计划”和“NMD计划”，还是我国的“两弹一星”和“载人航天”工程，都充分表明国防科技是国家科技发展先导和核心。正如党的十六大报告所指出的那样，“国际形势正发生深刻变化。世界多极化和经济全球化的趋势在曲折中发展，科技进步日新月异，综合国力竞争日趋激烈。形势逼人，不进则退。”国防科技只有高举创新旗帜，强化科技基础建设，积累原始创新能力，不断缩小与发达国家国防科技水平的差距，才能应对世界科技的飞速发展和国际军事形势的挑战，才能服务国民经济建设。21世纪头20年，是我国必须紧紧抓住并且大有作为的重要战略机遇期，也是我军加快现代化建设的关键时期。只有抓住机遇，深化国防科技体制改革，加强原始创新，才能从根本上改变对外依赖的被动局面，实现我军现代化建设目标。经过几十年改革开放与经济建设，我国的综合国力有了较大增长，人力资本存量大幅度增加，科技水平与科研能力有了较大的提高，国防研发的投资能力和投资环境也有了很大的改善，为国防科技原始创新打下了坚实的基础。

1. 强化基础，加厚国防科技原始创新的积累。在国防科技的基础研究阶段，应立足于国防科技的长远发展，以信息化建设为目标，对可能带来科技突破的基础性、前瞻性项目，以及具有潜在军民两用和产业化潜力的科学研究，开展先期性探索，增强国防研发的基础能力和原始创新能力。特别是在国外对我国封锁的领域，要下决心从基础起步，主要通过自身的组织能力，综合国内外资源，发扬“两弹一星”传统，独立发展出自己的技术体系，扭转在某些前沿领域的核心技术受制于人的局面。在研制与生产、技术保障、现有武器装备改造、新技术的演示验证中，发展和应用高新技术，使武器装备研制的技术水平有较大提高，以适应未来信息化战争的需要；在国防科研成果向商品化、产业化转化的链条中，科研产品的中间试验和小批量试制是关键环节，一般这一环节的基础建设，需要10倍于科研阶段的资金投入，国家应有选择地予以支持，促进产业的形成与发展。

2. 面向未来，全面提升科技发展后劲。在继续实施“载人航天”工程和开展深空探测研究的基础上，开展以探月为龙头的空间探索重大战略工程，将使我国高科技发展承前启后，综合牵引与带动包括信息、生命、材料、能源、环境等几十种学科发展。例如，通过对载人航天系统、通信、动

力、空间机器人系统、资源再生系统的研发，可以牵引出许多当今和未来科学技术领域的关键问题或难题，同时具有较强烈和较广泛的应用与转化前景。这些科学技术问题的集中研究和逐步解决，可以综合地提升我国的科技发展后劲，并对一大批高新技术及其产业发展起到推进作用，重点解决一些战略性、基础性的科技难题，提高原始创新能力。

3. 立足当前，提升制造原始创新的能力。从近年爆发的局部战争来看，未来的国际军事斗争，将是以科技发展为后盾的高技术战争，武器装备的较量是高技术水平的较量，也是先进制造技术的较量。高技术研发是中间产品，还需要通过成果转化来实现其价值。事实证明，如果没有一个以信息化和高技术为标志的强大的现代制造业，国家安全和国民经济发展就没有根本的工业基础保障。目前我国与发达国家相比，制造业创新能力不足，技术和设备水平落后，竞争实力不强。坚持“以信息化带动工业化，以工业化促进信息化，”发展和培育工业化与信息化互动发展的新型工业化局面，对于促进国防科技跨越式发展具有重要意义。集中力量学习先进制造工艺与装备技术，掌握现代制造系统集成技术和批量生产快速形成的关键技术，打破企业“小而全”、“大而全”的封闭结构，努力形成具有中国特色的国防科技制造技术和核心竞争力。

三、以加快人力资本积累作为投资战略的重要方面

后发优势的取得,需要人力资本作支撑,国防科技原始创新能力的形成,离不开高水平的国防研发人力资本。当前,我国从事科技研发人数是美国的1/8,是日本的1/9,军事发达国家还在不断加大国防研发人力资本投入,我国与发达国家国防研发能力差距还有扩大趋势。建设信息化军队,打赢信息化战争,就是要用现代化的科学技术武装军队,人力资本积累是实现创新模式演变的核心,加快人力资本积累是提高国防科技创新能力的重要保证。

(一) 改革国防科技人才培养体制，培养国防研发人才

经过几十年改革开放与经济建设，我国的综合国力有了较大增长，国防研发的投资能力不断增长，人力资本积累不断增加，为国防科技自主创新打下了坚实的基础。但与发达国家相比，国防研发人才在数量和质量上都存在着较大差距。信息化武器装备发展对人才建设提出了新的更高的要求，而人才队伍建设需要长期的积累，这个积累过程是难以跨越的。因此，发展国防科技，要将人力资本投资作为重点，形成稳定的增长机制，不断缩小与西方

发达国家差距，使人力资本规模不断加大，存量和流量有较大幅度的增加。

1. 发挥院校教育主渠道作用，努力培养信息化国防研发人才。院校是培养高技术专业人才的主渠道。目前，在军队与地方相关院校都建立起了比较完善的初、中、高三级高技术武器装备研制人才培训体系，为国防科技高技术人才打下了良好基础。但与军事指挥相比，武器装备研制专业不仅涉及的范围更广，技术性更强，难度更大。为此，要调整院系专业与教学体系，完善信息化国防科技人才培养相关专业的课程体系，增加人员培训数量，在搞好总体论证的前提下，优化课程设置，增加教育培养力量、设施投入，争取在较短的时间内创造更好的人才培养机制，努力适应武器装备跨越式发展的需求。

2. 拓宽培养口径，加大在职培训力度。如建立定期培训和任职培训制度，明确规定各类技术人员必须接受的培训内容和学时。定期培训着眼于国防研发人才的未来需求进行超前培养，任职培训着眼于科研人员的现实工作需要进行同步培训。在职培训也是国防研发人员获取高技术、提高信息化能力的有益途径。在职培训主要是针对装备技术发展和专业领域的需要进行业务能力培养，以改善知识结构，提高专业技术，具备创新能力。大胆创新，拓宽在职培训的渠道，走开放式的培养道路，依托国民教育，拓宽国防科技人才引进渠道。一是充分利用地方高校的资源培养国防科技人才。对于那些军地通用的专业技术人员，可以通过设立国防奖学金、双向选择等方式，直接从地方大学高水平的毕业生中录入，也可以招收资质较好的高中毕业生委托地方高校培养，形成依托培养机制。二是完善非现役招聘制度。对于国防科技系统通用专业岗位，可增加非现役文职人员、公勤人员的岗位编制，完善招聘制度，制定用人标准，提高引进质量。三是依托社会教育力量发展国防科技人才任职培训。对于一些技术性较强、军队难以培养的学科专业，可按规划分批选派人员到地方院校与研究机构学习深造，提高国防科技人才前沿理论水平。注重提高科研人员的全面素质，培养其创新意识、创新精神和创新能力，使其掌握高技术知识和研发能力。

3. 建立学习型组织，不断充实科研人员前沿理论知识。从事国防研发的组织要成为学习型组织，领导者要成为学习型领导；明确规定各种岗位和各级职称人员技术要求，在制度上保证科研人员的学习时间；选择一批好苗子出国深造，对完成学业归国人员要加大使用力度，并构建技术扩散机制。在学习方法上，采用集中教育与远程教育相结合的办法。

（二）以鼓励技术创新为目的，加大对科技人才的有效激励与保障

着眼于“拴心留人”建设，充分调动国防科技人才积极性，坚持用事业激励人才，用感情凝聚人才，用适当待遇吸引人才，制定并落实国防研发人才队伍奖励制度。

1. 注重科研能力建设，设立创新奖励基金。针对信息化武器装备发展的需求，增加基础研究与应用研究的范围，增加科研课题。鼓励专家、学者多进行基础研究，早出成果，多出成果。加大对“瓶颈”技术的研究强度，增加启动经费投入，鼓励人才冒尖。设立创新奖励基金项目，调整改进专业技术重大奖励办法，重奖有突出贡献的科学家、技术专家和技术骨干。并且在晋职晋级、职称评定、住房医疗、福利待遇等方面，也给予政策倾斜，创造出事业留人的局面。

2. 设立公正科学的人才评价机制。国防研发与创新涉及各学科领域前沿，国防研发活动时间长，见效慢，对科研人员的成果评价比较困难。构建科学公正的评价机制是对国防科研人员进行有效激励的前提，对国防研发人才的激励效果有举足轻重的作用。为此，要建立健全培养、考评、激励、服务保障机制，努力实现人才建设经常化、制度化。一是健全选拔任用机制。制定和完善国防科技人才队伍选拔标准和制度，规范选人程序，端正用人导向，切实把那些素质过硬、实绩突出、群众公认、潜力较大的人才选拔到各级重要岗位。二是健全考核评估机制。参照对专业技术干部考核的程序和办法，每年对国防科技人才的政治修养、理论素养、业务能力和个性特点等进行一次综合考评。以考评结果为依据，“量才使用”。三是健全奖惩激励机制。对德才优秀的国防科技人才，要打破常规，大胆使用；对能力素质不过关的人员，及时调整岗位；对表现较差、不能适应本职工作的人员，应坚决予以“淘汰”，形成能者上、平者让、庸者下的良性机制。四是创造和谐管理机制。采取政策倾斜、荣誉激励、物质奖励等措施，营造和谐环境，建立和谐的人际关系，建立透明的升迁机制，改革现有福利制度，营造“尊重知识、尊重人才、尊重劳动、尊重创造”的良好氛围，激励国防科技人才在后勤岗位上建功立业。

3. 以人为本，制定开放的引进政策，吸引人才。国防科技人力资本要形成稳定的增长机制，单靠军口系统培养是远远不够的，国防科技人才培养是国家科技人才培养的组成部分，通过民口进行智力引进是一种有效的方法。为此，要设计一种宽松的人才引进机制，“不求所有，但求所用“，将

民口研发人才为我所用。在市场经济条件下，由于受到外界环境影响和军队编制限制，国防科技人才特别是高水平科技人才保留难的问题更加突出，保留人才成为加强国防建设的一项重要工作。只有完善用人机制，才能创造“拴心留人”的环境，保证国防科技人才队伍的稳定。在人力资源管理中借用地方企业的经验，加快人事管理制度变革，如按项目招聘、按流程使用。要为国防研发人才提供一流工作环境与条件，如优美的办公环境，优良的住房、医疗条件。制定配套政策，解决好家属的工作、户口和子女入学等一系列问题，使科研人员都全身心投入到国防研发活动之中。

四、以信息化建设为目标实施国防研发投资战略

武器装备信息化建设是我军新时期军队建设的重要组成部分，而科技进步和自主创新，则是实现跨越式发展的首要推动力。加强国防研发投资的规划和管理，从投资总量、投资结构、投资模式、投资布局等方面进行全方位的组合与优化，以满足军队信息化建设的需要。因此，国防研发投资战略能否实施关系到军队信息化建设目标的实现。

（一）加快渐进步伐，实施超常规投资战略

科学研究是一个循序渐进的过程，这种循序渐进一般包含两个方面含义：一是科研程序的循序渐进。国防科研一般包括立项、研制、转化等阶段，科研必须循序渐进地走完各个阶段，才能获得成熟的技术成果。如果没有走完科研全过程，比如在研制结束后没有进行转化，没有进行中试，那么样品、样机中所包括的新技术仍然是不可靠的，一旦应用于实践，将会暴露出很多问题。二是科研目标的循序渐进。科研的过程是一个在前人实践基础上探索的过程，如果没有重大的理论创新，没有在关键技术上取得重大突破，科研目标则不能定得太高，否则就可能违背客观规律，欲速则不达。但我军现代化建设要求实现武器装备跨越式发展，要瞄准科技发展的前沿来制定我们的发展目标，大胆跨越某些发展阶段。这就形成了科学研究渐进规律与跨越式发展实际需要的矛盾。如果不能合理地制定发展计划，一味地求高求新求快，会造成冒进的风险；如果按部就班，在目标制定和阶段推进上亦步亦趋，则又无法实现跨越式发展的战略目标。国防研发的投资战略应是渐进中跨越、跨越中实现渐进的“螺旋式突变”[①]。

---

① “螺旋式突变”是指通过渐变的积累而导致结构的变化，实现技术的突破，进而产生跨越。

1. 在投资方向上，瞄准前沿，实现重点跨越。针对未来战争信息化程度更加明显、作战空间更加广阔等特点，紧密跟踪世界军事科技发展动向，把握武器装备发展脉搏，把投资规划的主要方向转移到战略性、前瞻性、关键性的信息技术上来。按照“军事需求牵引、经济和技术支撑”的原则，从顶层上搞好武器装备发展的总体设计，努力形成地面、海上、空中、太空相配套，战略、战役、战术相配合，作战与保障相匹配的信息化武器装备体系。通过超前规划和设计，力求在高起点上赶超，争取在高水平上突破，以跨越换时间，以突破换速度，以特色换质量，努力在关键领域赶上甚至超过发达国家军队武器装备发展步伐。

2. 在投资步骤上，分步实行，实现战术上渐进。新军事变革的实质是军事领域信息化，广泛采用先进信息技术和信息化的武器装备，有效投资开发和利用与国家安全利益相关的信息资源，全面提高军队战斗力。要立足国情、军情，着眼长远发展，分阶段、分步骤地投入：第一阶段，以信息化需求牵引机械化发展，进一步提高机械化建设的质量、效能和水平。第二阶段，在巩固和强化机械化的基础上，建立起比较完善的军队信息化武器装备体系。第三阶段，加大与主战武器高度一体化的武器装备体系的研发投入，使我军具有较高的指挥控制、态势感知、快速部署、联合作战和实时保障信息化作战能力。

3. 在投资项目上，抓住关键，以渐进促跨越。要把有限的国防研发投资用在“刀刃”上，坚持“有所为，有所不为”，集中力量在一些关键领域取得重点突破，通过局部攻坚带动整体跃升。打赢信息化战争，信息是国家必须有效管理以保持竞争和发展优势的战略资源，也是夺取未来信息化战争胜利的关键要素。因此，要集中人力、物力、财力攻克难关，逐步构建全军各类信息的实时指挥控制、全维侦察监视、数字通信传输、有效电磁压制和精确火力打击的综合平台。当前，世界上正在研制的信息化武器包括 GPS 干扰器、电磁脉冲炸弹、计算机病毒武器、军用机器人、反卫星武器、太空攻击武器、人工智能武器芯片、生物武器等新机理、新概念信息战装备①，亚洲一些国家和地区正采取各种措施，或自主开发，或与西方发达国家合作研究，积极发展军事信息技术，研制信息武器装备。例如，印度已提出了总投资为 4530 万美元，旨在开发跨军种信息武器装备的“萨姆克塔计划”。韩

① 叶恩发、叶向东：《蓝色军事》，中国经济出版社 2005 年版，第 198 页。

国也在美国公司的帮助下积极发展军事信息系统。新加坡与马来西亚也已成为美国军事信息技术的重要用户。我国也要奋起直追，重点是紧密围绕一批提高战略威慑能力、系统对抗能力和精确打击能力的新型武器装备进行研发投入，发展和运用高新技术，加大力度开展共性基础技术和工程应用研究，使武器装备研制的技术水平有较大提高，形成国防科技工业的核心基础。同时使工业技术和新型武器装备技术需求相衔接，提高武器装备的系统集成和综合供给能力，实现新型武器装备研制与批量生产的快速响应能力，通过研制、开发和运用，在某些尖端高科技领域取得突破，带动整体的跨越，为打赢信息化战争做好准备。

（二）加强系统要素融合，实施统筹发展的投资战略

国防科技创新系统由国防技术水平、武器装备的需求、军事理论的创新以及国防科研机构等多要素有机构成①。这些要素之间存在着一系列双向或多向的互动关系，即技术进步和武器发展推动新军事理论的形成，新理论又对武器装备发展提出新的需求，引导国防科技向前推进。因此，要实现武器装备建设的跨越式发展，就必须在投资战略上精心规划、周密部署、统筹兼顾，使系统各组成要素有机融合，协调发展。

1.长期目标与近期需要结合，调整投资结构，推进机械化和信息化的协调发展。机械化与信息化作为国防发展过程中的两个不同阶段，机械化是近期发展目标，信息化是长期发展目标，两者关系密不可分。首先，机械化是信息化的基础，信息化根植于机械化。信息化的形成是一个长期的过程，与机械化不是绝对分隔的。机械化是信息化的物质基础，是信息化的有形载体，没有机械化建设，信息化建设就成了无源之水。其次，信息化是机械化发展的必然趋势。信息化是机械化发展的产物，没有信息化支持的机械化，很难在现代战争中发挥作用。机械化平台的改造和信息化装备的研制，贯穿于武器装备寿命周期各个环节，包含火力、机动、防护和信息等多个领域，涉及训练、使用、维修、管理等多方面。应运用系统工程、并行工程等原理，采用综合设计模式，强调技术标准统一，使用手册与训练法规等相关配套建设也要紧紧跟上，以此保证一体化发展模式的顺利实施。主装备及其保障系统，平台及其信息系统要作为一个整体同步进行研制，使其达到最佳匹配，以提高武器装备本身的可靠性、维修性和保障性，确保武器装备能够尽

① 朱启超：《我国国防科技系统的供给缺口与对策思考》，《中国国防经济》2005年第1期。

快适应信息化战场作战的要求。

2. 系统推进，整体协调，促进信息化建设全面发展。现代战争是武器装备体系的整体对抗，是各种武器装备系统之间和系统内部整体合成能力的对抗。与之相应，武器装备建设的跨越式发展，就不仅是单个武器装备和战斗单元战力的提升，而是发挥出武器装备体系的整体效能。要改变以往纵向发展武器装备的做法，加强一体化建设，如使用共同的软件、语言，执行统一的规定、协议。要通过计算机和信息网络，融合、链接在空间上分散的战场武器装备系统，实现各系统间的无缝隙连接和作战信息的共享，解决目前各级指挥部门、各战斗与保障部队、各种武器系统与作战平台以及单兵之间互通性、互联性较差的问题。通过协调发展，构建纵横交错的战场综合网络系统，使部队能更快、更有效地利用信息，及时掌握战场态势，优化指挥与控制过程，显著提高作战系统的整体对抗能力，努力实现整个武器装备体系向信息化的跨越。

（三）优化投资模式，实施多元化投资战略

在当前条件下，实行国防科技创新发展，与发达国家相比还有很多现实的不足。我军武器装备建设资源相对贫乏，不论是资金的投入、技术的储备，还是科技人员的数量规模与专业素质，都存在一定的差距。特别是在技术上，长期以来，我国在电子技术、发动机技术、材料技术和制造加工技术四个方面与世界先进水平保持着较大差距。这几项关键技术已成为我国国防科技自主创新的拦路虎，因此被称为四大“瓶颈技术”[①]，这些技术与世界先进水平的平均差距在 20 年左右。实现武器装备跨越式发展，突破瓶颈技术的束缚是重中之重。为此必须推行以多元化协同、多方面合作的方式和方法，在有限的投入条件下，不断强化资源的科学配置，将特色与独有技术有机结合，优势互补，才能完成我军武器装备建设跨越式发展的历史使命。

1. 以民促军，形成一体化投资模式。冷战结束以后，伴随着战略格局的调整和经济的蓬勃发展，世界各国都出现了“军民一体化”趋势。以往军用部门在技术上领先民用部门的传统正在转变，甚至出现民用技术向军事领域渗透的趋势。与军用部门相比，民用部门组织更加全面，管理更加科学，目标更加明确，激励更加有效，反应更加灵活。因此，在经济全球化的浪潮中，许多以生产民用产品为主的高科技企业飞速发展。尤其在信息技术、材

① 温熙森、匡兴华、陈英武：《军事装备学导论》，国防科技大学出版社 2002 年版，第 69 页。

料技术、加工制造技术等关键技术领域，受到强烈利益驱动的民用部门发展迅猛。就连美国这样的军事强国，在最新颁布的采办文件中，提倡采用民用技术和民用标准来弥补军用技术和军用标准的不足。当前，经济与科技一体化的趋势日趋明显，技术在国际上与国家内部各部门间转移速度加快，特别是作为新军事革命主导因素的信息技术，具有高度的扩散性，这就为依托国家科技基础平台发展武器装备提供了客观可能，也是坚持一体化发展的现实依据。要在国家科技创新体系中，统筹协调军口、民口的科技创新，形成军品高技术促进社会经济发展，民品市场需求推动军事装备技术发展的良性互动关系。通过国家创新体系建设投入，真正实现国防科研与国家科技创新的有机结合，把军用和民用技术集中在一起进行突破，加快技术整体水平的提高，降低获取前沿技术的成本。在国防科技研究和武器装备研制中，组织民用科技力量协作攻关，有效吸收民用科研经费，按照优势互补、资金分摊、成果共享的原则共同开发，使人才、技术、设备、管理等资源更加合理地配置，使各方面的力量相互关联，从整体上降低技术的研制与开发成本，不断提高武器装备研发的自主创新能力，加快跨越式发展进程。

2. 拓宽思路，形成国际合作发展模式。世界军事技术的发展是不平衡的，这种不平衡导致了军事技术比较优势的存在。历史上，受到意识形态以及战略格局等因素的影响，我国在国防科研国际合作方面长期处于边缘地位。由于西方的限制和制裁，我国很少有机会从西方国家获得有价值的国防技术。随着冷战结束和国际形势总体上的缓和，伴随我国经济实力和国际地位的上升，我国国防研发的国际合作也迎来了一个难得的战略机遇期。当前，如何通过外交等手段加强与各主要军事强国的沟通和联系，本着互利互惠的原则开展国际合作，是摆在我们面前的一个重要问题。通过开发国际合作，取长补短，互相学习可以降低我国完全独立研发投资的技术和经济风险。

3. 注重实效，形成全过程投资模式。一般而言，先进工业技术的研究和应用需经历基础研究，应用基础研究、应用研究与工程化以及工业化生产三个阶段。先进工业技术研究成果转化与应用已成为一项世界性难题。据报道，国外先进工业技术研究成果与工程化和商品化的费用比例为 1∶10∶100，其中，技术提升最快的是应用研究阶段，这是技术发展的一般规律。在我国，据统计每年取得的科技成果达 3 万多项，专利 2 万项以上，但科技成果推广率却只有 15%，最后能形成产业的只有 5%。其主要原因在于没能解决成果的转化与应用问题。对于国防科技工业，这一问题更为严重，因为高新武器装备技术复杂，其转化与应用难度更大，投资风险问题更加复杂，再加上没有相应的扶持政策和运行机制，很多研究成果难以转化，更难以推广应用，造成科研与应用严重的脱节。研发成果不能进行有效转化也是浪费。成果转化技术的准备依靠预先研究，技术的创新依赖于基础理论的突破，而成果转化反过来又可以促进基础研究的发展，激励科研人员的研究热情。因此，要加强科学论证与预测，采取多种措施对具有应用价值的研发项目进行全过程投资，加大预先研究的投资力度，保证基础研究的投入规模，强化成果的转化与应用研究的投入，形成国防研发全过程的投资模式。

本章小结

1. 国防科技创新是指在国防科技需求驱动下，通过国防研发及其成果转化，获得可行的国防科技产品，并由此推动国防科技进步的活动。国防研发既是国防科技自主创新的一个最基本的先决条件，也是创新活动的主要推动力。国防研发投资战略与国防科技创新战略具有一致性。

2. 国防研发投资的创新模式包括三种：原始创新、集成创新和消化创新。消化创新是创新的初级形式，原始创新是自主创新的高级形式，集成创新则贯穿于创新的全过程。这三种模式相互融合与渗透，具有互补性，并随着创新能力的提高而发生演化。人力资本积累是形成国防科技自主创新模式演化机制的核心。

3. 技术引进是发挥后发优势的有效途径。在技术引进消化过程中产生了大量的模仿和学习机会，并形成了“干中学”效应。武器装备技术引进的根本之道在于逼近先进的核心技术并一步步掌握和消化核心技术，力求通过技术创新来实现技术进步。

4. 技术引进与消化创新会产生国防科技安全问题。随着国防实力的增加，加强原始创新是消除国防科技安全问题的根本路径。需要强化国防科技基础，提升制造原始创新能力，要面向未来，注重发展后劲。

5. 我国国防研发投资战略创新的选择与实施。在战略选择上，以消化创新作为发展国防研发不可或缺的手段，以原始创新作为发展我国国防科技的根本。在战略实施上，加快渐进步伐，实施超常规的投资战略；加强系统要素融合，实施协调发展的投资战略；优化投资模式，实施多元化的投资战略。

结　　论

本书按照国防研发投资理论框架构建了导论及五章内容的逻辑结构。通过研究，得出以下主要结论：

一、激励机制的设计能促进国防研发投资

政府、军队和承研单位之间由于目标函数不同，各主体间的博弈可能造成资源在研发活动和传统产品生产之间的无效分配，因而需要建立相应的激励机制。国防研发投资是实现国防研发产出目标的基础，但是，国防研发系统不确定性决定了国防科技投资的风险巨大，国防研发投资决策本质不是尽可能消除风险，而是尽力做到收益与风险的匹配，制定研发激励合同是风险管理的有效方式。

二、国防研发的投入具有正的外部性

我国国防研发投资存在着内部和外部的非均衡，非均衡投资模式是当前我国国防科技发展的主要模式。在非均衡状态下寻求局部均衡是宏观调控的目标，而制度创新是实现均衡发展的必要条件。国防研发投资的产出具有正的外溢性，既能促进社会生产力的提高，也能促进战斗力生成模式的转变，提高战斗力，同时还能促进军品的国际贸易，扭转军品市场的被动局面。

三、国防研发投资战略决定国防科技创新

国防研发投资战略是实现国防科技创新模式演化的根本保证。国防科技创新包括原始创新、集成创新和消化创新。这三种模式相互融合与渗透，并随着人力资本积累而发生演化。我国国防研发投资创新战略选择：以技术引进作为国防研发投资战略的基本选择，以原始创新作为国防研发投资创新战略的核心，以加快人力资本积累作为投资战略的重要方面。以信息化建设为

目标实施国防科技发展战略：一是加快渐进步伐，实施超常规发展战略；二是加强系统要素融合，实施协调发展战略；三是优化创新模式，实施多元化发展战略。

本选题需要进一步研究的问题：加强相关数据的收集，以打赢信息化战争为目标，对世界国防科技发展进行科学预测，定量化研究我国未来20年内国防研发投资的强度与规模。

附　　录

国防研发最优许可证合约结论的证明

对给定逆向选择问题，所提出的合约必须更改。卖方提出的最优合约菜单是分离的，并具有以下特征：

$$\varepsilon^{G}=\varepsilon^{G^{*}}=0 \quad \varepsilon^{B}>0 \quad F^{G}<F^{G^{*}} \quad F^{B}<F^{B^{*}} \tag{1}$$

为了证明此结论，令 q 为创新是好的时候的初始概率。卖方的问题是，在自我选择和参与条件（前者的拉格朗日乘数为 μ 和 λ，后者的拉格朗日乘数为 ρ 和 δ）以及给定非负参数值的条件下，最大化其预期利润。在此根据关联乘数列出方程：

$$\max_{(F^{G},\varepsilon^{G},F^{B},\varepsilon^{B})} \{q[F^{G}+\varepsilon^{G}D^{m}(c^{G}+\varepsilon^{G})]+(1-q)[F^{B}+\varepsilon^{B}D^{m}(c^{B}+\varepsilon^{B})]\}$$

$$\begin{aligned}
s.t \quad & \Pi^{m}(c^{G}+\varepsilon^{G})-F^{G}-\Pi^{m}(c^{G}+\varepsilon^{B})+F^{B}\geqslant 0 && (\mu)\\
& \Pi^{m}(c^{B}+\varepsilon^{B})-F^{B}-\Pi^{m}(c^{B}+\varepsilon^{G})+F^{G}\geqslant 0 && (\lambda)\\
& \Pi^{m}(c^{G}+\varepsilon^{G})-F^{G}-\Pi^{m}(c^{0})\geqslant 0 && (\rho)\\
& \Pi^{m}(c^{B}+\varepsilon^{B})-F^{B}-\Pi^{m}(c^{0})\geqslant 0 && (\delta)\\
& F^{G}\geqslant 0 && (\alpha^{G})\\
& F^{B}\geqslant 0 && (\alpha^{B})\\
& \varepsilon^{G}\geqslant 0 && (\beta^{G})\\
& \varepsilon^{B}\geqslant 0 && (\beta^{B})
\end{aligned}$$

可以看出，如果差的类型的参与和激励约束［分别为（δ）和（μ）］有效，具有高创新价值 P 的买方（军方）参与约束将总是有效的，因此我们可以剔除 ρ。有：

$$\frac{\partial L}{\partial F^{G}}=q-\mu+\lambda+\alpha^{G}=0 \Leftrightarrow \mu=q+\lambda+\alpha^{G}>0$$

由此：$F^G = \prod^m(c^G + \varepsilon^G) - \prod^m(c^G + \varepsilon^B) + F^B$ (2)

其次：$\frac{\partial L}{\partial F^B} = (1 - q) + \mu - \lambda - \delta + \alpha^B = 0 \Leftrightarrow 1 + \alpha^G + \alpha^B = \delta > 0$

则，下式成立：

$$F^B = \prod^m(c^B + \varepsilon^B) - \prod^m(c^0) \geqslant 0 \quad (3)$$

$$F^G = \prod^m(c^G + \varepsilon^G) - \prod^m(c^G + \varepsilon^B) + \prod^m(c^B + \varepsilon^B) - \prod^m(c^0)$$

再次：

$$\frac{\partial L}{\partial \varepsilon^G} = qD^m(c^G + \varepsilon^G)] + q\varepsilon^G D'^m(c^G + \varepsilon^G) - \mu D^m(c^G + \varepsilon^G) + \lambda D^m(c^B + \varepsilon^G) + \beta^G = 0$$

从而$\Rightarrow -\varepsilon^G D'^m(c^G + \varepsilon^G) + \lambda[D^m(c^G + \varepsilon^G) - D^m(c^B + \varepsilon^G)] + \alpha^G D^m(c^G + \varepsilon^G) = \beta^G$

最后的方程意味着 $\varepsilon^G = 0$，这也是成立的。因为：一方面，如果 $\beta^G > 0$，那么，相应的限制必定有效，由此 $\varepsilon^G = 0$。另一方面，如果 $\beta^G = 0$，那么，前面方程的三个和项必须去除，特别是，其中 ε^G 必定为零（且有 $\lambda = 0$ 和 $\alpha^G = 0$）。

最后：

$$\frac{\partial L}{\partial \varepsilon^B} = [(1 - q)D^m(c^B + \varepsilon^G)] + (1 - q)\varepsilon^B D'^m(c^B + \varepsilon^B) + \mu D^m(c^G + \varepsilon^B) - \lambda D^m(c^B + \varepsilon^B) - \delta D^m(c^B + \varepsilon^B) + \beta^B = 0$$

$$\Rightarrow \mu[D^m(c^G + \varepsilon^B) - D^m(c^B + \varepsilon^B)] - \alpha^B D^m(c^B + \varepsilon^B) + (1 - q)\varepsilon^B D'^m(c^B + \varepsilon^B) + \beta^B = 0$$

有：$\alpha^B = 0$。然而，这要求：$\mu[D^m(c^G) - D^m(c^B)] + \beta^B = 0$

由于 $\mu > 0$，且 $\beta^B \geqslant 0$，故上式是不可能的，由此证明（1）式成立。

参考文献

[1] 胡锦涛:《坚持走中国特色自主创新道路，为建设创新型国家而努力奋斗》，在全国科学技术大会上的讲话，2006 年 1 月 9 日，《解放军报》2006 年 1 月 10 日。

[2] 温家宝:《认真实施科技发展规划纲要，开创我国科技发展的新局面》，在全国科学技术大会上的讲话，2006 年 1 月 9 日，《科技日报》2006 年 1 月 10 日。

[3]《马克思恩格斯列宁斯大林军事文选》，军事科学出版社 1977 年版。

[4]《马克思恩格斯全集》第 46 卷（下），人民出版社 1980 年版。

[5]《邓小平文选》第 2 卷，人民出版社 1994 年版。

[6]《邓小平关于新时期军队建设论述选编》，八一出版社 1993 年版。

[7]《江泽民文选》第 2 卷，人民出版社 2006 年版。

[8] 江泽民:《全国建设小康社会，开创中国特色社会主义事业新局面——在中国共产党第十六次全国代表大会上的报告》，人民出版社 2002 年版。

[9] 江泽民:《论国防和军队建设》，解放军出版社 2003 年版。

[10] 亚当·斯密:《国民财富的性质和原因的研究》上卷，商务印书馆 1972 年版。

[11] 李嘉图:《政治经济学及赋税原理》，商务印书馆 1962 年版。

[12] 凯恩斯:《就业、利息和货币通论》，商务印书馆 1963 年版。

[13] 哈特利等:《国防经济学手册》第 1 卷，姜鲁鸣等译，经济科学出版社 2001 年版。

[14] 萨缪尔森:《宏观经济学》，华夏出版社 1999 年版。

[15] 戴维·罗默:《高级宏观经济学》，王根蓓译，上海财经大学出版社 2003 年版。

[16] 刘化绵：《中国军事经济学教程》，军事科学出版社 1998 年版。

[17] 果增明：《装备采办》，海潮出版社 2003 年版。

[18] 杜人淮：《国防工业运行中的市场机制功能及其影响因素》，《军事经济学院学报》2006 年第 1 期。

[19] 陈佳贵、黄群慧：《工业发展、国情变化与经济现代化战略》，《中国社会科学》2005 年第 4 期。

[20] 杨价佩：《关于国防科技工业若干问题的思考》，《国防科技工业》2004 年第 1 期。

[21] 曹驭日：《国防科研投资体制的弊端及对策》，《装备指挥技术学院学报》2004 年第 12 期。

[22] 孙岚：《对建立和完善国防科技工业四个机制的几点认识》，《国防科技工业》2003 年第 3 期。

[23] 叶卫平：《树立大国防新科技工业的观念》，《国防科技工业》2004 年第 4 期。

[24]《2006 年中国的国防》白皮书，2006 年 12 月。

[25] 张伟超、李春：《民营企业准入国防工业与国家安全》，《军事经济学院学报》2006 年第 1 期。

[26] 古先光、谷奇平等：《装备投资军方主导机制模型分析》，《中国国防经济》2003 年第 2 期。

[27] 吕建伟、陈霖等：《武器装备研制的风险分析与风险管理》，国防工业出版社 2005 年版。

[28] 全林远：《试析风险投资及其国防溢出效应》，《中国国防经济》2003 年第 1 期。

[29] 蒋应时：《认真落实科学发展观推进国民经济动员工作》，《中国国防经济》2004 年第 5 期。

[30] 段进东、程强然：《加入 WTO 后我国国防科技工业的发展对策》，《南京政治学院学报》2003 年第 6 期。

[31] 王东月、陈昌柏：《国防科技工业知识产权的经济效用分析》，《电子知识产权》2004 年第 6 期。

[32] 古先光、王雁：《武器装备知识产权系统管理研究》，《军事经济研究》2004 年第 3 期。

[33] 陈海秋、陈昌柏：《国防科技工业中长期科技发展中知识产权问题

研究》，《科技与法律》2004 年第 2 期。

[34] 宁伟、古先光：《装备研制委托代理问题分析》，《中国国防经济》2005 年第 4 期。

[35] 钱海浩：《武器装备学教程》，军事科学出版社 2000 年版。

[36] 张中华：《投资学》，中国统计出版社 2001 年版。

[37] 朱庆林：《国防需求论》，军事科学出版社 1999 年版。

[38] 于连坤：《中国国防经济运行与管理》，国防大学出版社 2002 年版。

[39] 周三多：《管理学》第 4 版，复旦大学出版社 2003 年版。

[40]《中华人民共和国国防法》第五章，31 ~ 34 条；第六章。

[41] 厉无畏等：《科学发展观与新一轮经济增长》，学林出版社 2005 年版。

[42] 威廉·配第：《赋税论》，商务印书馆 1981 年版。

[43] 汉森：《经济政策和充分就业》，上海人民出版社 1959 年版。

[44] 梁清文：《关于新时期国防科技工业性质、地位及其有关问题的认识》，《发展规划动态》2004 年第 27 期。

[45] 谢进城：《投资学导论》，中国财政经济出版社 2002 年版。

[46] 陈代兴：《现代国防经济学教程》试用本。

[47] 于岩岩：《美国国防科研经费投入的结构性分析》，《商业研究》2005 年第 4 期。

[48] 刘富铀、吴育华：《企业技术创新的动力研究》，《武汉理工大学学报》2002 年第 12 期。

[49] 柳卸林：《技术创新经济学》，中国经济出版社 1993 年版。

[50] 温熙森、匡兴华等：《军事装备学导论》，国防科技大学出版社 2002 年版。

[51] 钱海浩：《武器装备学教程》，军事科学出版社 2000 年版。

[52] 温熙森、匡兴华等：《国防科技技术论》，国防科技大学出版社 1995 年版。

[53] 刘大响：《对加快发展我国航空动力的思考》，《航空动力学报》2001 年第 1 期。

[54] 佘汉评：《武器装备规范化论证——经济性论证》，海潮出版社 2005 年版。

[55]《国外国防预研管理及启示》，总装备部科技信息研究中心 2005 年

第1期。

[56] 斯塔尔：《一般均衡理论》，鲁昌译，上海财经大学出版社2003年版。

[57] 蒋同初、黄汉江：《投资结构经济学》，世界图书出版公司1998年版。

[58] 曾国屏、谭文化：《国际研发和基础研究强度的发展轨迹及其启示》，《科学学研究》2003年第2期。

[59] 邓向荣、文青：《中国R&D投入模式及相关政策分析》，http: //www.sts.org.cn/fxyj/zcfx/docu。

[60] 姜鲁鸣、王碧波：《中国国防支出（1983~2003）对经济综合影响的量化支出》，《中国国防经济学：2005》，中国财政经济出版社2006年版。

[61] 大卫·B. H·德农：《战略的约束》，军事科学出版社1992年版。

[62] 陈俨：《国防经济非均衡研究》，国防大学出版社2000年版。

[63] 布朗、杰克逊：《公共部门经济学》，中国人民大学出版社1996年版。

[64] 科尔奈：《短缺经济学》，经济科学出版社1986年版。

[65] 游潜之等：《中国国防经济运行分析》，中国财政经济出版社1991年版。

[66] 卢现祥：《新制度经济学》，武汉大学出版社2004年版。

[67] 潘士远、史晋川：《内生经济增长理论：一个文献综述》，《经济学动态》2004年第1期。

[68] 林晓言、王红梅：《技术经济学教程》，经济管理出版社2005年版。

[69] 李明智、王娅莉：《我国高技术产业全要素生产率及其影响因素的定量分析》，http: //www.sts.org.cn/zcfx/docuvents/20050827.htm。

[70]《国防科技工业中长期科学和技术发展规划纲要（2006~2020年）》，2005年5月。

[71]《中国统计年鉴2005》，中国统计出版社2005年版。

[72] 孙海洋、宋振铎：《军品论》，兵器工业出版社1997年版。

[73]《SIPRI年鉴2003：军备、裁军和国家安全》，世界知识出版社2004年版。

[74]《SIPRI年鉴2005：军备、裁军和国家安全》，时事出版社2006年版。

[75] 斯达德勒、卡斯特里罗：《信息经济学引论：激励与合约》，上海财经大学出版社2004年版。

[76] 让·雅克·拉丰：《激励理论：委托——代理模型》第1卷，经济科学出版社2002年版。

[77] 姜鲁鸣：《现代国防经济学导论》，国防大学出版社2002年版。

[78]《国外社会公益研究状况比较》，http://www.ahinfo.gov.cn/xinwen/kjwz/kjwz2005。

[79] 张维迎：《博弈论与信息经济学》，上海人民出版社1996年版。

[80] 中央军委：《"十一五"期间推进军队后勤保障和其他保障社会化的意见》。

[81] 魏刚：《武器装备采办合同理论研究与实证分析》，国防大学出版社2003年版。

[82] 李鸣：《军品采办理论研究》，国防工业出版社2002年版。

[83] 王文荣：《战略学》，国防大学出版社1999年版。

[84] 刘化绵：《新时期中国军事经济研究荟萃》，军事科学出版社2000年版。

[85] 约瑟夫·熊彼特：《经济发展理论》，商务印书馆2000年版。

[86] V.K. 纳雷安安：《技术战略与创新》，程源等译，电子工业出版社2002年版。

[87] 傅家骥：《技术创新学》，清华大学出版社1998年版。

[88] 柳卸林：《技术创新经济学》，中国经济出版社1993年版。

[89] 陈伯江、赵楚等：《新军事革命与当代战争热点问题》，中共党史出版社2004年版。

[90]《2005年我国高科技产品进出口情况》，http://zhidao.baidu.com/question。

[91] 叶恩发、叶向东：《蓝色军事》，中国经济出版社2005年版。

[92] 朱启超：《我国国防科技系统的供给缺口与对策思考》，《中国国防经济》2005年第1期。

[93] Williamson, O. E. The economic institutions of capitalism [M]. The Free Press, New York. 1985.

[94] Harrod·R·F. An Essay in Dynamic Theory [M]. E. J. 1939, pp. 14 ~33.

[95] Solow·R·M. Change and Aggregate Production [J]. Review or Economics and Statistics. 1956 (37).

[96] Solow·R·M. A Contribution to the Theory of Economic Growth [M]. Q. J. E, p. 65.

[97] Zvi · Griliches. R&D, Patents, and Productivity [M]. University of Chicago Press, 1984: 125.

[98] OECD, 2001, OECD Science, Technology and Industry Scoreboard: Towards Knowledge – based Economic [M], 2001 Edition.

[99] R·A·Musgrave. Fiscal policy for Industrialization and Development in Latin America [R]. Gainesville: University of Florida press, 1969.

[100] W·W·Rostow. Politics and stage of growth [M]. Cambridge University press, 1971.

[101] Romer·Paul·M. Endogenous Technological Change [M]. Journal of Political Economy, Vol, 98, no. 5, Oct, 1990: 71 ~ 102.

[102] J·Schmookler. Invention and Economic growth [M]. Cambridge: Harvard University Press, 1966: 89 ~ 96.

[103] N·Rosenberg. Inside the Black Box [M]. London: Cambridge University Press, 1982: 154 ~ 157.

[104] Federal R&D Funding by Budget Function. Division of Science Resources Statistics Directorate for Social [M]. Economic Sciences Fiscal Years 2004 – 06: 40.

[105] Arrow. K. J, G. Debreu. Existence of equilibrium for a competitive economy [M]. Econometrica, 22, pp. 265 ~ 290.

[106] Walde, K. and Woitek, U. R&D Expenditure in G7 Countries and the Implications for Endogenous Fluctuations and Growth [M]. Economic Letters, 1982: 91 ~ 97.

[107] Office of Technology Transition. Report to Congress on the Activities of the DoD Office of Technology Transition [R]. Department of Defense, February, 2000.

[108] Wang shaoguang. The military expenditure lf China, 1989 – 98 [J]. SIPRI yearbook 1999 (Oxford University Press: Oxford, 1999), pp. 334 ~ 49.

[109] OECD, 2003, OECD Science. Technology and Industry Scoreboard: Towards A Knowledge – Baesd Economy, 2003 Edition [R].

[110] Ministry of Defense. The Management of Defense Research and Technology [R]. Report by the comptroller and auditor general, Hc 360 Session 2003 ~ 2004: 10 March 2004.

[111] OECD, Basic Science & Technology Statistics 2001, except the data on China and Korea [R].

[112] Lichtenberg, F. R. The private R&D investment response to federal design and technical competitions [M]. American Economic Revise, 1978: 550 ~ 561.

[113] Danison EF. Why Growth Rates Differ: Post – war Experience in Nine Western Countries [J]. Washington Brookings Institution. 1967.

[114] D· Def Rp. Defense Departmental Investment Strategy [J]. Spending Review 2004.

[115] OECD, OECD Science Technology and Industry Scoreboard [M]. 2005. page. 137.

[116] National Science Foundation, 2001, Federal Funds for Research and Development: Fiscal Years 1999, 2000, and 2001 [R], NDF 99 ~ 333, Arlington, VA.

[117] Lichtenberg, Frank. R. Economics of Defense R&D [A]. Hartley·K and Sandler·T, 1995, Handbook of Defense Economics [C], Elsevier, pp.431 ~ 459.

[118] Demski. j. s, Sappington and P. t. Spiller. Managing supplier switching [M]. Rand Journal of Economics 18, 1987: 77 ~ 97.

[119] C.Ferrman. The Economics of Industrial Innovation [M]. London and Washington, 1997: 57 ~ 59.

[120] David·Romer. Advanded Macroeconomecs [M]: Second edition. by the McGraw – Hill Companies, Inc, 2001: 9.